国家社科基金重大项目"中国近代日记文献叙录、整理与研究"

（项目编号：18ZDA259）阶段性成果

日记研究丛书

张剑 徐雁平
主编

常熟翁氏日记研究

贾宏涛 著

凤凰出版社

图书在版编目（ＣＩＰ）数据

常熟翁氏日记研究 / 贾宏涛著. -- 南京 ： 凤凰出版社，2022.7（2022.11重印）
（日记研究丛书 / 张剑，徐雁平主编）
ISBN 978-7-5506-3583-8

Ⅰ. ①常… Ⅱ. ①贾… Ⅲ. ①翁心存（1791-1862）－日记－研究②翁同龢（1830-1904）－日记－研究 Ⅳ. ①K827=52

中国版本图书馆CIP数据核字(2022)第068715号

书　　　　名	常熟翁氏日记研究	
著　　　　者	贾宏涛	
责 任 编 辑	徐珊珊	
装 帧 设 计	陈贵子	
出 版 发 行	凤凰出版社(原江苏古籍出版社)	
	发行部电话025-83223462	
出 版 社 地 址	江苏省南京市中央路165号，邮编:210009	
照　　　　排	南京凯建文化发展有限公司	
印　　　　刷	江苏苏中印刷有限公司	
	江苏省泰州市经济开发区鲍徐镇，邮编:225315	
开　　　　本	880毫米×1230毫米　1/32	
印　　　　张	8.875	
字　　　　数	231千字	
版　　　　次	2022年7月第1版	
印　　　　次	2022年11月第2次印刷	
标 准 书 号	ISBN 978-7-5506-3583-8	
定　　　　价	88.00元	
	(本书凡印装错误可向承印厂调换,电话:0523-82099008)	

书影一　《翁心存日记》

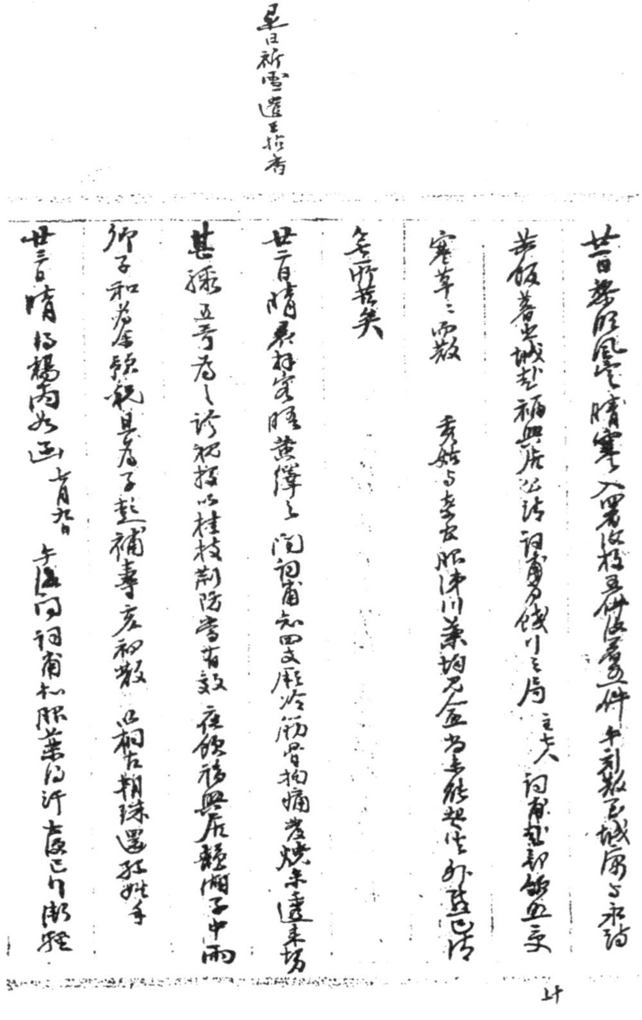

书影二　《翁曾翰日记》

陈宝琛
梁汉泽
金还日付
邮

宣统元年正月初一日晴 鞍眠 笔略加
祠在院中行冰獅在即小杯
祠堂毕 常阶往珠际即古堂近喜神阶
玉翟内 阅阅庙写多店空随灵荷及大仙
堂 毁顺祠郑沁又扣 天气甚佳受必葊
贺 余手不生口惟贺 即研山耳 文六束
岁竟侵买二荚 笔著带贺 研山来族
夜饭遂与晄业以戏二弦卧五五古风
初二日岁除古风筌不甚寒 张伯坞
国

书影三　《翁斌孙日记》

評點皆帖括語吾人不如是
此近世劉海峯以古文名所
見大率類此乃用黃色筆臨
於冊中不獨閣公別書之
裒然尔戊辰五月翁同龢記

书影四　翁同龢跋《孟子》

"日记研究丛书"总序

日记作为一种文献类型和书写方式,在中国具有悠久的传统。近几十年出土的秦汉文献中,出现了"秦始皇三十四年历谱""王奉世日记""元延二年日记"这样带有逐日记事性质的简牍。命名是考古工作者所拟,反映出学界对此类文书的类型判断还不一致,但不可否认的是,它们已初步具备了日记的基本形态。

降及宋代,"日记"作为一种文体之名开始正式使用。当时名公巨卿多有日记,南宋刘昌诗《芦蒲笔记》卷五即收入北宋赵抃的《赵清献御试日记》,惜宋人日记存世数量不夥。明清以来,日记蔚成大观。据我们不完全的统计,仅 1840—1911 年间有日记存世的近代人物,就超过了 1100 位。时至今日,日记更成为中小学语文课外写作指导的重要内容,其数量之多,已难以具体统计。

在今人观念和多数工具书的定义中,日记一般指对每天所遇到的和所做的事情的记录,有的兼记对这些事情的感受。这其实道出了日记作为一种独特而又重要的文献,内容无所不包、具有百科全书性质的特点。从古人对日记丰富多彩的别称:日历、日录、日钞、日札、日注、日笺、日纂、日谱、日识、日志、小乘、小钞、小录、游录、密记、笔记、游记、客记、征记、琐记、载笔、笔略、纪略、纪程、纪事、纪闻、路程、云烟……也不难领略日记的基本特点。可以说,无论就知人还是论世而言,日记都是难得的第一手史料。日记是一人之史,尽管存在视角受限、立场局限和日常琐碎等诸多问题,但它所呈现的私人化、细节化、现场感等构成了一种独特的历史表现方式,具有其他史料所不能及的特殊价值。日记这些方面的特点,恰好能弥补正史叙事带来的缝隙，与宏大历史叙述之间的有效互动，使历史变得更加情意流转、血肉丰满。近人籍忠寅认为，"求古人之迹，高文典册不如友朋书札，友朋书札不如日夕记录"（《桐城吴先生日记序》），也道出了日记的特别之处。

尽管中国日记有着悠久的传统，但现存的大量日记主要产生于清代。尤其是最近二百年，堪称日记的集大成时期，中国日记的典范也在此期形成群体规模。人们耳熟能详的重要日记，如《曾国藩日记》《越缦堂日记》《湘绮楼日记》《翁同龢日记》等，都出现在这一时期。从各方面来说，这一时期的日记内容最为丰富、体式最为完备、数量最为庞大，可以视作中国日记的辉煌典范。这一时期的中国"历三千年未有之大变局"，古今之变与中西之争成为时代主潮。鸦片战争、太平天国运动、洋务运动、甲午战争、戊戌变法、义和团运动、清末新政、新文化运动、抗日战争……一系列令人瞩目的事件映射出政治、经济、文化、军事、思想等各个领域的新动向。此期，中西文明在"体""用"诸层面形成有意味的冲击与反应，而内生的中国本位的文化也迎来新的征程。从1840年到1949年，古老的中华文明经受了历史的淘洗、西方的冲击、时代的检验，最终以全新的姿态迎来新的发展阶段。波澜壮阔的大时代变迁，不仅见诸煌煌正史，而且在诸多私人文献里也有真切具体的传达。日记就是其中极具价值的一种。作为"准传记"和时代备忘录，日记包涵自我叙写，承载集体记忆，对于理解当代中国的"近传统"具有特殊意义。可以说，这一时期的日记是中国日记最重要的样本，可以作为分析中国日记传统、探究中国日记文化的范本。

有鉴于此，整理和研究这一时段的日记也成为当前中国日记研究的热点。例如，张剑、徐雁平、彭国忠等人主编的以日记为主要内容的"中国近现代稀见史料丛刊"，自2014年起，每年一辑，陆续在凤凰出版社推出，目前已经出版八辑，其中整理的日记超过百种。在相关典范日记出版物的引领下，最近十年，日记的影印、整理以及阅读需求不断升温,仅以近百万字和百万字以上的近现代名人日记整理成果而论,就有《翁心存日记》(2011)、《翁同龢日记》(2012,中西书局新版)、《徐兆玮日记》(2013)、《管庭芬日记》(2013)、《钱玄同日记》(2014)、《徐世昌日记》(2015)、《荆花馆日记》(2015)、《张謇日记》(2017)、《袁昶日记》(2018)、《张棡日记》(2019)、《皮锡瑞日记》(2020)、《王伯祥日记》(2020)、《徐乃昌日记》(2020)、《赵烈文日记》(2020)、《蒋维乔日记》(2021)等。此外,据闻《何绍基日记》《李慈铭日记》《叶昌炽日记》《袁昶稿本日记》《谭献稿本日记》《萧穆日记》《杨树达日记》《潘重规日记》等整理本也即将推出,成果可谓丰硕。

如上这些成果在为学界提供丰富文献的同时,也对日记研究提出了更高要求。早在二十世纪上半叶,日记就不仅是文人案头的读物、交流的谈资,而且成为文史研究的重要资料。由此催生的日记体文学,还在新文学运动中,作为文学生力军冲锋陷阵,为新文学的开拓立下汗马功劳。胡适、鲁迅、周作人、郁达夫、丁玲、阿英、赵景深等人都为日记研究和日记文学的繁荣做出过突出贡献。他们不仅将日记作为静态文献加以研究,也将其视作呈现个人生命历程的"人的文学"大加提倡,试图以此突破"载道"传统,为文学开辟抒情和个人化的新路。但总体而言,此期人们能够利用和乐意利用的日记数量还较有限,日记研究尚处于起步阶段。进入二十一世纪,日记研究特别是近现代日记研究有了长足进步,涉及政治史、环境气候、地域文化、阅读史和书籍文化、传记学和个体意识、经济史和生活史、灾难史和疾病史、易代之际的科举和教育、日记与文学、域外游记和出使日记、日记作者和版本形态、日记研究的理论和方法等诸多方面。然而,与丰富的影印和整理成果相比,日记研究仍显薄弱,还存在诸多尚待深入和丰富的空间。比如,近现代日记"有什么",这是从前日记研究关注的重心,相关研究也多从各个学科和研究目的出发,挖掘带有倾向性的材料。这固然有助于推动各领域的研究,却不免将每一部日记肢解,使得日记成为纯粹的研究客体。今后的日记研究,应当致力于恢复日记的主体性,在重视史料发掘的基础上超越史料学,即不仅将日记视作材料库,还要更加注重日记"是什么",充分认识到日记对于中国历史人物的生命世界和文字世界的重要意义;充分认识到从琐碎的衣食住行和个人的纷杂经验中,整体展现中国文人士大夫的家国记忆与生活图景的必要性和特殊价值;进而在更高层次上揭示日记等的特质与表达方式,探讨新的研究方法,提出新的问题,总结具有中国气派的日记研究理论。这些无疑需要文学、史学、社会学等多学科学者的共同努力。

日记作为中国文化宝库中的重要文献,已经走过了两千多年的历程,今人理应充分挖掘日记的价值,使其在当前的学术研究和文化建设中发挥更为重要的作用。因此,我们特推出这套"日记研究丛书",希望丛书的出版,能为方兴未艾的日记整理与研究提供切实有用的借鉴,同时衷心期待广大读者对我们的工作予以批评、指正和帮助。

目　录

绪　论

　　江苏常熟翁氏家族，作为明清两代江南地区众多著姓望族的代表，凭借其不凡的科举成就和政治影响，在晚清绵延了近一个世纪，于众多家族中独树一帜。"父子入阁拜相，同为帝师；叔侄联魁，状元及第；三子公卿，四世翰苑。"①潘景郑于《著砚楼读书记》中称："盖虞山一隅，位高望重，百年内无与伦比焉。"②而作为与翁氏家族共同流传下来的，即以《翁心存日记》《翁同龢日记》《翁曾翰日记》《翁斌孙日记》为代表的日记文献，则以其四代人的跨度贯穿晚清的百年历史，其中尤以翁心存、翁同龢父子二人日记最具代表性。

　　翁心存(1791—1862)，字二铭，号邃庵，常熟人，道光二年(1822)进士，历任翰林院编修、起居注官、国子监祭酒、国史馆总裁等职，同治帝师。翁同龢(1830—1904)，字声甫，号叔平，晚号松禅，翁心存之子。咸丰六年(1856)状元，历官刑部侍郎，都察院左都御史，刑部、工部、户部尚书，协办大学士，军机大臣兼总理各国事务衙门大臣等职，同、光两朝帝师。翁曾翰(1837—1878)，字海珊，小名筹儿，翁同爵之子，后过继给翁同龢为嗣，咸丰八年(1858)顺天乡试举人。翁斌孙(1860—1922)，字人豪，号弢夫、弢甫、弢夫，又号笏斋、廉访，光绪三年(1877)进士，翁心存曾孙，翁同书之孙，翁曾源之子。

①　谢俊美著：《常熟翁氏：状元门第　帝师世家》，中国人民大学出版社，1999年，第1页。

　　②　潘景郑著：《著砚楼读书记》，辽宁教育出版社，2002年，第135页。

　　《翁心存日记》原名《知止斋日记》，记事起于道光五年(1825)，止于同治元年(1862)，间有阙损，共 28 年，原稿本藏于国家图书馆，后经张剑点校整理出版；《翁同龢日记》即《翁文恭公日记》，记事起自咸丰八年(1858)，迄于光绪三十年(1904)，共 47 年，通行本为陈义杰点校整理本；①《翁曾翰日记》又名《海珊日记》，主要收录同治二年(1863)至光绪三年(1877)之间的日记，原稿藏于国家图书馆，后经赵平点校整理出版；《翁斌孙日记》现存为残本，经张剑点校整理，所见时段为光绪二十年(1894)至庚申(1920)，中间有多年阙失。常熟翁氏日记以其几代人的跨度，前后相续几乎贯穿整个晚清历史，可谓目前所见少有的家族日记案例。其中既包含丰富的个人生活史，也在一定程度上呈现出晚清朝政更迭、社会动荡的历史面貌。

　　关于翁氏日记的研究状况，《翁同龢日记》因其整理较早，且久负"晚清四大日记"之一的盛誉，在过去几十年中均有众多学者参与研究，成果颇丰。学界对于翁同龢及其日记的研究利用，大致为以下五个方面：

　　第一，置于历史层面的考察。比如关于甲午战争中翁同龢的主张，大多数学者认为翁同龢在甲午战争中是坚定的主战派，戴逸指

──────────

　　①　《翁同龢日记》目前共有四个版本：1. 1925 年商务印书馆张元济主持影印出版的《翁文恭公日记》，一般称为"涵版"；2. 1970—1979 年由台湾成文出版社出版的赵中孚编辑的《翁同龢日记》排印本，称为"赵版"，"赵版"源于"涵版"，并首次标点断句，但错讹不少；3. 由陈义杰点校的中华书局简体横排本，1989 年初版，2006 年第二版，简称"陈版"，亦源于"涵版"，并对"赵版"有所改进；4. 以翁氏后人翁万戈、翁以钧家藏翁同龢日记手稿为底本，重新点校，2012 年由中西书局出版，该版新增部分日记内容，且增补翁同龢年谱及索引等内容，点校也更加精确，版本较前三者更为优良。因最新版《翁同龢日记》新增内容对本书研究影响不大，故暂用"陈版"日记。

出:"在甲午战争和戊戌变法的关键时刻,他却能反对妥协,力主抵抗,举荐贤才,支持变法,表现了高度的爱国精神和革新勇气,这在当时的大官僚中并不多见,应当予以充分肯定。"①但是对于他的主战动机、作用、影响学界看法各异。有学者认为翁同龢是出于爱国主义的立场,并认为"甲午战争的清方惨败,其根本原因不在主战,而是在于战而不力"。② 也有人认为翁同龢主战动机不良,夹杂私人的报复和成见,观点不一。以上主要是将翁同龢作为一个政治人物进行研究,这一类型的研究也较为主流。

第二,文化艺术层面。翁同龢不仅是晚清著名政治家,而且在学术、文学、书画、收藏等领域有一定的造诣积累。由于学者多关注于日记的历史层面,因此这一层面的研究相对较少。较有代表性的比如戚学民利用《翁同龢日记》中关于人物往来及读书信息的记录,考察翁同龢的学术宗主与交游,指出翁氏对阳明学有特别喜好,其论学宗旨、读书记录和人际交往都显示了阳明学的深刻影响。③ 黄永辉、王倩分别对其诗学思想及艺术风格作出探讨。④ 罗勇来分析翁同龢碑帖兼容的书学思想,认为其书法艺术在深厚的传统技法与性情抒发之间达到了和谐与自然。⑤ 整体来说,有关翁同龢的文化艺术研究,虽略有发掘,但依然有较大的空间可以开拓。

---

① 戴逸:《戊戌变法时翁同龢罢官原由辨析》,《故宫博物院院刊》1995 年第 1 期。

② 朱金甫:《也论翁同龢在甲午战争中的作用与责任》,《清史研究》1994 年第 4 期。

③ 戚学民:《翁同龢的学术宗主与交游兼论其对晚清学术的影响》,《近代史学刊》2013 年第 10 辑。

④ 黄永辉:《翁同龢诗歌研究》,暨南大学硕士学位论文,2008 年;王倩:《翁同龢诗歌研究》,吉林大学硕士学位论文,2012 年。

⑤ 罗勇来:《翁同龢碑帖兼融的书法艺术》,《书画艺术》2004 年第 6 期。

第三,人际交往与日常生活。《翁同龢日记》中记录有丰富而翔实的人际交往信息,不少学者据此对其人际网络有一定研究。如沈潜利用 1872—1874 年翁同龢在籍丁忧的日记梳理,认为乡居期间的翁同龢在传统的血缘、地缘基础上,为自己的日常生活构建了一个集聚乡邦文人士绅的文化交往空间。① 陈艳飞以《翁同龢日记》与家书资料为依托,对翁同龢及其家人的日常健康维护与医疗活动进行了较为详细的梳理和论述。② 谢俊美利用《翁同龢日记》《翁同龢集》等材料描摹翁同龢的人际交往,并与晚清政局有所关涉。③ 以上研究仍主要围绕历史层面,其中日常生活特别是医疗活动的研究尚有进一步丰富的可能。

第四,家族文化的研究。翁氏家族在藏书、文学、书法艺术上均卓有成就。曹培根著《常熟翁氏文化世家》,从翁氏世家入手展示其家族的文化精神及成就。④ 沈潜撰文认为,翁氏家族在代代传承的家风熏染下,由耕读之家酿为文化世家,凸显出家族的品行修养和文化传承,堪称地域文化的精神坐标。⑤ 这类研究稍能摆脱将翁氏日记置于传统历史层面的局限,从文化层面对其家族传衍有所观照。不过仍缺乏足够的细节性展现,因此往往容易流于浮泛,未见翁氏家族的独特性。

第五,其他方面的研究。有学者采用一些较为新颖的视角进行

---

① 沈潜:《试论翁同龢的江南区域交往空间——以 1872—1874 年在籍丁忧为视界》,见唐力行主编:《江南社会历史评论》第 6 期,商务印书馆,2014 年。

② 陈艳飞:《翁同龢家族的日常生活史——以健康维护与疾病治疗为例的探讨》,华中师范大学硕士学位论文,2014 年。

③ 谢俊美著:《翁同龢人际交往与晚清政局》,上海书店出版社,2018 年。

④ 曹培根著:《常熟翁氏文化世家》,广陵书社,2009 年。

⑤ 沈潜:《常熟翁氏家族源流及文化传承》,《苏州科技学院学报(社会科学版)》2012 年第 6 期。

研究,如基于《翁同龢日记》对晚清北京城历史气候变化的考察,[①]还有学者利用《翁同龢日记》挖掘其中的戏曲史料价值。[②]均从不同角度,开掘翁氏日记的丰富信息,这也从侧面展现出《翁同龢日记》的多层面价值。

此外,关于之后出版的《翁心存日记》,整理者张剑认为"翁心存日记可以与其子翁同龢日记相互媲美",[③]有关《翁心存日记》的研究,也渐渐得到开掘。谢贵安通过对《翁心存日记》的梳理和分析,厘清翁氏校阅《清宣宗实录》的版本属性·并由此窥探整个清代实录的版本及纂修问题。[④]徐雁平则利用《翁心存日记》与《翁同龢日记》的对读,纠正了以往有关北京年均沙尘天数的结论。[⑤]然而,有关《翁心存日记》的研究依然很少,尚待研究者进一步挖掘。

纵观翁氏日记的研究历程,《翁同龢日记》因整理较早,且翁同龢又于晚清历史位置殊重,故而成果较多。但学者大都集中于历史视

---

①　张学珍、方修琦、田青、王丽岩:《〈翁同龢日记〉记录的 19 世纪后半叶北京的沙尘天气》,《古地理学报》2006 年第 1 期;张学珍、方修琦、齐晓波:《〈翁同龢日记〉中的冷暖感知记录及其对气候冷暖变化的指示意义》,《古地理学报》2007 年第 4 期;费杰、胡化凯、张志辉、周杰:《1860—1898 年北京沙尘天气研究——基于〈翁同龢日记〉》,《灾害学》2009 年第 3 期;张学珍、方修琦、郑景云、郝志新:《基于〈翁同龢日记〉天气记录重建的北京 1860—1897 年的降水量》,《气候与环境研究》2011 年第 3 期。

②　曾凡安:《论〈翁同龢日记〉的戏曲史料价值》,《戏曲艺术》2010 年第 2 期;黄卉:《同治光绪年间清宫演戏宫外观众考——以〈翁同龢日记〉为线索》,《北京大学学报(哲学社会科学版)》2013 年第 4 期。

③　张剑:《翁心存日记及其历史文化价值》,《中国典籍与文化》2011 年第 2 期。

④　谢贵安:《〈翁心存日记〉所见〈清宣宗实录〉版本考》,《文献》2013 年第 6 期。

⑤　徐雁平:《从翁心存、翁同龢日记的对读探究日记文献的特质》,《南京大学学报(哲学·人文科学·社会科学)》2013 年第 3 期。

域下的开拓,即更多的是将他作为一个"政治人物"进行研究,而从文化史角度的观照则稍显不足。《翁心存日记》整理之后,虽有学者相继发声,阐论其文献价值,但学界对其的研究和重视依然不足。至于《翁曾翰日记》和《翁斌孙日记》,因其体量较小,且撰者影响力也相对较弱,故而基本少有问津。

事实上,伴随翁氏家族日记相继浮出水面,《翁同龢日记》已不再是一个"独立的"日记文献,而是渐渐具备与其他家族成员日记进行联结的可能。换言之,若将《翁同龢日记》放入翁氏家族日记的统系中来看,则或许会呈现出不一样的文献风貌,进而折射出更为立体的家族性特征。《翁心存日记》不仅体量丰富,且记录完整,基本涵括翁氏一生的主要活动,而翁心存也正是翁氏家族兴盛的实际奠基者。因此,研究常熟翁氏一族,自当从翁心存入手。通过对《翁心存日记》的细读,既可看到他缤纷多彩的生活世界,同时也可探测到晚清历史世界的波纹轨迹。《翁同龢日记》久负盛名,在他笔下记录了众多晚清人物,而翁同龢又是如何"被书写"的? 这在《翁心存日记》中均有鲜活的展现,以翁心存的笔墨为视角,或许可以进一步探知翁同龢的多面性。

此外,作为父子二人,翁心存、翁同龢之间是特殊的亲缘关系,当处在同一时地条件下,两者在日记书写时势必会发生一些微妙的碰撞,比如对共同事件如何撰写? 其书写笔法又有何不同? 这便直接涉及日记文献特质的探析。以往研究多关注日记作为容纳史料的"器具性"作用,而日记作为一种文献本身有何特殊性质往往略而不述。因此,将《翁心存日记》与《翁同龢日记》相互比读,或可观测出两种日记的文献特征与书写方式,进而对家族日记的风貌特色有一概览认知。

翁心存、翁同龢均为晚清高官要员,但若暂时抛却其政治身份的属性,二人本质上仍是读书人。通览翁心存、翁同龢日记,除却诸多历史现场的描绘,日记中还保存大量的书籍信息记录,或为赠书、借书,或为读书、校书,还有许多往来书肆的选书、购书,甚至还有书籍的"被进御"。若引入书籍史的视角来看,这些记录不仅成为翁氏一族文化传衍的见证,同时也构成晚清书籍世界缤纷多彩的一角。

此外,《翁曾翰日记》《翁斌孙日记》因其体量较小,且撰述者于晚清影响力不是很大,故文献价值稍逊于翁心存、翁同龢日记。但若将其置于家族日记的统系中,则意义又显不同,其中最为典型的便是对于疾病的记载。翁曾翰、翁斌孙日记中有众多关于生病、治病的记录,对于疾病如何应对,医者如何延请,均有较为详细的述说。特别是翁斌孙的一生横跨晚清及民国,"西医来华"是一个尤为显性且重要的问题。而身处时代更迭的缝隙中,传统士人如何面对这种医学新变,这一探讨似显现出一定的必要性。同样,在翁心存、翁同龢的笔下,也记录有十分丰富的医疗信息,从中可以看到他们在面对疾病时所采取的应对策略,同时也可捕捉到记录者在患病时最真实的心灵处境。更重要的是,将四人日记统归一处,可以展现出翁氏一族更为立体的医疗史图景。而这是传统医案、医话等难以代替的,日记的文献特性也由此再次彰显。

因此,本书将主要以翁心存、翁同龢父子二人日记为中心,以翁曾翰、翁斌孙日记为辅,并借助翁氏诗文集、书信、题跋、年谱、方志、手稿、传记等相关材料作为补充,大致分为以下四个部分:

第一,翁心存、翁同龢居京日记的对读研究。1860—1862年,翁心存、翁同龢父子二人均居住于北京,其中自然不可避免有共同生活的交错,而这也在二人日记中有所反映。除正常的天气记录以外,日常见闻、朝政大事、社会民生等都成为父子二人日记共同的叙说内容。记录中出现某种相似,不难理解,然而翁氏父子日记却在书写法则、内容编排、语气措辞上出现诸多雷同巧合,却是一个值得关注的现象。此处主要选取日记中科考、朝政、日常生活等角度相互比读,探讨日记的私密性特征等问题。此外,父子二人日记中除有内容雷同的现象,在同一事件的描写上又呈现出记录时间的错位,这一反常行为耐人寻味。通过对读,一方面可见翁心存日记记录之翔实,另一方面也可补《翁同龢日记》之不足。基于对二人日记对读的整体考量,《翁同龢日记》在《翁心存日记》面前显露出不可回避的缺陷,这使得翁同龢的日记增加了某种不确定性或者说不可靠性,而《翁心存日记》则展现出丰富而立体的文献价值。

第二,与书籍相关的文化活动。翁氏作为一个传统的藏书世家,书籍在日常生活中扮演重要角色。翁氏父子日记中包含大量的赠书、购书、借书、献书等方面的信息,这类书籍活动的主要参与者大多为当时京城中地位较高的士大夫阶层群体,这些信息对研究晚清上层书籍世界状貌具有一定的参考意义。如从购书角度来看,翁氏父子日记中有众多书肆信息,可以较好地弥补当时京城书肆记录的缺漏和空白。此外,日记中还有诸多购书群体与所购书籍方面的详细信息,其中尤其以金石碑帖为最夥,这对探讨晚清金石学风气的形成和播衍提供了一个更为具体而微的视角;从赠书来看,翁氏日记中所展现出的赠书群体人员复杂,有同僚、同乡、友朋、门生等,关系交错,且大多来往于望族之间。所赠书籍多为个人诗文集、先人撰述等,赠送目的不一,由此呈现出与管庭芬(1797—1880)、黄金台(1789—1861)等人不同的书籍世界风貌;从献书来讲,主要表现为日记中所展现的不同身份地位的士子向朝廷进献书籍的行为。面临当时山河破碎的面貌,这些士子大都怀有强烈的经世致用之心,所献书籍多有匡扶朝政之意。此外也有部分群体希望通过献书实现见重于世的目的,这些行为均在日记中得到较为完整的记录和呈现。

因此,这一部分主要采用文献文化史的视角,从购书、赠书、献书等多个角度探测晚清上层书籍世界的特征,并与以管庭芬、黄金台为代表的晚清江南中下层书籍群体形成补充和呼应,以期勾勒晚清书籍世界的轮廓和样貌。

第三,日记中的家族和阅读。翁氏一族作为晚清鼎盛的江南望族,在发展中其内部必然有某种精神文化的驱动力,而书籍的阅读便发挥了重要作用。翁氏父子在日记中留下大量的读书、校书记录,从中可以看出翁氏二人的阅读偏好和习惯。此外,在如今留下的翁氏藏书题跋中,可以看到诸多翁氏家族成员的笔墨,或是父子同撰,或是叔侄联题,呈现出来的是家族成员共同读书的文化景象,而这一现象正可诠释翁氏故居彩衣堂前所书"绵世泽莫如为善,振家声还是读书"的祖训。所以,掘发翁氏父子二人的阅读史对研究翁氏家族绵延兴盛的内在动因也有一定的参考意义。除此之外,日记中同样展现出翁同龢对桐城文章的关注和学习,如对归有光、方苞《史记》评点的过录,对姚鼐、梅曾亮古文批点的过录,都可看出翁同龢对桐城文章的雅好,并且这一读书行为贯穿于翁氏一生。不仅如此,日记中还反映出翁氏对宋明理学、山谷诗的偏好,借此也可进一步管窥翁同龢的学术与文学思想。

第四,翁氏家族医疗史的探究。翁心存、翁同龢、翁曾翰、翁斌孙日记中有丰富的医疗记录,以此出发探究翁氏家族如何应对疾病。细读日记,不难发现,翁氏患病时首先想到的并非是延请医生,而是积极地进行自我疗治,方法有如祀神、符水、乩仙,甚至割臂等,其中尤其偏好以茶、酒、西瓜汁等饮品对抗不同属性的疾病,体现的是民间传统的"知识"信仰。自疗无果,患者仍会选择延请医生,而在翁氏日记中出现儒医、僧医、西医等多种医者身份,由此也展现出不同的诊治图景。然而,患者一方对医者的治疗方案并非全盘吸纳,双方之间有时甚至会展开辩难与争论,体现出患者在医疗过程中的主动性和干预性。其背后所体现的,正是患者对医疗知识的习得和掌握,以及当时医疗水平的参差不齐。疾病对患者及家属往往造成难以抹去的创伤,这些痕迹在日记中流露为感伤化的叙述,而人情之间的互动往来则在一定程度上稀释了这种冷意。

总之,本书的研究方法即是采用文献对读、书籍史、文化史、阅读史、医疗史等角度对翁氏日记进行观照,从而对日记文献以及翁氏家族有进一步的认知。

　　最后需要补充的一点是,日记文献向来被作为考古历史的边角材料,而如何将其从边缘位置转至中心,当是日记研究应该反思突破之处。而在冷静的学术文字之外,如何去复活那曾经饱含温度的古籍文献,如何在尊重古人的基础上寻找其心灵寄托,或许也当是研究者应有的思考之处。

第一章 翁心存、翁同龢
居京日记对读

清代日记卷帙浩繁,而家族内部同记日记,则更是一个较为独特的文化现象。翁心存、翁同龢父子都长期保持记录日记的习惯,而在1860—1862年,二人都居住于北京,生活一地,且时间交错,由此便为日记的对读提供了可能。而在相似的时空条件下,由具有亲缘关系的父子所记录的两种日记文献,则似乎存在文本上的某种接近。但出于记录者本身不同的叙述习惯、撰写方式,其中也势必会在文本间呈现出某种差异。本章便以翁心存、翁同龢三年居京日记为中心,以文献对读为方法,探究翁氏父子居京日记之间的同与异,以及翁氏二人日记的文献特质及叙述法则,并在对读的视角中重新考量《翁心存日记》《翁同龢日记》的文献价值。

第一节 书写与叙述:翁氏父子
日记中的雷同巧合

1860—1862年,翁氏父子曾在北京中街共同生活过一段时日,这便直接导致二人生活有所交叉重叠。在他们的笔下,日记中除正常的天气记录以外,日常见闻、朝政大事、社会民生等信息都有机会被纳入父子二人的叙说视野。二者记录中出现某种相似,似乎不难理解,然而翁氏父子日记却在书写法则、内容编排、语气措辞等多个方面出现雷同巧合,却是一个值得关注的现象。现按类别择录如下。

(一) 科考信息

咸丰十年(1860)

三月初十日　丑刻大风作,吼声如虎,较前日更甚,天明后晴,黄霾涨天,日光韬景,午后愈甚,沙积地皆黄。夜,月白,大风彻夜达旦。六儿、松孙接场去,申刻车回,云试者身体平安。芝翁来。钦命头场题:"大学之道","植其杖而芸,子路拱而立","定于一","聚米为山,得波字"。①(《翁心存日记》)

三月十日　大风沙。已正到小寓,筹侄已出矣。未正源侄出,阅场作均妥,源侄尤胜。杜筠巢师来。夜风未止。与五兄谈至夜分。会试题:"大学之道","植其杖而芸"二句;②"定于一"。诗题:"聚米为山。得波字。"③(《翁同龢日记》)

按,"钦命头场题……得波字"与"会试题……得波字"似。父子均录当日科考题目。

咸丰十一年(1861)

四月十四日　天明后雨霁,晴朗。夜,月朗,三更后阴。……濮州知州范允中前经降旨发往军台,现在尚无下落。官文等奏湖北乡试展至十二年秋间举办。④(《翁心存日记》)

四月十四日　晴,北风。先祖潜虚公忌日,侍大人行礼后检

---

① (清)翁心存著,张剑整理:《翁心存日记》,中华书局,2011年,第1501页。

② 原文标点有明显错误者,引用时加以改正。后类此情况者不再出注。

③ (清)翁同龢著,陈义杰整理:《翁同龢日记》,中华书局,1989年,第47页。

④ 《翁心存日记》,第1609页。因论述需要,摘引日记较多,为使文章尽量简洁,摘录日记中与论点无关者悉数省去,下循此例。

考具。……郑铁盦亦借住彼。湖北乡试改于十二年秋举行。①
(《翁同龢日记》)

五月十七日　清晨阴,巳刻风作,午后渐晴。夜,星月交
辉。……四川奏本年乡试改于来岁举行。②(《翁心存日记》)

五月十七日　阴如昨,晚晴。……四川乡试改来岁举行。③
(《翁同龢日记》)

按,"官文等奏……举办"与"湖北乡试……举行","四川奏……
举行"与"四川乡试……举行"似。关于湖北、四川科考时间的变动,
父子均据官文奏述转录,且记录位置一致,均在当日日记末尾处。

同治元年(1862)

四月廿七日　清晨浓阴欲雨,辰刻后放晴,仍热,午后云霾
漠漠,风。……刘长佑奏官绅捐资助饷奖叙。何君亮清诗"贻
我","贻"字失黏,列三等,渠场中懵然不觉,岂非命耶。④(《翁
心存日记》)

四月廿七日　龢生日,晨起,大人前叩头。……闻第一名王
珊诗中有"翠沾泥融马"之句。何孟寅写作极佳,而诗中用"贴我
贻我"仄,用此字虽平仄双收,生僻已极,孟寅云是日草稿本是"率
育",不知何以误写,阅过数次并未见到,命也。⑤(《翁同龢日记》)

① 《翁同龢日记》,第 113 页。
② 《翁心存日记》,第 1618 页。
③ 《翁同龢日记》,第 119 页。
④ 《翁心存日记》,第 1731 页。
⑤ 《翁同龢日记》,第 204—205 页。

　　按,"何君亮清……岂非命耶"与"何孟寅写作……命也"似。二人同录何亮清科考情况,且情感表达一致。

　　关于"科考信息",翁氏父子都曾通过科举取得功名,翁心存中举之后参加会试虽一波三折,但仍在三十多岁取得进士头衔,翁同龢则更于咸丰六年(1856)一举高中状元。作为清代科举考试制度的积极参与者,翁氏父子日记中对科举信息的敏感和关注,或许可以成为翁氏二人共同记述科考信息的一个较为融通的解释。但记录位置以及情感表达却出现诸多一致,比如对何亮清考场所犯失误同报以"岂非命耶"的惋惜,再如对试题平仄的分析,却是一个十分特殊的巧合。另外,此处也仅罗列了同日的几则日记,这种类型的问题在日记他处均有十分丰富的表现。

(二) 朝政战事

　　咸丰十年(1860)

　　正月初五日　晴,寒。得恒月川书,即复之。胜保撤去钦差大臣,即往河南督办剿匪事宜,派关保为胜保帮办,袁甲三仍署理钦差大臣关防,督办安徽军务,除翁同书本系帮办外,并派副都统穆腾阿帮办,傅振邦督办徐宿一带剿匪事宜,田在田帮办,山东剿匪事宜派德楞额督办,乾清门三等侍卫哈勒洪阿帮办,俱驰驿前往。惇亲王之次子载漪承继与瑞敏郡王奕志为嗣。①(《翁心存日记》)

　　正月初五日　饭价人处,与诸君博塞。景鉴泉约文昌馆观剧。夜祀先。胜保督剿皖匪日久无功,命撤去钦差大臣关防,驰往河南督办该省剿匪事宜,以关保为帮办。命袁甲三署钦差大臣关防,督办安徽军务,除翁某本系帮办外,以副都统穆腾阿帮办。命傅振邦督办徐、宿一带剿匪事宜,仍以田在田帮办。命德

---

①　《翁心存日记》,第 1488 页。

楞额督办山东剿匪事宜,以三等侍卫哈勒洪阿帮办。①(《翁同龢日记》)

按,"胜保撤去钦差大臣……奕志为嗣"与"胜保督剿……哈勒洪阿帮办"似。翁氏父子于当日共记时事,翁心存日常一直有阅读邸抄的习惯,或是从其中抄录。而翁同龢所记虽有文字变动,当是书写时据己意调整,然大意基本不变。

咸丰十年(1860)

三月十二日　晴朗,风定,颇暖,午后风又作。夜,月皎,风定。草再行明白回奏稿,命六儿书之,申刻令五儿赍下园,拟于明早恭递。白英来。薄暮闻杭城于二月廿七日失守,贼由清波门轰入,文武官员不知下落,奈何奈何。②(《翁心存日记》)

三月十二日　风止。三谒筠师,缮回奏折,五兄下园递折。杏农、修伯、白英来。夜筮,遇未济之解。杭州于二月二十七日失守,贼由清波门入,合城官员不知下落。③(《翁同龢日记》)

按,"薄暮闻杭城……文武官员不知下落"与"杭州于二月……合城官员不知下落"似。此处叙述杭州城为太平军攻占一事,可以看出,内容并非转录自公开性的邸抄、奏折,而只是个人听闻的感受记录。翁氏父子在所描述的内容、语气措辞、内心感受,甚至叙说顺序都近乎一致。

---

①　《翁同龢日记》,第 41 页。

②　《翁心存日记》,第 1502 页。

③　《翁同龢日记》,第 47 页。

咸丰十年(1860)

四月九日　晴朗,风来爽然。夜,月皎。闻圣躬少瘥。贾相销假,乐制军到京,均未召见也。召见军机、怡王、肃顺。闻丹阳于廿九日失守,张国梁不知下落,奈何。①(《翁心存日记》)

四月九日　晴。张良哉来。门生袁民章廷俊来见,伊新从陕西到京也。徐季侯招饮文昌馆。闻丹阳失守,张国梁无下落,恐苏、常从此不保矣,奈何!②(《翁同龢日记》)

按,"闻丹阳于廿九日……奈何"与"闻丹阳失守……奈何"似。此组情况与上组相同,且记录位置一致,皆于当日日记末尾处。

咸丰十一年(1861)

五月廿三日　赤日杲杲,申刻云起西北方,旋散,未成雨,仍晴。……见云抚徐之铭奏陕西巡抚邓尔恒曲靖被害情形,诚如圣旨,可疑处甚多。③(《翁心存日记》)

五月廿三日　晴,傍晚阴,无雨。……见徐之铭奏陕西巡抚邓尔恒被戕情形,原折支离已极,咄咄怪事。④(《翁同龢日记》)

按,"见云抚徐……可疑处甚多"与"见徐之铭……咄咄怪事"似。此组描述见到奏折后二人的反应,表达类似,且同样记于当日日记尾处。

咸丰十一年(1861)

六月十日　寅正复大雨一次,仍阴,小雨如雾,雷隆隆不

---

① 《翁心存日记》,第1515页。
② 《翁同龢日记》,第53页。
③ 《翁心存日记》,第1619—1620页。
④ 《翁同龢日记》,第120页。

休……午正即回。闻苗练反正,寿州撤围,旧令尹似可遄归矣,吁。①（《翁心存日记》）

　　六月初十日　天明时大雨。……巳刻领轿到孙宅,即散。闻寿州围解,苗练反正矣。②（《翁司龢日记》）

　　按,"闻苗练反正,寿州撤围"与"闻寿州围解,苗练反正矣"似。此处记录苗沛霖造反一事,只将前后语句调整,并同样置于日记尾处。

　　咸丰十一年(1861)
　　六月廿九日　见户部奏办理九官号折。③（《翁心存日记》）
　　六月廿九日　见户部办理九官号原折。④（《翁同龢日记》）

　　咸丰十一年(1861)
　　八月廿四日　见董元醇折。⑤（《翁心存日记》）
　　八月廿四日　见董元醇原折。⑥（《翁同龢日记》）

　　按,以上两组措辞一致,同于日记尾处。
　　咸丰十一年(1861)十月朔,父子二人日记同时对有关载垣、端华、肃顺三人罪名及其他几道上谕奏折做出大篇幅的记录。因篇幅过长,暂不摘录。⑦

―――――――――

① 《翁心存日记》,第 1624 页。
② 《翁同龢日记》,第 122—123 页。
③ 《翁心存日记》,第 1629 页。
④ 《翁同龢日记》,第 126 页。
⑤ 《翁心存日记》,第 1643 页。
⑥ 《翁同龢日记》,第 137 页。
⑦ 参看《翁心存日记》,第 1652—1654 页;《翁同龢日记》,第 145—147 页。

按,翁心存任工部尚书时与肃顺等人为同僚,肃顺为人跋扈,曾借"五宇官号事件"恶意打击翁心存,且此事与"辛酉政变"有关,翁氏父子二人当日均具录长折。

关于"朝政战事",翁心存、翁同龢均为清廷官员,政治家的身份促使他们不得不对朝廷大事保持一定的敏感和关注。然而日记中却有多处在语气措辞上呈现出很高的相似性,比如他们听闻杭州、丹阳失守后的情绪反应几乎一致。如果说对邸抄、奏折的摘录是因为有公开传播阅读的文本作为记录依据的话,那么对这种只是听闻性质的事件,在情绪表达上都有诸如"合城官员不知下落""张国梁不知下落"的情绪感发,同时抒发最具个人感情色彩的用词"奈何"都保持高度的雷同,以及记录位置都很有默契地放于当日日记的末尾处,则不能不说又是第二个巧合。此外,朝廷对"辛酉政变"中载垣、肃顺、端华等人的定罪奏折,翁氏父子均不厌其烦地花费大量笔墨转抄誊录,这种行为的一致性又让人颇感意外。

(三) 日常生活

咸丰十年(1860)

三月廿六日 竟日阴阴,似霾似雾,白日无光,不风,而热不可耐,服棉衣,尚不胜其热也。夜,阴,微有星。午刻容伯来。群花渐有含苞意矣。[1](《翁心存日记》)

三月廿六日 暖甚,可夹衣。程容伯来。访陆星农、景鉴泉,均未晤。五兄命予小饮。庭花渐开,春意眷眷。[2](《翁同龢日记》)

按,"群花渐有含苞意矣"与"庭花渐开,春意眷眷"似。翁氏父子

---

① 《翁心存日记》,第 1505 页。

② 《翁同龢日记》,第 49 页。

同在当日日记中对庭院群花有所记录关注,且感受表达相似。

　　咸丰十年(1860)

　　八月六日　晴朗,辰刻后云气蒙蒙,日光淡淡。……并储乌豆以饲马也。未刻有群鸦从东来,飞鸣回翔。①(《翁心存日记》)

　　八月初六日　五更闻炮声。……汪慕杜约翰林十余人上疏,邀余列名,辞之。午后日无光,有乌东来,蔽天翔舞。②(《翁同龢日记》)

　　按,"未刻有群鸦从东来,飞鸣回翔"与"午后日无光……蔽天翔舞"描述措辞相似。

　　咸丰十一年(1861)

　　四月廿三日　晴,风,黄埃满空,午后阴阴欲雨,亥初阵云起西北,雷电交至,骤雨一阵,向东南去,雨,旋止。……黄寿臣来,未晤。闻三儿已于初四日交卸,归期应不远矣。③(《翁心存日记》)

　　四月廿三日　午后风,入夜阴,雷电交作。母亲到中街。闻三兄于四月初三日交卸,则归期不远矣。④(《翁同龢日记》)

　　按,"闻三儿已于初四日交卸,归期应不远矣"与"闻三兄于四月初三日交卸,则归期不远矣"似。日记所提"三兄"即指翁同书,父子

---

①　《翁心存日记》,第 1547 页。
②　《翁同龢日记》,第 69 页。
③　《翁心存日记》,第 1611 页。
④　《翁同龢日记》,第 115 页。

二人关于其卸任回京一事措辞表达基本一致。其中"初三""初四"或有一人讹误。

　　咸丰十一年(1861)
　　五月十八日　赤日杲杲,酷热,申刻阵云起西北,酉初霹雳一声,小雨数点向东南去,复晴,夕阳在树。夜,晴空皎洁,星月满天。①(《翁心存日记》)
　　五月十八日　晴热。酉初雷电交作,霹雳一声,如发巨炮,微雨即晴。②(《翁同龢日记》)

　　按,"酉初霹雳一声"与"酉初雷电交作,霹雳一声"似。描述天气景象所发生的时间及情况状貌一致。

　　咸丰十一年(1861)
　　九月廿四日　四更大雨,天明后小雨,巳刻止。……又告太庙文误添孝静康慈皇后,自请议处也。滨石自滦阳回,仍病。③(《翁心存日记》)
　　九月廿四日　天未明大雨,达晓稍止,萧萧不已。……夜饮何紫瀛斋中,孙莱山、何介甫、张午桥、林伯恬、汪泉生元庆及余兄弟也。访濒石,濒石来自滦河,病后殊瘦。④(《翁同龢日记》)

　　按,"滨石自滦阳回,仍病"与"访濒石,濒石来自滦河,病后殊瘦"似。濒石为杨泗孙,杨沂孙弟,咸丰进士,与翁同龢时相酬唱。父子

---

① 《翁心存日记》,第 1618 页。
② 《翁同龢日记》,第 119 页。
③ 《翁心存日记》,第 1649—1650 页。
④ 《翁同龢日记》,第 143—144 页。

二人描述"雨止"及杨泗孙情况语气相似。

　　同治元年(1862)

　　四月十一日　晴,赤日杲杲,旱云横空,甚热,服单衣尚汗出也。上诣观德殿行礼,辰正一刻入学,午正一刻还官。倭崇庵自西陵回,入直。未刻沈经笙来,晤谈良久。汤古如来访六儿,六儿尚未入城,未晤。寺中牡丹开两丛,然甚憔悴也,中街牡丹开两朵,发色牡丹甚盛,未暇往观也。薄暮六儿来,宿此。[①](《翁心存日记》)

　　四月十一日　晨写白折二开,腕涩不成字。午诣三兄处坐谈至酉初,回静默寺。连日天晴奇暖,夹衣犹汗。寺后牡丹一丛,有花灿然。[②](《翁同龢日记》)

　　按,"甚热,服单衣尚汗出也""寺中牡丹……未暇往观"与"连日天晴……有花灿然"似。二人对天气的感受和对牡丹花的关注相同,且此日共宿一处。

　　关于"日常生活",日记本身最根本的特征便是一部个人的生活史,日常生活的点滴记录是日记中最为常见的内容。而这种类型的内容记录往往具有高度的个性化和随意性,它不同于之前所述的科考题目、邸抄奏折有公开传播的信息作为记录依据。生活见闻以及由此生发的感受,于不同的记录者之间,存有十分宽广的自由度和差异性。但是从以上摘录的几组日记中可以看出,翁氏父子对含苞待放的花朵、东来飞舞的鸟群、乌云布阵的雷声以及对翁同书归期的遥盼、获知杨泗孙生病消息的反应等信息的记录,不论是措辞语气,还是编排布置,父子二人的日记都保持高度的一致,充满默契。如果说

---

①　《翁心存日记》,第 1724 页。

②　《翁同龢日记》,第 201 页。

一次雷同使人认为这不过只是巧合，那么接连几次在不同类型的日记叙说中都碰撞出相同的火花，雷同巧合的解释恐怕再难以令人信服。

以上主要选取"科考信息""朝政战事""日常生活"三项类别的日记作为考察对象。可以看出，翁氏父子在日记中除对共同事件叙说相近以外，于书写顺序、语气措辞、情感表达甚至位置编排上都保持高度一致，由此使其成为一个独特的文献记录现象。

有关日记文献的比读，之前曾有学者做过相关研究。如刘雅萌通过比较《杨度日记》与《湘绮楼日记》，在二人日记中发现许多相似度较高的内容。① 其中所比读的日记文本主要偏向于日常生活中的言说，而相似度的展现则更多集中于"叙述笔法甚至遣词造句上的高度一致"。② 王闿运是杨度的老师，师生之间过从甚密，由此刘雅萌依据当时背景推测杨度代笔的可能性较大。关于日记代笔之说，徐雁平也曾在研究中发现，贺葆真在外考察过度劳累时便会邀请同行之人帮忙记录日记。③ 不过代记日记只是特殊情况下的一种行为，日记的长期记录性决定其最终还是要回归主体的自我叙述。代笔虽有可能，但若没有明确提及，这种猜测似乎并不适合推广到其他类似的现象之中。

其实，无论是对翁氏父子日记出现巧合后产生的困惑，还是对杨

---

① 刘雅萌:《〈杨度日记〉与〈湘绮楼日记〉对读研究》，见曹虹、蒋寅、张宏生主编:《清代文学研究集刊》第 6 辑，人民文学出版社，2013 年，第 196—211 页。

② 刘雅萌:《〈杨度日记〉与〈湘绮楼日记〉对读研究》，见《清代文学研究集刊》第 6 辑，第 201 页。

③ 徐雁平:《日记细读与晚期桐城文派研究——以〈贺葆真日记〉为例》，见《清代文学研究集刊》第 6 辑，第 164—195 页。此处转引《贺葆真日记》代记情况:"十五日，余欲与翙宸早起游山，适小阴雨，故缓行，而心叔邀宗先生及余三人赴人市街同华轩小饮，然后赴城。后观农事地质、山中风景。日暮归，倦甚，属李翙宸代作日记。"见贺葆真著，徐雁平整理:《贺葆真日记》，凤凰出版社，2014 年，第 310 页。

度日记与王闿运日记中出现雷同后关于代笔的种种推测,皆因为在绝大多数人的潜意识中都有一个"日记是一种私密性文本"的概念预设。事实上,古代日记可能并非如一般认为,是一种私密性极强的文本,这种看法实际上直至后世才渐居主导。邓建曾就这一问题指出"就文体传统而言,中国古代日记是不强调私密性的",①同时进一步探讨近代日记从"非私密性"到"私密性"的特征转变:

> 清末民初,西学东渐,西方日记观念和西人日记随之流入中国,对国人的日记观念产生了极大冲击。就像在西方曾经发生过的一样,人们为了更好地倾诉自我,追求一种不受抑制的表现力,实现彻底的、真正面对自我灵魂的写作,开始强调日记的私密性,日记被视为一种纯粹的个人化写作。②

其中过程的变化涉及西方日记观念的渗透影响,而从翁氏日记中来看,显然尚未受到这种观念的介入。此外,日记虽习惯性被认为是一种个人私语言的叙说,但是有相当一部分日记内容更偏向于叙事而非个人情感的自由流露和扩张,这一特征在很大程度上削弱了日记的私密性。吴承学认为,很多古代日记"可能是'私'而不'密'、'真'而不'实'的",③这一观点仍然是强调古人日记的私密性并非完全牢不可破,恰恰在其间存有一定的缝隙。因此,就文本的封闭性而言,日记并非是一种绝对化的私密文本。

　　关于日记私密性特征的考量,也应从日记文本的生成过程以及最后的付梓出版两方面具体把握。从目前所见文献来看,清代不少日记在作者生时或者身后,均有机会在时人手中传播阅读。例如《翁

---

　　①②　邓建:《从日历到日记——对一种非典型文章的文体学考察》,《中山大学学报(社会科学版)》2014 年第 3 期。

　　③　吴承学、刘湘兰:《杂记类文体》,《古典文学知识》2010 年第 2 期。

同龢日记》中便曾记录翁同龢在不同时段阅读过《倭仁日记》《李刚主日记》《曾文正公日记》《郭天锡日记》。①抑或日记中也会留下他人的序跋文字。因此日记的记录者在记录时似乎已知有未来的潜在读者，这也决定了日记并非是一种毫无目的的记录书写。

吴承学认为："我们所见的古代日记，其写作目的大多数不是要藏诸名山，而是要传诸其人。作者志不在秘藏，而是要传播。"②最典型的一个案例便是翁同龢晚年被革职返乡后，对日记中有关戊戌变法事件内容的诸多篡改。③翁氏似乎预料到自己去世之后日记会被刊印传播，为了掩饰某些细节，他对文本进行二次改造。显然，这种对日记未来传播的预判和把握，说明日记已被记录者视为是一种必将公开的文本。因此，从"作者身后"的角度来说，所谓的私密性特征是十分微弱的。

但是，从日记文本的生成过程来考察日记的私密性特征，却少有学者探测。日记的执笔者在记录中是独自一人完成，还是像前文所探讨的存在特殊情况下请人代笔的可能？甚至是否有可能在撰写时借阅周围人日记作为自己记录的借鉴和补充？由此，日记文本在生成过程中或许仍包含有诸多复杂不确定的因素，这一问题也值得进一步关注和考察。

翁心存和翁同龢、杨度和王闿运，双方有一个共同之处即在于各自关系都较为紧密。翁氏二人为血浓于水的父子关系，杨、王二人则是来往较多、彼此融洽的师生关系。且他们各自都有一段共同居住生活的时日，翁氏父子曾一同住在中街、静默寺，杨、王二人则曾同舟出行。紧密特殊的关系，并曾共同居住于一地，一方在记录当日日记

---

①　分别见于《翁同龢日记》第 504、594、2104、2435 页。

②　吴承学、刘湘兰：《杂记类文体》，《古典文学知识》2010 年第 2 期。

③　孔祥吉：《〈翁文恭公日记〉稿本与刊本之比较——兼论翁同龢对日记的删改》，见氏著：《清人日记研究》，广东人民出版社，2008 年，第 18—37 页。

时借读对方日记或相互交流日记的撰写方式是有很大可能性的。特别是翁心存、翁同龢之间是父子关系,家族内部日记的互相阅读和模仿,情感的交流与共述,是一件极其可能的事情。从文本生产这一角度来看,这一行为和由血缘、姻亲、师友构建而成的桐城派文人批点本的内部流通颇有几分相似。① 不论是批点本还是日记,在其文本的生产过程中,显然并不是孤立发展而来的,而是很有可能被置于一张内部沟通的网络上不断传播与接受。

事实上,除了上述选录的几组"雷同"日记以外,翁氏父子的日记中也包含有不少二人共同读书的记录。如:

> 咸丰十年(1860)
> 三月廿二日 晴,暖甚,午后大风扬沙如昨夜,晴,风愈甚。阅孙夏峰《兼山集》。②(《翁心存日记》)
> 三月廿二日 写大卷。谒杜筠师。晤朱实甫学笃。……大风,晴暖,花木吐苞矣。夜读孙夏峰语录。(《翁同龢日记》)
> 三月廿三日 风。拜客于文昌馆,请同邑公车,少坐即归。夜源、松两侄来。读夏峰集,夏峰之学本于阳明,而不及阳明之精萃。③(《翁同龢日记》)

> 十二月廿三日 晴朗,午后风。内子生辰,谢贺客概不过谒。见王《圣教序》一册,虽两本拼凑,尚是旧拓。定更后见东北有火光,次日询之,乃李铁拐斜街潮烟铺失火也。④(《翁心存日记》)

---

① 徐雁平:《批点本的内部流通与桐城派的发展》,《文学遗产》2012 年第 1 期。

② 《翁心存日记》,第 1504 页。

③ 《翁同龢日记》,第 49 页。

④ 《翁心存日记》,第 1577 页。

　　　　十二月廿三日　叩祝母亲寿辰。见王《圣教》一本,尚旧。①
(《翁同龢日记》)

　　父子二人在一段特定的时日中都共同阅读孙奇逢的著作,在看到王
羲之《圣教序》后也有近乎一致的评价,这些行为活动都在日记中呈
现出相同的记录和反映,而这显然是经过一种有意识的交流和书写
而形成的。

　　因此,翁氏父子日记中出现的内容相似、措辞一致、情感相通、排
布雷同等诸多巧合情况,基本可以推测是来源于父子二人在记录日
记时的互相借阅和沟通,甚至可能是一方直接转录另一方的日记内
容,以至于呈现出日记之间的雷同相似,这种巧合并非偶然为之。而
在与《杨度日记》《湘绮楼日记》以及《贺葆真日记》等日记文献的类比
下,可以推断的是,由于记录者之间的特殊关系,或为血缘,或为师
徒,日记在特定时间及空间条件下,存在相互交流、借阅、抄录,甚至
代笔的可能性,这也是日记文本的一种特殊的生产机制。

第二节　补录与追叙:翁氏父子日记中的时间错位

　　邓云乡曾说"古人日记的体例,最大特征就是'排日记事'",②薛
福成将其称为"排日纂事"。③ 日记最显著的文体特征便是逐日记载
当天的见闻事件,如同在一条时间轴的刻度上以日为单位将记录内
容逐一填充进去,这是日记区别于其他文体的重要体例。既然是要

————————

①　《翁同龢日记》,第 91 页。

②　古农主编:《日记漫谈》,人民日报出版社,2012 年,第 27 页。

③　(清)薛福成著,安宇寄校点:《出使四国日记》,湖南人民出版社,1981
年,卷首凡例第 3 页。

记事,那事件的记录必当是即时的、鲜活的,而非迟滞的、后退的,否则便消释了日记文体本身的特有含义。由此,赵宪章论道:"日记文体是个人的、即时的,历史文体是公共的、事后的。二者对于往事的记忆最根本的不同就在于日记文体与时间箭头同步展开,而不像历史文体那样多为'事后追记',从而保留了往事的原生态和鲜活性。这就是'时间'作为日记文体'引擎'的要义之所在。"①因此,"原生态""鲜活性"是日记作为一种叙事文体呈现出来的显性价值,这也是为何日记在某些方面可以起到补充史乘之阙的作用。

然而经过对读发现,翁氏父子二人之间的日记在不少相同事件的记录上出现一定程度的时间错位。或是翁心存记录迟于翁同龢,或是翁同龢的记录又晚于翁心存,两种情况交错。内容涉及邸报抄录、书籍信息、科考情况、社会民生等诸多方面,其中尤其以翁同龢日记的后滞情况为典型。诚然,事件实际发生的时间是固定不变的,但被记录的时间却不断产生变动,《翁同龢日记》相比《翁心存日记》在不少共同关注的事件记录上经常发生迟一日或迟两日记录的情况,甚至原本是隔日发生的事情最后均混杂于一日记录。《翁心存日记》也存有记录迟滞的情况,但发生的概率相对要小很多。由此,日记中所呈现出的这种对过往事件信息的追叙和补录,是一个值得关注的现象。

《翁心存日记》迟于《翁同龢日记》的情况,主要是关于皇帝活动、书籍信息、朝政战事等方面的记录。如咸丰十年(1860)皇帝举行的一次祭礼,二人如是记录道:

> 二月廿八日 上祭朝日坛,礼成,入朝阳门,出安定门,由土道还园。②(《翁心存日记》)

---

① 赵宪章著:《文体与图像》,人民文学出版社,2014 年,第 62 页。

② 《翁心存日记》,第 1499 页。

二月廿七日　上诣朝日坛行礼,幸圆明园。①（《翁同龢日记》）

这组日记中,翁心存在记录上要比翁同龢晚一日。检《清代起居注册》,咸丰十年(1860)二月廿七日并未有"上诣朝日坛行礼"一事。相反,此事记录实在二月廿八日,②即翁心存当日所记。这种提前记录的错误,似乎是翁同龢将当日日期搞混,或者是其他原因,暂不得而知。

其他或是有关朝政战事的补录:

咸丰十一年(1861)
十二月初四日　前任户部侍郎罗惇衍、前任大理寺少卿田雨公、降调浙江布政使徐宗干均来京听候简用。前任云南提督傅振邦、前任固原提督孔广顺、前任宁夏镇总兵郑魁士均来京听候简用。③（《翁心存日记》）
十二月初三日　前任云南提督傅振邦、前任固原提督孔广顺、前任宁夏镇总兵郑魁士均来京听候简用。前任户部侍郎罗惇衍、前任大理寺少卿田雨公、降调浙江布政使徐宗幹均来京听候简用。④（《翁同龢日记》）

二人所记均为当时上谕,检《清代起居注册》,此谕颁布的时间实为十

---

①　《翁同龢日记》,第 46 页。
②　"二月廿八日,上诣朝日坛行礼,东岳庙、清净化城拈香,驾还圆明园。"见(清)沈兆霖等奉敕撰:《清代起居注册·咸丰朝》第 49 册,台北联经出版事业公司,1983 年,第 29790 页。
③　《翁心存日记》,第 1680—1681 页。
④　《翁同龢日记》,第 169 页。

二月二日，①父子二人均有不同程度的滞后现象。事实上，翁心存迟于翁同龢记录的情况非常少，一般可归于特殊情况下的补记。另外据统计，翁氏父子居京三年的日记中，翁心存迟于翁同龢记录的情况仅有六次，且大都集中于购书信息的补录。翁同龢一直有在书肆中购买书籍的习惯，但凡是去游逛厂肆或是书商前来售卖书籍，都会在其日记中有所记录，而这些记录也会在翁心存的日记中有所反映：

咸丰十年(1860)
六月廿九日　厂肆送来宋绍兴十年晁谦之刻《花间集》十卷四册，后有常熟席鉴玉炤收藏印，又石涛书《道德经》一册，为苏斋藏本，前有苏斋七绝一首，并属罗两峰摹石涛象于册首，又文待诏书《洛神》小楷一册，索价颇昂，无力购买也。②(《翁心存日记》)

六月廿八日　热，回横街。有持《花间集》宋本来售者，每半叶八行，行十七字，甚精，前后有"虞山席鉴玉照氏考藏"印。又石涛书《道德经》，罗两峰画石涛种松像于册首，后有伊墨卿、家覃溪先生诗跋，苏斋旧物也。文衡山《洛神赋》，伪。③(《翁同龢日记》)

咸丰十一年(1861)
二月十四日　赠得《孙烛湖集》，烛湖，吾邑循吏也，今岂可得耶，六儿得□□□出，皆从《永乐大典》抄出，《四库提要》已著录。

---

① 见《清代起居注册·咸丰朝》第 57 册，第 34517—34518 页。
② 《翁心存日记》，第 1537 页。
③ 《翁同龢日记》，第 60—61 页。

宋人集三十二家，元人集二十三家，□□百四十六册，为整齐之。① （《翁心存日记》）

二月初九日　大风。三槐堂书贾来，以诗龛所藏抄本宋、元人集五十余种来，亦刘氏物也。皆从《永乐大典》录者、即四库著录本。② （《翁同龢日记》）

不难看出，翁同龢每次购买书籍或是有所见闻，一般都会告知其父。同时从其他部分的日记对比来看，翁心存记录的翔实程度甚至要远远超过其子（这一问题后文将有所论述）。翁心存或许会借阅翁同龢的日记进行补录，然而有些信息在翁同龢的日记中并未体现，所以很大可能是翁同龢之后又将原书带至父亲面前，翁心存才会在日记中有如此丰富的展现，不过这种类型内容的记录对于叙事时间的精确性并没有过分严苛的要求。但总体而言，《翁心存日记》对许多事情的记录都保持较高的即时性。

与此不同，翁同龢的日记却在许多内容的记录时间上相比其父有较多的讹差与错位，且表现较为明显：

咸丰十年（1860）

三月初四日　闻皖逆南窜长兴之四安镇，及安吉县已失，湖州岌岌，杭郡戒严，殊可忧也。广德州未陷已前闻宁国已失守，惟未见邸钞耳。③ （《翁心存日记》）

三月初五日　闻贼陷泾、旌德、广德，入浙江长兴界，焚四安镇，遂陷安吉，将至吴兴矣。④ （《翁同龢日记》）

---

① 《翁心存日记》，第 1591 页。
② 《翁同龢日记》，第 100 页。
③ 《翁心存日记》，第 1500 页。
④ 《翁同龢日记》，第 47 页。

六月十九日　僧王五百里,大沽发。①(《翁心存日记》)

六月二十日　僧邸五百里报,大沽发,海舶已逼津门,或云接杖矣。②(《翁同龢日记》)

咸丰十一年(1861)

六月十五日　银价昂甚,每两换钱票至三十二三吊,票皆九官号者,私钱铺已久不开票,以票取钱,官号尚给当十钱卅五文,民铺则止给廿五文,老米通行者每百斤京钱百吊,麦面杂粮及各种食物用物无一不腾贵,殆人不聊㕥矣,奈何奈何。③(《翁心存日记》)

六月十六日　连日银价日腾,九官号钱票日贱,一两易钱票三十二吊,票一吊换当十钱五百,而贫民哗然矣。欲救其敝,其惟亟收制钱,制钱从何收,曰崇文门及捐铜局两处为始,若以两吊制钱准银一两,则制钱不胫而至,制钱至则私号票可开,私号票出而银价平,银价平而物价亦减矣。④(《翁同龢日记》)

九月十日　竟日晴暖。申初锡佩卿来,未晤。申正诗翁处传到头场题:"不以礼节之,亦不可行也","肫肫其"三句,"非事道与","露溥仙掌九秋初,得秋字"。程巨夫诗。六儿入城接场,松孙出场已晚矣,闱中微吐红。⑤(《翁心存日记》)

九月十一日　四书题"不以礼节之,亦不可行也";"肫肫其仁"三句;"非事道与"。诗题"露溥仙掌九秋初。元程钜夫诗得

---

① 《翁心存日记》,第 1535 页。
② 《翁同龢日记》,第 60 页。
③ 《翁心存日记》,第 1626 页。
④ 《翁同龢日记》,第 124 页。
⑤ 《翁心存日记》,第 1646 页。

“秋”字。^①(《翁同龢日记》)

　　十一月初四日　是日兵部带领引见,俱服蟒袍补褂,武殿试一甲第一名马鸿图,二名刘英杰,三名德绶,会元杨大成。^②(《翁心存日记》)

　　十一月初五日　武英殿试一甲一名马鸿图,二名刘英杰,三名德绶。^③(《翁同龢日记》)

　　同治元年(1862)

　　正月初六日　上谕:奉两宫皇太后轸念民生、咨访民隐旨一道。^④(《翁心存日记》)

　　正月初十日　皇太后懿旨,问民疾苦,饬内外各官咨访具奏,并饬统兵官不得克扣兵饷,抚循伤亡。^⑤(《翁同龢日记》)

以上摘录的内容主要集中于朝政战事、社会民生、科考信息等方面。不难看出,翁同龢对诸多类型的信息记录似乎表现得颇为迟滞,而且较为明显的一点是,翁同龢的部分日记内容再次与其父日记之间存有高度的相似性。有些见闻以及科考消息,翁同龢均选择隔日或隔几日记录,或许是因为当天忙碌没有来得及记述,所以习惯性借其父的日记摘取抄录。而翁同龢记录信息的后滞特点,在上谕邸抄的摘录上也表现得较为明显:

---

① 《翁同龢日记》,第141页。
② 《翁心存日记》,第1668页。
③ 《翁同龢日记》,第161页。
④ 《翁心存日记》,第1694—1695页。
⑤ 《翁同龢日记》,第181页。

咸丰十年(1860)

正月十九日　命袁甲三为钦差大臣,督办安徽军务。(《翁心存日记》)

正月廿日　翁同书报截剿寿州南路大股捻匪一律肃清,并进剿炉桥贼匪情形。上谕:前据御史林之望奏,怀远民人胡文忠呈称胜保酒色行乐,翁同书保升降匪,知县王启秀通贼,主簿顾长源等情,当经交和春、何桂清查明具奏,兹据奏称并无其事,均免置议。惟胜保退守蒋坝,正当军务吃紧之时,各将弁前往庆贺生辰,给以酒食,实属不知远嫌,胜保着降为副都统候补,仍督办河南剿匪事宜。穆腾阿补镶黄旗蒙古都统。①(《翁心存日记》)

正月廿一日　三兄报截剿南路大股捻匪获胜。先是,御史林之望奏胜保酒色行乐,翁某滥保匪人,下和春、何桂清查奏。至是覆奏,均无其事,请免置议。惟胜保于将弁等往贺生辰,不知远嫌,降为副都统,仍办河南剿匪。袁甲三授钦差大臣,穆腾阿补都统。②(《翁同龢日记》)

七月五日　暮阅邸抄:见庞钟璐到报六百里,由途次发,心怦怦然,寝不成寐。崇实、东纯奏审翁祖烈讦告曾望颜八款尚无实据,曾望颜前已革职,即革任,仍留四川听候另案查办,撤任成都府翁祖烈即革职永不叙用,候选知府田良即革职,现任成都知府杨重雅撤任,听候查讯。(《翁心存日记》)

七月六日　命协办大学士户部尚书周祖培、兵部尚书陈孚

---

①　《翁心存日记》,第1490页。

②　《翁同龢日记》,第42—43页。检《清代起居注册》,"三兄报……"为正月十八日事,见《清代起居注册·咸丰朝》第49册,第29567—29568页。"御史林之望奏……","袁甲三授钦差大臣"为正月十九日事,见《清代起居注册·咸丰朝》第49册,第29571—29575页。

恩、工部左侍郎潘曾莹、右侍郎宋晋会同五城御史办理团防。命前浙江布政使徐宗干办理通泰团练事宜,从庞钟璐请也。御史陈鸿诩回籍办理团练。① (《翁心存日记》)

七月初五日　庞钟璐六百里报。六月廿三日在常熟发。(《翁同龢日记》)

七月初六日　四川总督曾望颜以属员讦告各款,钦差崇实奏请革职查讯。命周祖培、陈孚恩、潘曾莹、宋晋办理团防事宜。添派御史陈鸿翊回籍办团。② (《翁同龢日记》)

同治元年(1862)

正月初五日　广西左江道陈庆桂补授。(《翁心存日记》)

正月初六日　王履谦由宁波航海到闽,交左宗棠拿问。③ (《翁心存日记》)

正月初七日　庆端奏绍兴、宁波两府先后失守,王履谦拿问,交左宗棠严讯。广西左江道放陈庆桂。④ (《翁同龢日记》)

正月初七日　谭廷襄奏防河出力人员奖叙,编修徐昌绪加侍讲学士衔。胜保前往皖豫剿匪,派正白旗汉军副都统遮克敦布驰往直隶交界,会同大顺广道王榕吉接办防务。(《翁心存日记》)

----

① 《翁心存日记》,第1538—1539页。

② 《翁同龢日记》,第62页。检《清代起居注册》,"四川总督曾望颜……"为初三日事,见《清代起居注册·咸丰朝》第51册,第30862—30864页。"命周祖培、陈孚恩……"为初五日事,见《清代起居注册·咸丰朝》第51册,第30866—30867页。

③ 《翁心存日记》,第1694—1695页。

④ 《翁同龢日记》,第180页。检《清代起居注册》,此日所录为初五日事,见(清)桂清杨等奉敕撰:《清代起居注册·同治朝》第1册,第67—69页。

正月初八日 巡视北城御史兴隆、孙楫奏著名光棍、已革坊官张西园即张其翰怀挟私仇,纠众殴伤承审官刑部主事吴养原,交刑部严审,按律惩办。① (《翁心存日记》)

正月初八日 徐昌绪以办理齐河伪团迅速,给翰林学士衔。李鹤年、陆秉枢均饬赴河南军营。御史孙楫等奏已革坊官张其翰挟仇殴官,交刑部严讯。命遮克敦布驰往直东交界,会同大顺广道王榕吉接办防务。② (《翁同龢日记》)

以上几组日记的内容主要集中于上谕邸报的补录,然而情况却纷繁驳杂。邸报即当时的报纸,常刊登一些重要的政事要闻,京城官员是其主要阅读群体。由上述所列不难看出,翁氏父子都有抄录邸报的习惯,不过翁心存要比其子翁同龢抄录得更为及时认真。通过和《清代起居注册》对比,翁氏父子的抄录时间和上谕正式颁布的时间相比都有一定的延迟,这种情况一般也可以理解。例如:

咸丰十年(1860)

五月八日 暮因大雨,送报者至次日始送来,见常熟沙勇克复江阴县城一事,为之狂喜。(《翁心存日记》)

九月三十日 都中自八月八日后久无邸钞,本月廿七日始有刻本京报,两日一送。③ (《翁心存日记》)

---

① 《翁心存日记》,第 1695 页。

② 《翁同龢日记》,第 180 页。检《清代起居注册》,"徐昌绪以办理……""命遮克敦布……"为初七日事,见《清代起居注册·同治朝》第 1 册,第 78—79 页。"御史孙楫等奏……"为初八日事,见《清代起居注册·同治朝》第 1 册,第 91—92 页。

③ 《翁心存日记》,第 1522、1560 页。

可知当时有固定的送报者,但有时难免会因自然或时局等不可抗因素,导致送报时间有所延迟,抄录也因此延宕。翁心存对邸报的坚持摘录或许与他曾担任起居注官、国史馆总裁等职有关,其中或许也夹杂有关心国事的情怀。翁同龢虽然同样抄录,但从其日记来看,并不如其父做得理想。翁同龢初任京职不久,对这些充满政治味、火药味的朝政战事,就敏感度而言相比其已入晚年、久浮宦海的父亲要弱得多,记录起来便显得较为迟钝、随意。而事实也确实如此,查检《翁同龢日记》同治元年(1862)部分,即翁心存去世之后,基本从二月份开始就再难看到有关上谕邸报之类的信息,大部分内容都是围绕日常生活的片段琐事,而翁心存却将这个习惯一直完好地坚持下来。

可以看出,仅就邸报的抄录,翁同龢的态度具有较强的个人性和随意性,相比其父也更显被动。重观《翁同龢日记》,这种抄录的习惯也并非是从一开始就有的,邸报内容的逐渐增加或许是因为他加入清廷官员这一行列的职责所需,但更大一部分原因应是来源于翁同龢对其父日记的学习和模仿。不过这个习惯坚持得并不理想,事件混录、时断时续的做法常常出现。当然,上谕邸报的抄录相比于日记中其他的内容而言,在时间上并没有很高的即时性要求,它更像是被当作一件随手摘录的事情。但是,翁同龢于日常生活中最具鲜活性的事情上,依然会出现补录追述的行为,以至于混淆日期之间的分界线,却又不似偶然为之:

咸丰十一年(1861)
三月二十日　午后祁子禾来辞行,以所刊张穆石州《月斋诗文集》、王筠贯山《说文句读》贻六儿。①（《翁心存日记》）
三月廿一日　祁子和来辞行,以王贯三《说文句读》、张石洲

_____
①　《翁心存日记》,第1601—1602页。

《昺斋文集》赠。① (《翁同龢日记》)

　　四月廿一日　借《文文山集》读之。范忠贞《画壁集》遗迹手卷索价甚昂,令筹孙录成一册,原迹蔀残难辨,又令六儿覆勘一过,已竣,忠贞之《画壁集》与文山《正气歌》、吾邑瞿忠宣之《浩气吟》,皆天地间不可磨灭之至文也。(《翁心存日记》)
　　四月廿三日　闻三儿已于初四日交卸,归期应不远矣。② (《翁心存日记》)
　　四月廿一日　读《文文山集》。(《翁同龢日记》)
　　四月廿三日　闻三兄于四月初三日交卸,则归期不远矣。有持范忠贞承谟画壁诗手稿来售者,索直昂,还之。大人命筹侄抄得一本。原稿用炭屑书,惨淡不能辨,敬校一过,正与《文山集》中诸作相似,知古人见道深,卷气定也。③ (《翁同龢日记》)

　　同治元年(1862)
　　六月十六日　李兰荪传一方,开后:香肥皂六个,鲜生姜一两,胡椒面,用两个当十钱买。三味捣烂成糊,贴在肚脐上,再用干佛手切成片,三钱。煎汤服之。④ (《翁心存日记》)
　　六月十七日　又李兰生前辈传方,香肥皂六个,胡椒两当十钱,鲜姜一两,三味捣烂为饼,贴脐下,又用佛手切片泡汤饮之,云极效。⑤ (《翁同龢日记》)

----

① 《翁同龢日记》,第 109 页。
② 《翁心存日记》,第 1610—1611 页。
③ 《翁同龢日记》,第 114—115 页。
④ 《翁心存日记》,第 1752 页。
⑤ 《翁同龢日记》,第 213 页。

第一组日记是祁子禾前来辞行，并将所刊布的书籍赠送给翁同龢，告别和赠书的行为只可能在同一天发生，翁同龢却隔日记录；第二组中，翁氏父子都在一天同读《文文山集》，翁心存于当天继续记录令翁同龢覆勘范忠贞手稿一事，而这件事的内容却被记录在翁同龢两日之后的日记中；第三组是为应对当时在京城出现的大面积的时疫霍乱所出的一种药方，翁同龢又于隔日补记。

前已论述，日记作为一种文体，其最大的特征便是"排日纂事"，另外"日记文体存储着时间的历史，刻录下'时间箭头'的运行轨迹，从而使抗拒遗忘、恢复记忆和回味过去成为可能。这就是日记之最根本的文体特征"。① "时间箭头"是一个固定的刻有精度的长轴，日记应遵循其本有的含义和法则，当日发生事便当日将其记录，这也正是鲁迅所说的"马上日记"。② 如果日记的记录时间与所记事件的实际发生时间出现错位的话，那便消释和违背日记文体本身的含义属性，且这种回忆追述过去事件的行为显然与备忘性的文本没有了差异。即"日记从本质上来说是对原发事件的绝对忠诚，所记时间后于记载时间必然使日记的书写赢得揣摩表述策略的机会，而任何表述策略对于日记来说都是多余的，甚至意味日记本义的消解，'即时性'书写才能最客观地呈现原生态的面貌"。③

在与《翁心存日记》的对读中，不难发现，《翁同龢日记》在诸多信息的记录上存有广泛的滞后性，这种频繁的迟滞严重背离日记原本

---

① 《文体与图像》，第 61 页。

② 刘半农邀请鲁迅为《世界日报》副刊撰稿，鲁迅便为该刊写了《马上日记》。鲁迅在日记的"豫序"中说："既然答应了，总得想点法，想来想去，觉得感想倒偶尔也有一点的，平时接着一懒，便搁下了，忘掉了。如果马上写出，恐怕倒也是杂感一类的东西了。于是乎我就决计：一想到，就马上写下来，马上寄出去，算作我的画到簿……如果写不出，或者不能写了，马上就收场。"见鲁迅著：《鲁迅全集》第 3 卷，人民文学出版社，1982 年，第 309 页。

③ 《文体与图像》，第 63·页。

的特有属性。它反映出翁同龢在记录部分日记内容时表现出的个人性、随意性和时间模糊性,即只是将日记作为一种回忆性的记录,事件实际发生的时间性遭到了弱化与分离,这种现象若非通过与《翁心存日记》的相互比照很难被轻易察觉。所以这也提醒研究者,孤立地看待或者使用一种文献是有风险的,文献只有在与其他类型文献的比照中才能显现出其中的问题和价值。① 沿此思路继续阐发,或许需要重新对《翁同龢日记》的价值做一个评估。

第三节　重估和再判:《翁心存日记》与《翁同龢日记》的价值比量

《翁同龢日记》常被称为"晚清四大日记"之一,其意义价值前人多有论述,毋庸赘言。关于《翁心存日记》的价值,已有相关学者对其评估和利用,如日记的整理者张剑认为"翁心存日记可以和翁同龢的日记相互媲美"。② 徐雁平利用翁氏日记的对读刷新了十九世纪北京沙尘天数的结论。③ 谢贵安从《翁心存日记》中挖掘出其对研究清代实录馆运作具有重要的史料价值。④ 诚然,《翁心存日记》有不同层面的历史文化价值,单纯从日记本身来看,它可以指向多个研究命

---

① 张燕婴通过将俞樾的日记与信札对读揭示出日记资料可能存在的准确性和完整性缺陷,同样可以作为这一问题的补充参证。见张燕婴:《浅谈日记资料的有效性问题——以俞樾函札整理为中心》,《华南师范大学学报(社会科学版)》2019 年第 1 期。

② 张剑:《翁心存日记及其历史文化价值》,《中国典籍与文化》2011 年第 2 期。

③ 徐雁平:《从翁心存、翁同龢日记的对读探究日记文献的特质》,《南京大学学报(哲学·人文科学·社会科学)》2013 年第 3 期。

④ 谢贵安:《从〈翁心存日记〉看清代实录馆的修纂与运作》,《史学史研究》2012 年第 4 期。

题。然而正如之前所述,日记文献的问题和价值只有在与其他文献的比照中才能凸显出来。本节暂不对日记的整体价值如何进行评价,而是继续对翁氏父子居京三年的重叠日记进行挖掘,并结合上述几个问题的探讨,以小窥大,希望可以就《翁心存日记》和《翁同龢日记》的价值进行重新评估。

如前所述,翁同龢在记录日记的时间上存在一定的模糊性,不仅如此,翁同龢每天选择记录的内容同样具有较强的随意性,这些记录往往并不能如实反映其当天的个人见闻和活动轨迹,尤其是在与《翁心存日记》的对读中显得十分简略:

> 咸丰十年(1860)
>
> 十一月初七日　晴朗,午后风,薄暮渐阴。金粟道人小像,苏斋曾有摹本,录顾阿瑛自题诗并题一绝其上,法梧门亦有小分书一诗,不知何人作伪,仿临一轴,字迹绝不类,而画却不俗。六儿借归,摹其像于《玉山草堂集》首,又有一册《黄庭》、《护命经》残本,杭州本,十三行,二种,苏斋题跋殆遍,并考据各种法帖源流甚详,六儿亦借归,竟日临毕,还之。①(《翁心存日记》)
>
> 十一月初七日　晴。到横街。②(《翁同龢日记》)
>
> 十二月初十日　清晨微雪飘洒,午后晴暖。伯寅赠同龢钱辛楣戊戌日记一小册,是年正月先生为会稽之游,秦太守延往阅府试卷也,兼访碑刻,可补志乘之阙。③(《翁心存日记》)
>
> 十二月初十日　晴。访中鲁、董研秋。僧邸参孙毓汶不遵调遣,请革职枷示,发新疆。奉旨,免其枷号,革职发新疆。词臣

---

① 《翁心存日记》,第 1568 页。
② 《翁同龢日记》,第 86 页。
③ 《翁心存日记》,第 1574 页。

居乡,乃被斯议,亦奇矣哉! 夜访驾航。①(《翁同龢日记》)

咸丰十一年(1861)

一月初十日　六儿游厂肆,[携归]《中兴馆阁续录》、《佩玉斋文集》。②(《翁心存日记》)

一月初十日　晴,有风,暖。游厂,无所得。③(《翁同龢日记》)

一月廿二日　六儿从三槐堂取《东莱大事记》一部,又借得大兴朱氏《张右史集》一部,讹误尤甚。④(《翁心存日记》)

一月廿二日　晨雪未止,午晴。送金太师母殡。访濒石。⑤(《翁同龢日记》)

六月十九日　终日沉阴,微露日光,薄暮沉阴。夜,萧萧雨达旦。六儿于厂肆得明修元板《黄文献集》四册,凡廿三卷,此书《四库》所收者只十卷,此本尚是旧刊,可宝也。第四卷以后为续集,十八卷为又续集,十卷以前危素编,十一卷后宋濂编,十八卷后宋濂、傅藻同编。全庆补内务府大臣,仍着肃顺佩带印钥。正白旗汉军都统并左翼前锋统领均麟魁署理。宝鋆因病赏假二十日。毓清回京穿孝百日,仍回任。粤海关监督劳崇光署理。严树森奏捻首赵浩然等扰及夏邑洪家楼、王河集,官军击退,现筹堵剿。潮

---

① 《翁同龢日记》,第 90 页。
② 《翁心存日记》,第 1583 页。
③ 《翁同龢日记》,第 94 页。
④ 《翁心存日记》,第 1586 页。
⑤ 《翁同龢日记》,第 96 页。

湿郁蒸，土气上腾，殆将大雨矣。①（《翁心存日记》）

　　六月十九日　夜雨。到厂肆，以书价付炳蔚堂。全庆补内务府大臣。肃顺仍带内务印钥。麟魁署左翼前锋统领。宝鋆请病假二十日。严树森奏，逆捻大股扰及夏邑，官军击退，现筹堵剿。②（《翁同龢日记》）

以上选录的几组日记主要集中于书籍的借还购买和一则赠书信息。潘伯寅即潘祖荫，与翁同龢互为同乡好友。潘祖荫赠给翁同龢钱大昕的《戊戌日记》一事，据翁心存日记所载，该日记具有较高价值，此种信息却在翁同龢的日记中缺失，并且查检几日之后的日记也并无提及，当日日记中只是记录了一些访友信息，实属奇怪。其他四则据《翁心存日记》记载，翁同龢当日均有书籍购还的行为，但翁同龢在日记中或是只字未提，或是购买书籍却说无所得，或是笔锋转至记录一些社交访友、零碎繁杂的信息。与此相反，翁心存在当天记录完自己的个人状况后，对翁同龢的活动也依然给予关怀性的记录，并且在日记中以一定的篇幅对其所借、所购的书籍从作者、册数到版本优劣皆有充分翔实的记载。从时间跨度来看，翁同龢的这种记录行为也并非是某一小段时期的特殊情况，若是没有翁心存的日记作为旁证，这种记录行为自然也不易被察觉。

　　由此可见，一方面，《翁心存日记》在记录上相比其子要更为准确翔实，另一方面，《翁同龢日记》不仅在记录时间上具有较大的模糊性，在记录内容上也有比较强的随意性。部分日记无论是从时间还是内容上，并没有完全忠实于当日真实发生的事件。或许内容上的舍去有翁氏个人的记录笔法，但是一些重要事件时间的错位和行为内容的阙失，却背离了日记文体的法则，使得《翁同龢日记》显现出较

---

① 《翁心存日记》，第 1627 页。
② 《翁同龢日记》，第 124 页。

大的不确定性。遗憾的是,翁心存去世之后,《翁同龢日记》也失去这一很好的对读参照,至于其剩余的更为漫长的日记,其中又有多少内容缺失和时间改篡的情况,或许再难以明其真相。

除此之外,《翁心存日记》丰富翔实的价值特点还在其他诸多层面上有所展现。翁心存的记录范围十分广泛,内容涵摄皇帝衣着、天象记录、银价变动、书籍版本、科考信息、上谕邸报、天气记录、乡邑之情、生活情趣等信息,可谓多彩丰富。

如日记中有关皇帝日常衣着的记录:

咸丰十年(1860)
三月四日　上换白袖头。
三月五日　上现换珍珠毛袿。
三月七日　上换羊皮冠。
三月廿七日　上摘去白袖头。昨换毡冠绒领。
四月二十日　上换实地纱袍袿。

同治元年(1862)
三月二日　上换棉袿。
三月十二日　上换绒冠,摘白袖。
三月廿八日　上红青袿,挂斋戒牌,诸臣亦如之,并挂朝珠。
闰八月二十一日　是日上犹绒冠,午刻还宫时始换戴毡冠。
十月廿九日　昨日始斋戒,红青面貂袿,而御前大臣俱翻穿貂袿,今日予等亦翻穿貂袿,昨上始换本色貂冠蓝袍,仍穿洋灰鼠袿。①

---

① 《翁心存日记》,第 1500、1501、1505、1517、1710、1713、1719、1799、1830 页。

清朝对汉族的典章制度十分恪守,曾制定了一系列严密的制度体系,如《大清会典》等。翁心存十分细心地记录了咸丰、同治两位帝王日常的冠冕朝服,这在翁同龢的日记中却无记载,而对这种信息的关注记录在清代众多日记资料中都是极为少见的。这一记录的保存对研究清代皇帝服饰制度无疑具有珍贵的史料意义。

《翁心存日记》中的天象记录:

咸丰十年(1860)

正月十七日　昏时忽有物起自西北,色正赤,大如球,自云际向东南流,色渐青白,椭圆而长,形如鸡子,渐渐下坠,不知是何祥也。

五月廿五日　昏时东南有大星如弹丸,色正赤,芒角熛怒,不知何星也。后细审乃荧惑,见于斗度也。

咸丰十一年(1861)

五月廿七日　人言见彗星已十余日矣,未知确否,今夕视彗稍高,去斗魁仅五六寸矣,却稍东而芒渐敛,气孛孛然,恐是孛非彗也。

五月廿八日　彗星渐高,行甚速,殆与斗魁第一星平矣。

五月廿九日　彗行甚速,与斗魁第四星平矣,芒颇敛。

六月朔　彗星芒渐敛,长不过数尺,已高于斗魁,与斗柄一星平矣。

六月十五日　彗星行甚迟,尚与斗柄第一星平而差移东,光尽敛,不过数寸矣。

六月廿二日　彗星已过斗杓第一星,芒甚微,仅二三寸矣。

十月十八日　西南大星,月未时光益闪烁。

十月廿九日　夜,晴,西南星芒特大。

十一月七日　夜,金星入斗,光芒夺月,二更月晕,云阴。

同治元年(1862)

七月廿四日　昏时忽见北斗左旁有一星,光芒长数尺,向东南指,意甚恶之,尚未细审其躔度所在,容明夜再详察。

八月五日　彗星早出紫薇垣,向西南移矣,行甚速。曙前法星见西南,芒角极大。

八月六日　彗入贯索。

八月七日　寅初起,法星在西南,芒角熛怒如悬镫,启明在东方亦甚大。①

翁心存在日记中保留了丰富的天象信息,并且于记录时对星象发生的时间、位置、变化以及其他特征细致地书写,这是一份十分可贵的研究古代天文星象的资料。翁同龢的日记中虽也有相关记录,但是从三年整体日记来看,翁同龢经常会有缺记、补记或者记录简单的特点,远不如其父详赡。

《翁心存日记》中有关银价变动的记录:

咸丰十一年(1861)

万寿圣节(六月九日)　惟都城银价太昂,每两京钱至廿八吊,物价因之而腾踊,小民困苦,将何术以平之乎。

望日(六月十五日)　银价昂甚,每两换钱票至三十二三吊,票皆九官号者,私钱铺已久不开票,以票取钱,官号尚给当十钱卅五文,民铺则止给廿五文,老米通行者每百斤京钱百吊,麦面杂粮及各种食物用物无一不腾贵,殆人不聊生矣,奈何奈何。

六月十八日　市上有游手细民设钱桌收官号钱帖者,是处皆有之,不知何为也,官禁之,今日阒然皆收去,亦一怪事。

---

① 《翁心存日记》,第 1490、1529、1621、1622、1626、1628、1661、1666、1670、1771、1776、1777 页。

六月二十日　银价前日长至每两三十六吊,为向来未有,昨又落至每两廿八吊,而物价已昂者不复减,如何如何。

六月廿二日　银价稍落,不及廿八吊。大钱稍出,每吊可取廿五文。人心少定。

六月廿八日　自农部奏定九官号章程,出示晓谕后,银每两换天号票廿七八吊,乾号票四十吊,以买物乾票人皆不要,然持票取钱,每吊可得当十钱廿五文矣。

七月五日　传闻乾益官号铺商闭铺逋,乾豫亦关闭五天,亦岌岌摇动。

七月八日　四乾票民间不行,并天元、西天元、天贞票亦不要,银每两可易至五十吊矣,有换至八十吊者。钱摊又设后又撤去,或云官禁之也。

七月十三日　民铺每两换票十三吊零,官号票则三四十吊也。闻户部请银二十万收回四乾官票,每两收四十吊,官号票顿贱,每两至八十吊,牟利者争收之,后户部不发银,而票已收足,牟利者之票遂同废纸,竟大亏折。

七月廿三日　银价又落,民铺票每两不及十二吊矣。

八月十三日　端节银每两换官钱票廿三四吊,此时改换民票,银价骤落,每两不过九吊余矣,此铺商之把持也,米麦等物虽亦小落,然民间终属吃亏。

八月十九日　银价每两七吊余矣。①

由上可以推断的是,当时京城银价起伏变化较大,翁心存对此一直持续关注,并同时在日记中加以详述。翁心存曾担任户部尚书一职,或因此对银价的变动有一定敏感性。这类信息虽在翁同龢的日记中也

---

① 《翁心存日记》,第 1624、1626、1627、1628、1629、1630、1631、1632、1635、1641、1642 页。

有所反映,但经过比读后发现,翁同龢的记录依然呈现出的是补录、简单、不能持续的特点。

有关书籍信息的抄录,翁同龢一直对书画字帖有浓厚的兴趣,但在日记中其对此常常是轻描淡写,不甚丰实,而翁心存对其中的题签、行款、题跋、印章、源流、真伪等信息都能在日记中予以充分翔实地记录。以下一组日记较为典型:

> 咸丰十年(1860)
> 十一月三日　赵子昂书《月赋》、祝枝山《简亭记》、《感知己赋》墨迹,杨桂山家物也,皆佳,又定武《兰亭》一卷,引首有宋拓定武《兰亭》真迹,八分书,四行,姑苏滕用亨书,又有小签一行,云"宋拓定武墨宝,余日章本,神足第一",后有赵子昂,未署名,亦无图印。赵子崧、袁忠澈、陈鉴、周天球诸跋,末有刘石庵书东坡《墨妙亭诗》一首,前后收藏图章甚夥,有"广运之宝"、"武英殿宝"及"贾秋壑"、"丹丘生"、"天目山房"、"袁忠澈",虽未敢信为定武真本,要是旧拓,亦未暇考定为何本也。①(《翁心存日记》)
> 十一月二日　微见阳光。偕源侄到厂,携一《兰亭卷》、赵松雪书《月赋》、祝京兆小楷册归。回横街。是夜源侄发病。②(《翁同龢日记》)

翁心存应于第二日看到其子从厂肆中所购书籍,便于当日日记对书籍信息进行抄录,所记内容也显得丰富观整,俨然已是该书的一则简明提要。既显现出翁心存的读书人底色,也不乏学者般的严谨眼光。

此外,翁心存常年有坚持阅读邸抄的习惯,并会选择其中重要的内容进行抄录,这种特色也在他的日记中表现得十分明显。翁同龢

---

① 《翁心存日记》,第 1567 页。
② 《翁同龢日记》,第 85 页。

日记则不同,三年日记中有所录、有所不录,信息的记载相较其父而言也显得有些迟滞,可见他的兴趣点并不在此。在科考信息方面,父子都有到外地出任学政考官的经历,因此皆会在日记中对科考题目、主试官员、录取榜单有所记录,大致无差。然而在一些细节呈现上,比如录取名单的人员姓名及次第,翁心存比翁同龢所记都要更显完备。

关于《翁心存日记》中的天气记录,已有相关学者指出其中的价值。无论是在沙尘天气的记录,还是正常天气的描述,都十分详备。① 一些专业人士更是直接指出《翁心存日记》是迄今为止发现的记录天气现象最为详细的历史天气日记"。② 除记录翔实以外,翁心存对天气的描述常常流露出一种文学性的表达,这使得当日所记录的天气情况呈现出十分活泼的场景感,如:

> 咸丰十年(1860)
> 八月十四日　半夜风作,竟日沉阴,白云蓬蓬,横抹山腰,幸未成雨。夜,小雨达旦。③

"白云蓬蓬"之语,可谓描述鲜活。而"横抹山腰"中的"抹"字,则写得极为妥帖生动。《翁同龢日记》当天则只是"云气四塞,入夜微雨"寥寥八字。事实上,翁同龢在日记中对天气的描述大都仅停留于"晴""雨""阴"等较为简略的描述,有时甚至会出现不记天气的情况,再次表现出其日记随意自由的特征。而翁心存的日记里不仅展现出当时

---

①　徐雁平:《从翁心存、翁同龢日记的对读探究日记文献的特质》,《南京大学学报(哲学·人文科学·社会科学)》2013 年第 3 期。

②　杨煜达、成赛男、满志敏:《19 世纪中叶北京高分辨率沙尘天气记录:〈翁心存日记〉初步研究》,《古地理学报》2013 年第 4 期。

③　《翁心存日记》,第 1550 页。

北京天气的丰富景象,更表现出一种饱含文学性和图像式的叙述,处处彰显出《翁心存日记》的完备细致。而这种完备细致,是《翁同龢日记》所远远没有做到的。

此外,翁心存还在日记中淋漓尽致地展现出他的桑梓之情和生活情趣。翁氏父子来自水乡常熟,1860—1862年这段时期,江浙一带正陷于太平天国的战火之中,二人自然对家乡情况关切甚深。翁心存在他的日记中便有所流露:

> 咸丰十年(1860)
>
> 　三月十四日　五儿来,同六儿回宅祀先,遥望松楸,不胜凄怆,未知它日能归骨故山否也。
>
> 　四月三日　自和帅退守镇江之后,不知苏常一带情形若何,日深系念。
>
> 　四月十四日　先大夫忌日,忽忽五十一年矣。江介贼氛日炽,吴会震惊,感念松楸,潸焉陨涕,通夕不得眠。
>
> 　四月十五日　今又闻常州被围,豺虎纵横,鼪鼯惊窜,传言籍籍,终无确音,真魂一夕而九逝矣。
>
> 　四月十七日　丹阳失守,传闻之言也,昨日上谕中始见之。
>
> 　四月十九日　噫,常州危矣,而吾邑惊惶尤不堪设想,不知粮台何时设在吾邑,吾邑偏僻,岂设粮台之地乎。总之劫运如此,故大吏之措置乖谬至于如此而已。通夕不寐。
>
> 　五月十七日　江南近耗杳然,闻江、震、昆、新早经沦没,浙之嘉兴、江北泰州亦有失守之信,未知确否,常熟虽尚存,恐地小援绝,亦不能保矣,如何。
>
> 　十月朔　今日是上冢之期也,改里沦胥,松楸谁守,魂惊寤擗,南望涕零。
>
> 　望日(十二月十五日)　念銮舆未回,家乡沦陷,予羁滞京华,老病不自保,未知明月明年何处看也。

咸丰十一年(1861)

六月三日　悲乡关之沦陷,念皖事之纠纷,愤气填膺,夜不能寐。

六月十三日　今年乡邑沦胥,松楸莫保,家人转徙流离,谁荐一盂麦饭者,弥深感痛。

同治元年(1862)

六月十三日　自乙巳迄今,忽忽十八年矣,乡关沦胥,松楸难保,钟爱之孙又陷圜扉,伤心之事不止一端而已也。①

不管是祭祀先灵还是有所听闻,从家乡传来的每一个消息总是牵动起翁心存的思绪,多少日夜都难以成眠。寓居京华,遥望南国,翁心存对故乡深切挂念的感情在日记中尽情流露。翁同龢的日记中虽也有类似表达,但相比其父,依然是简单式的叙述。当然,或许其中有很大一部分原因是来自翁心存晚年老来悲切的伤感心绪。

此外,翁心存对花鸟虫鱼也有一定的兴趣和关注,这些多彩的生活情趣使其日记显得更为灵动饱满:

咸丰十年(1860)

二月十二日　新居老屋数椽而已,惟庭院颇清旷,丁香、海棠十余株,花时当烂漫可观,庭又有椿一株,在屋右,颇高大,前为张诗翁屋,屋后三槐一椿,排列墙外,绿阴定堪称嘉荫也。

三月廿四日　新栽栾枝花二株、丁香一株于庭前,海棠、丁

---

① 《翁心存日记》,第 1502、1514、1516、1517、1526、1560、1575、1622、1625、1751 页。

香已吐芽矣。

闰三月朔 庭中栾枝花正烂漫,丁香亦将放,而为春风所狼籍,昨夜吹折丁香一大枝,殊可惜也。

闰三月五日 群花经风摧坏,惟丁香初开,一雨如沐,转增鲜润,惜栾枝已落红如雨矣。

闰三月八日 买当归四丛种之,复盆之榆叶梅开花甚艳而有精神,唐花也。

闰三月十日 买蕙兰二盆,碧桃一大红、一洒金,种之。

闰三月廿六日 牡丹正开,为风摧坏,芍药花入市者,买其蕊多不开。

四月十一日 雇花匠剪栽庭中花木卑枝接叶,稍觉廓清。

六月三十日 买秋海棠等数和,杂栽之。

咸丰十一年(1861)

二月廿二日 买金鲫鱼二尾,颇大,育之盆池。

二月三十日 繁英正放,暴风摧之,红杏今年盛开,落花满地。

三月朔 杏花、榆叶梅烂漫矣,牡丹吐芽,丁香舒叶。

三月五日 未刻回横街宅,梨花烂漫,海棠、栾枝含苞欲吐矣。

三月七日 海棠一株今年盛开,栾枝、梨花亦极烂漫矣,本日复买海棠一株、碧桃二株、榆叶梅一株,分种两宅。

三月十一日 到横街宅看花,海棠、丁香极烂漫,栾枝、梨花已谢矣。

三月廿五日 牡丹四丛,一丛已枯,两丛无花,一丛有花两朵,其一已开,一含苞欲放矣。

四月五日 横街新栽之桃李失滋溉,枯矣,可恨。

五月三日 金鱼被鸟鹊啄毙尽,复买数尾蓄之,金鲫鱼亦毙,别买草花数盆玩之。

　　五月八日　庭前新种千叶白桃为虫蚀,叶皆脱,蔓延及去年所种千叶绯桃,亦渐脱,殆将槁矣。因忆先大夫殁时海州学舍手植桃皆烂漫花,花后尽枯,然则此兆不祥,予殆将死矣乎。[①]

翁心存对花朵的生长和凋谢均有细心的关注记载,所述内容不仅文辞优美,且感情丰富。而这种笔调也体现出翁心存文人式的审美情调和趣尚。

　　最后,还有一个较为有趣的现象。翁心存于道光二年(1822)中进士,现存日记始于道光五年(1825)。翁同龢于咸丰六年(1856)状元及第,日记起于咸丰八年(1858)。翁氏父子从登榜及第到记录日记,二者都间隔了三到四年的时间。而对读的三年日记内容,于翁心存而言已是最后三年,于翁同龢则只是刚开始的三年。《翁同龢日记》与《翁心存日记》出现的诸多雷同相似、补录追叙,似乎可看作是翁同龢对翁心存的模仿学习。《翁心存日记》价值颇重,而《翁同龢日记》在晚清的重要地位似乎也不能忽视《翁心存日记》的重要影响。

结　语

　　综观翁氏父子的三年居京日记,《翁心存日记》和《翁同龢日记》在书写法则、措辞语气、内容编排上出现种种雷同,结合同类型的《杨度日记》与《湘绮楼日记》的重叠叙述,以及相关学者的研究论证,可以推测日记在特定条件下显现出私密性较为薄弱的特征。这种"弱私密性"特征不仅表现在其身后的公开出版,在日记的生产过程中也

---

　　① 《翁心存日记》,第 1495、1505、1506、1507、1508、1513、1516、1537、1593、1596、1597、1599、1603、1606、1613、1615 页。

同样有所体现。它表现于在一定亲缘关系内部范围中日记的相互借阅和模仿,这种行为如果不经过同类型文献的对读很难被发现。

在翁氏父子日记对共同信息记录所表现出来的时间错位上,可以发现翁同龢对日记记录时间和所记内容的个人性、随意性、模糊性的记录特征。这些特质与日记的即时性、鲜活性发生背离,是没有遵守日记文体叙述法则的行为,显现出回忆体的特点。同样,如果没有《翁心存日记》作为对读样本,这一行为也很难被察觉。

最后,通过三年居京日记的整体对读把握,展现出《翁心存日记》多层面、多角度的价值意义。相较之下,《翁同龢日记》则显得逊色许多,当然并不能就此推翻《翁同龢日记》的地位价值,只是通过这一对读比较的结论事实,再次提醒研究者在利用单一文献研究时的风险性和片面性。文献只有在相互对读比勘中,才能更充分地显现出其中的问题和价值。无疑,翁氏父子日记提供了很好的例证。

第二章　翁氏日记与晚清
上层书籍世界

　　《翁同龢日记》历来被认为于晚清历史研究有重要的文献价值，自二十世纪以来，利用《翁同龢日记》来窥测晚清政治风云的研究成果汗牛充栋，这些成果在一定程度上推进了晚清历史的研究进程，但其中多数仍是围绕在对其历史文献层面的探索和发挥。事实上，除了显而易见的历史文献意义以外，翁氏父子日记中同样展现出较大的文化价值。父子二人的日记中不仅包含大量购书、赠书、借书等书籍流动信息，同时也包括读书、校书的书籍活动，从文献文化史的角度上讲，翁氏父子日记所容纳的书籍信息，实有不可忽视的价值和意义。

　　翁心存、翁同龢父子虽于清末期历任朝廷各项要职并都曾接任帝师之职，然而褪去以上种种光环，从本质上说他们也只是普通的读书人和藏书家。但不可否认的是，所谓的"普通"因其客观存在的上层士大夫身份多少仍显得"与众不同"，而这种不同更多的是与民间中下层读书人的相互区别。翁氏父子日记中呈现的书籍往来人物大都是与其身份较为接近或以下的群体。如潘曾绶、潘祖荫父子，祁寯藻、祁世长父子，孙衣言、孙诒让父子等，他们大都为举人或进士以上级别的身份，并多在朝为官。即使相比之下级别较低的地方官员或各地门生，也多在科场上取得一定功名。他们之间或借赠书籍，或互记题跋，或携伴购书，或共同品评。因此在翁氏父子日记中较为明显地呈现出一个以士大夫阶层为代表的读书人群体。

　　徐雁平曾以《管庭芬日记》《黄金台日记》等文献揭示出道咸以降

江南地区的中下层书籍世界,并提出"读书、学问世界层级划分"的存在。① 管庭芬只是诸生,黄金台则十应乡试而不中,长期困于场屋之中,二人或可被视为中下层书籍社会群体的代表。与此不同的是,翁心存不仅拔得进士头衔,翁同龢更一举成为咸丰年间的状元,父子二人均擅名于科场,且同为朝廷要员,科名上的成就以及读书人的底色自然使其成为士大夫阶层读书群体的代表。如果以层级划分,翁氏父子以及其他相关读书人群体则形成了所谓的"上层书籍世界",这一群体的活动区域主要围绕于皇城京畿,且翁氏父子日记贯穿道、咸、同、光近百年时间,自是可以称之为"晚清京城上层书籍世界"的典型代表。而这一世界与以管庭芬、黄金台等人为代表的"晚清江南中下层书籍世界"形成鲜明的补充和映照。不论是从书籍社会史的角度,还是为区别曾被探讨过的"中下层书籍世界",对以翁心存、翁同龢父子为代表的晚清上层书籍世界的研究都有重要意义。

　　本章主要围绕翁氏父子日记中有关购书、赠书以及向朝廷进献书籍等一系列书籍流动信息展开,一方面以此探测翁氏父子作为晚清著名藏书家的书籍来源渠道以及书籍购买行为,另一方面则从书籍的往来与流转探讨以翁氏父子为代表的"上层书籍世界"的特征,并以期对此有新的认识。

第一节　琉璃厂、隆福寺与翁氏父子

　　琉璃厂在辽政权时,只是京城东郊附近的一处荒野乡村,元代方于此地建一琉璃窑,始得其名。明代时这里有所发展,胡应麟曾如此

---

　　①　徐雁平:《〈管庭芬日记〉与道咸两朝江南书籍社会》,《文献》2014 年第 6 期;徐雁平:《用书籍编织世界——〈黄金台日记〉研究》,《学术研究》2015 年第 12 期。

描写当时京城书肆情况：

> 凡燕中书肆，多在大明门之右及礼部门之外及拱宸门之西，每会试举子则书肆列于场前，每花朝后三日则移于灯市，每朔望并下浣五日则徙于城隍庙中。灯市极东、城隍庙极西，皆日中贸易所也，灯市岁三日、城隍庙月三日，至期百货萃焉，书其一也。①

由此可见当时书市的热闹景况。而琉璃厂真正进入繁盛时期，应于清代乾隆三十八年（1773）四库开馆之时，当时朝廷聚集天下藏书，各地文人学士均会聚于京城之中，江南书贾也多赶赴此地，这些因素都大大刺激了当时书业的发展。翁方纲描述当时景象道：

> 乾隆癸巳开四库馆，即于翰林院署藏书分三处：凡内府秘书发出到院为一处，院中旧藏《永乐大典》内有摘抄成卷、汇编成部之书为一处，各省采进民间藏书为一处。分员校勘，每日清晨诸臣入院，设大厨供给茶饭。午后归寓，各以所校阅某书应考某典，详列书目，至琉璃厂书肆访查之。是时，浙江书贾，亦奔凑辇下，邮书海内，遍征善本，书坊以五柳居、文粹堂为最。②

琉璃厂正是在这样的背景下昌盛起来。到了清代后期，则又是另一番景象：

> 清自咸丰庚申以后，人家旧书，多散出市上，人无买者，故直

---

① （明）胡应麟：《少室山房笔丛》，上海书店出版社，2001年，第42页。
② （清）陈康祺著，晋石点校：《郎潜纪闻初笔　二笔　三笔》卷三《京城书肆》，中华书局，1984年，第50页。

极贱；宋椠亦多。同治初元以后乃渐贵，然收者终少。至光绪初，承平已久，士夫以风雅相尚，书乃大贵。①

直到二十世纪初，伴随清王朝封建政权的彻底结束，琉璃厂中士大夫文人聚集的热闹景象也随之一去不复返。② 当然，京城中的书肆并非只有琉璃厂一处，除此以外规模较大的还有东安市场书肆和隆福寺书肆，此处不作详谈。

　　翁心存、翁同龢父子大部分时间基本都生活于京城，据统计，如果排除翁氏父子回籍以及典试外省的时间，父子二人居京生活的时日总计大约有五十年之久。作为晚清著名藏书家，翁心存、翁同龢也在日记中留下了大量的书籍购买以及相关书肆的信息，琉璃厂则是其中特别的一处。

　　关于琉璃厂书铺的情况，前人曾有回忆整理，最具代表性的当属李文藻的《琉璃厂书肆记》以及缪荃孙的《琉璃厂书肆后记》。乾隆三十四年(1769)李文藻曾记录当时书铺情况如下：

1. 声遥堂
2. 嵩秀堂唐氏
3. 名盛堂李氏
4. 带草堂郑氏
5. 同升阁李氏
6. 宗圣堂曾氏
7. 圣经堂李氏

---

① 　(清)云间颠公：《纪京城书肆之沿革》，见孙殿起著：《琉璃厂小志》，上海书店出版社，2011年，第29页。

② 　有关琉璃厂发展历史可参看张涵锐《琉璃厂沿革考》，见孙殿起著：《琉璃厂小志》，第1—16页。

8. 聚秀堂曾氏

9. 二酉堂（李氏云"或曰二酉堂，自前明即有之，谓之老二酉"）

10. 文锦堂

11. 文绘堂

12. 宝田堂

13. 京兆堂

14. 荣锦堂

15. 经腴堂（9—15皆李氏）

16. 宏文堂郑氏

17. 英华堂徐氏

18. 文茂堂徐氏

19. 聚星堂曾氏

20. 瑞云堂周氏

21. 积秀堂

22. 文萃堂金氏

23. 文华堂徐氏

24. 先月楼李氏

25. 宝名堂周氏

26. 瑞锦堂周氏

27. 鉴古堂韦氏（其中有董姓同卖法帖）

28. 焕文堂周氏

29. 五柳居陶氏

30. 延庆堂刘氏

31. 博古堂李氏①

---

① 资料整理结果主要来源于王冶秋著：《琉璃厂史话》，生活·读书·新知三联书店，1979年，第20—21页。

李氏之后,对琉璃厂书铺进行专门记录的则存者寥寥。直到辛亥革命以后缪荃孙又作《琉璃厂书肆后记》,才将这段书林之事传续下去。现将缪氏记录胪列如下:

1. 文光楼石氏
2. 文宝堂曹氏
3. 宝文斋,徐苍崖
4. 善成堂饶氏(江西人)
5. 大文堂刘氏(江西人)
6. 二酉堂
7. 聚星堂
8. 宝华堂张氏
9. 修文堂张氏
10. 翰文斋,韩心源
11. 正文斋谭氏
12. 宝名斋,李衷山
13. 勤有堂,杨维舟
14. 书业堂崔氏
15. 肆雅堂,丁子固
16. 萃文堂常氏
17. 文琳堂马氏
18. 益文堂魏氏
19. 酉山堂李氏
20. 会经堂刘氏
21. 文贵堂魏氏
22. 宝森堂,李雨亭
23. 李氏
24. 文华堂

25. 宝珍斋吴氏

26. 宝经堂魏氏

27. 同雅堂乔氏

28. 同好堂阎氏

29. 宝森堂（以下在火神庙）

30. 同立堂

31. 三槐堂

32. 善成堂①

从李文藻至缪荃孙，其间隔长达一百四十年之久。而通过两份书铺名单的比照可以看出，乾隆年间的大部分书铺都不复存在或早已易主换名。中间空缺的一百年左右的历史记录则一直处于零散甚至阙失的状态。而翁氏父子尤其是翁同龢的日记中，却保存了不少书肆信息，现据二人日记整理如下：

表1　1857—1898年翁氏父子日记所见京城书铺一览②

厂肆	书铺	出现次数
琉璃厂	三槐堂	23
	尊古斋	13
	博古斋	5
	德宝斋	3
	式古堂	2

① 王冶秋：《琉璃厂史话》，第31页。

② 此份资料整理以《翁心存日记》《翁同龢日记》两种文献为来源。书铺出现次数主要以翁氏父子曾于此处购书为标准，可能略有误差，但总体上基本可以反映频率概貌。

厂肆	书铺	出现次数
琉璃厂	宝文堂	2
	千顷堂	2
	论古斋	2
	宝珍斋	2
	茹古斋	2
	炳蔚堂	2
	文贵堂	1
	古迹斋	1
	积古堂	1
	德古斋	1
	瑛宝斋	1
	龙威阁	1
	点石斋	1
	隶古斋	1
隆福寺	同立堂	3
	宝书堂	1

从上表可知,翁氏日记中出现的京城书铺总计有二十一个。而这些书铺主要活跃于同、光时期,历时四十年左右。缪荃孙于《琉璃厂书肆后记》曾言:

余同治丁卯,始上公车,至光绪丙子通籍,供职京师十九年,甲午与掌院徐中堂不合,投劾出都。己亥购方柳桥书,留一月,未销假。宣统庚戌,复应图书馆监督之征,留京一年,而国变矣。四十余年,暇辄与书估为缘,综计前后,为琉璃厂书肆后记。①

缪氏详细交代了作记缘由,并表明《后记》为"同治丁卯"至"国变"时期的回忆录,即 1867 年至 1911 年,前后大概也将近四十年时间,与翁氏日记记录书铺的时间非常接近。对比两份数据可以发现,除三槐堂、文贵堂、宝文堂、宝珍斋、同立堂五个书铺重合以外,其他书铺均发生较大变化。虽然有 1857—1867 年十年时间的错位,但在 1867—1898 年仍有三十年的时间重叠。排除短暂的外地出行,这段时间中,翁同龢与缪荃孙二人基本都生活于京城,所见所录都是有关京城琉璃厂、隆福寺等厂肆书铺的情况,那么除去以上五个重合的书铺,《翁同龢日记》中 1867—1898 年这一时间段中出现的其他书铺也应当为缪氏所见。删去重复的五家书铺,对《翁心存日记》《翁同龢日记》中其他书铺出现的最晚时间,现考证如下:

表 2　翁氏日记所见书铺最晚出现时间考证一览②

书　铺	日记中出现最晚时间	记录详情	文献出处	备注(时间是否在1867—1898 年)
尊古斋	同治二年(1863)	"与宝生到书肆,于尊古斋见群玉堂刻怀素《千文》一册。"	《翁同龢日记》,第 294 页。	×
博古斋	同治二年(1863)	"博古斋送来唐人写《法华经卷》自十八至二十凡三卷。"	《翁同龢日记》,第 267 页。	×
德宝斋	光绪十七年(1891)	"过德宝斋再看董画,遇颂阁,同到点石斋买石印《山海经》三部,晚归。"	《翁同龢日记》,第 2467 页。	√

　① (清)缪荃孙:《琉璃厂书肆后记》,见《琉璃厂小志》,第 77 页。
　② 文献出处所据来源于《翁心存日记》和《翁同龢日记》。

书　铺	日记中出现最晚时间	记录详情	文献出处	备注(时间是否在1867—1898年)
式古堂	咸丰十一年(1861)	"式古堂以元祐续《阁帖》六册来,虽未必是宋拓,神理完足。"	《翁同龢日记》,第103页。	×
千顷堂	光绪三年(1877)	"晨再入城买零星物,再至千顷堂买书一两种,再至书画船购石谷小帧,麓台矮幅,皆精。四十四元。"	《翁同龢日记》,第1323—1324页。	√
论古斋	光绪十八年(1892)	"晚归,秀庄侄孙来,携《潭帖》示我,论古斋送字画,张樵野送古刻字画,今日可谓眼福,然惬意者希。"	《翁同龢日记》,第2572—2573页。	√
茹古斋	光绪十七年(1891)	"过厂,于茹古斋得孙退谷《畿辅人物志》十二册,至宝也。"	《翁同龢日记》,第2495页。	√
炳蔚堂	咸丰十一年(1861)	"偕董研秋到炳蔚堂影写《皇祐新乐图》,从朱修伯处借抄也。"	《翁同龢日记》,第122页。	×
古迹斋	咸丰十年(1860)	"与筹侄摹《阁帖》。古迹斋来取《茶录》、《姜避碑》,余欲扣留,再与议直。"	《翁同龢日记》,第90页。	×
积古堂	咸丰十年(1860)	"于积古堂帖铺见《停云》、《墨地》二帖,皆旧。"	《翁同龢日记》,第90页。	×
德古斋	咸丰十年(1860)	"到厂肆还帐,于德古斋见《嵩山三阙卷》,尚旧,索百卅千。"	《翁同龢日记》,第91页。	×
瑛宝斋	咸丰十年(1860)	"瑛宝斋送来《兰亭》手卷,号为宋拓,实赝物也。"	《翁心存日记》,第1567页。	×
龙威阁	咸丰十一年(1861)	"龙威阁送《谢宣城集》来,何义门手批也,卷尾去其题识,俗子填字数行矣。"	《翁同龢日记》,第99页。	×

续表

书　铺	日记中出现最晚时间	记录详情	文献出处	备注(时间是否在1867—1898年)
点石斋	光绪十七年(1891)	"过德宝斋再看看董画，遇颂阁，同到点石斋买石印《山海经》三部，晚归。"	《翁同龢日记》，第2467页。	√
隶古斋	同治九年(1870)	"过厂，于隶古斋见唐人写十一面《观音经》卷、梁山舟长卷，八十五岁写。张文敏泥金小字《普门六经册》。"	《翁同龢日记》，第755页。	√
宝书堂	同治二年(1863)	"于隆福寺宝书堂见陈渊《默金集》、耶律楚材《湛然居士集》，皆旧抄。"	《翁同龢日记》，第296页。	×

可以看出，《翁同龢日记》中1867—1898年提及的书铺有德宝斋、千顷堂、论古斋、茹古斋、点石斋、隶古斋六家，但是这六家并未出现在缪氏的记录中。关于这一情况的解释，或许可以从缪荃孙写作《琉璃厂书肆后记》的缘由和背景寻找。缪氏作《后记》已是辛亥革命以后，他谈及：

> 余辛亥出都，遁迹海上，忆昔太平盛世，士大夫之乐趣，有与世人异者，因作琉璃厂书肆后记……则后记已可与李记同作宣南掌故矣。因全录书铺名目，以志今昔之感。①

文字之间可以看出缪氏此记更多的是带有一种回忆录的色彩，并同时表达出自己对过往书林之趣的怀念。因为时间已经过去四十多年，时过境迁，记忆难免斑驳，且毕竟不是官方性的忠实记录，因此出现这种遗漏也较为正常。

①　(清)缪荃孙：《琉璃厂书肆后记》，见《琉璃厂小志》，第79页。

　　暂且不论缪氏,由上论述,也可从中发现翁氏日记所展现的意义与价值。日记作为一种每日坚持的记录,在记忆的保存上相比其他文献更富有稳定性和可靠性,它可以较为稳定地将日常生活的碎片保存下来,在将来的某一天突然显现出记录的能量。关于其价值,由于清代书肆沿革变动信息记载的阙失,翁氏日记既可与缪荃孙的《琉璃厂书肆后记》相互印证补充,使书肆记录得到进一步证实。另一方面,翁氏日记中 1857—1867 年的书铺信息也较好地弥补了咸丰年间书肆信息的空白。在文献记录阙失不足的情况下,二者均体现出翁氏日记所蕴含的文献意义,而这种价值又是其他文献不能轻易比拟的。至于缪荃孙《后记》中诸多翁氏日记没有出现的书铺,或许已是 1898 年以后林林总总出现的书铺,抑或是翁氏个人因偏好不同喜欢游逛固定书肆而没有记载的缘故,由于文献不足,具体情况已暂不可考。

　　事实上,书铺的沿革变化周期非常快,缪荃孙在作完《后记》的两年之后又曾前往京华故地重游,旧去新来,书肆就已经又更换了另一番面貌。翁氏父子与缪氏期间或均有外出,即使是短短的七八个月,也可能出现书肆易主的现象,因此他们所记存在一定出入也就可以理解了。而清末以后琉璃厂的发展,正如缪氏所言,已是"世风之变,日趋日下,不知所止矣"。①

　　以上主要结合翁氏父子日记与缪荃孙的《琉璃厂书肆后记》,重新勾勒了晚清京城书肆的大致面貌,而这一面貌基本上代表了晚清京城上层书籍世界的历史景象。如果说这幅如同画卷一般的图景已被徐徐展开的话,那么以翁心存、翁同龢父子为代表的京城士大夫阶层也该出场了。

　　翁氏父子虽在朝为官,但从本质上说仍是读书人出身,日记中也常常显露出其爱书、好书的本色。有清一代私家藏书风气盛行,涌现

―――――――――

　　①　(清)缪荃孙:《琉璃厂书肆后记》,见《琉璃厂小志》,第 80 页。

出许多著名的藏书家,而翁氏父子又来自江南常熟,此地藏书历史传统更是渊源深厚。叶德辉曾于《常熟顾氏小石山房佚存书目序》中说道:

> 常熟为江南名县。其士大夫喜藏书,自为一方风气。以余所知,前明有杨五川七桧山房、赵清常脉望仙馆,储藏之富,远有师承。其后继之者,为毛子晋汲古阁、钱牧翁绛云楼。绛云火后,余书归族子曾述古堂,甲宋乙元,转相传授。乾、嘉之际,有张月霄爱日精庐、陈子准稽瑞楼。近今犹有瞿子雍铁琴铜剑楼。盛矣哉! 以一邑之收藏,为中原之甲秀。①

叶氏评价之高可以看出常熟浓郁的藏书文化氛围,而翁氏家族正是此地有名的藏书世家。翁同龢的藏书来源有从其父兄手中继承而来,也有其居官期间频繁出入厂肆购买得来,因而直至清末,潘祖荫称赞道:“今常熟藏书,惟叔平与瞿君敬之(铁琴铜剑楼)。”②可见翁氏藏书在当时的影响力。

关于在琉璃厂购书,较早如乾嘉时期著名藏书家黄丕烈曾于此处题诗:

> 琉璃厂里两书淫,莐友莐翁是素心。
> 我羡小琅嬛福地,子孙世守到于今。③

---

① (清)叶德辉撰,张晶萍校点:《叶德辉诗文集》,岳麓书社,2010 年,第382 页。

② 中国嘉德国际拍卖有限公司编:《常熟翁氏藏书图录》,上海科学技术文献出版社,2000 年,第 7 页。

③ (清)叶昌炽撰,王锷、伏亚鹏点校:《藏书纪事诗》,北京燕山出版社,2008 年,第 450 页。

吟咏之间可见其得书之乐。翁氏父子虽然很少如黄氏一般饶有雅兴地赋诗一首，却在日记中留下丰富的购书记录。由表1可知，翁同龢居京时期曾拜访过不少书肆，并对三槐堂有独特偏好，不论风雪均坚持到书肆访书。如咸丰十年（1860）十一月廿五日，《翁同龢日记》于当日记道：

> 阴。到三槐堂看书，终日未食。晚归，雪积分许。①

《翁心存日记》此日记载中则更为动人：

> 小寒节。竟日沉阴，薄暮雪不盈寸。暮，雪满庭阶，寒甚，景物凄甚。六儿往三槐堂阅书竟日，遇鄂顺庭，薄暮冒雪载书而归。②

翁同龢为看书一事终日未食，最后又冒雪载书而归，两种日记相参勾勒出翁同龢读书、访书的场景轮廓，颇具画面感。据统计，仅咸丰十一年（1861）这一年，翁同龢便去了六十一次琉璃厂，平均六天一次，其购书兴致可谓不小。当然几十年的厂肆访书，收获也是颇丰。例如2016年11月7日于上海图书馆举办的"琼林济美——上海图书馆翁氏藏书与文献精品展"中，曾展出翁氏所藏的几种著名藏书，其中有一本宋刻《集韵》十分惹人注目。关于此书，傅熹年曾介绍说：

> 《集韵》十卷，南宋高宗时期明州（宁波）所刊，为此书传世最早刊本。清初为钱曾所藏，载入所撰《读书敏求记》中。约康雍之际进入怡亲王府，同治初转归翁氏。自入怡府至今，近二百八

---

① 《翁同龢日记》，第88页。
② 《翁心存日记》，第1571页。

十年中秘藏于王府、贵邸和海外,不为世知。清代著名学者段玉裁、阮元、陈鳣等只据其影钞本进行研究,即推重备至,是在清代学术界有重名的孤本秘笈,也是清代通行诸本的祖本。①

如此贵重的书籍是如何流转至翁同龢手中,在其日记之中则有一份较为详细的记录:

> 同治四年(1865)二月
>
> 初十日　得见宋本《集韵》,钱遵王家物,惊人秘籍也,酬以三十金不售。朱修伯有影宋抄,久在余处,即从此本出。
>
> 十一日　到厂访求《集韵》,昇以四十金,约以送来,而贾人转欲居奇不售矣,可恨!可恨。
>
> 十三日　诣书肆问《集韵》。
>
> 十四日　宋本《集韵》模糊处甚多,然确是也是园旧物,古香醃馥,遵王所谓巍然鲁灵光者也。修伯所藏抄本每页皆有虞山钱遵王述古堂藏书一行,实从宋刊本影写,二百年后乃得,并几校勘,又适在乡后学之室,亦奇缘矣。
>
> 十五日　始定议以三十四金易《集韵》,此怡邸物也,曩尝与三兄极力购求之不可得,今乃落吾手,异日对床话雨,当增一段欣赏耳。②

翁同龢连续五天在日记中均以一定篇幅记载了得书的来龙去脉,并勾勒出此书从钱曾到怡亲王再流转至翁氏手中的详细线索,同时标明此书最终以三十四金的价格成交,中间虽有波折,但也呈现了一段宝贵的书缘之事。此外,同样展出的还有宋刻施元之、顾禧《注东坡

---

①　《常熟翁氏藏书图录》,第 1 页。
②　《翁同龢日记》,第 373—374 页。

先生诗》，有关此书的版本价值，傅增湘曾于《宋刊施顾注苏诗跋》中称：

> 忆癸丑、甲寅间，余侨居津门，与常熟翁敬之观察之廉衡宇相望，晨夕过从，谭宴欢洽，借诊松禅师藏籍半归其守护。暇日敬请拜观，因出旧椠名钞十许部见视，其最称珍秘者，宋刊《鉴诫录》及是书也。……惟松禅师此帙存卷独多，断为海内孤本秘笈。①

翁之廉属翁同龢的曾孙辈，翁同龢的日记及藏书大都归其保管。而在天津时期，傅增湘与翁之廉时相过从，因此有机会得以经眼翁氏的不少珍本秘笈。从傅氏跋语来看，此书版本价值可见一斑，而其书籍来由则在日记中有一段详细记载："同治八年（1869）九月二十日　以廿金购得宋刊苏诗，快意之至。"②翁氏在此后很长一段时间中均观书、校书，且在临近年关之时，邀请好友共至家中饮酒雅集，并将此书与《集韵》一并展出，以飨众人：

> 同治八年（1869）十二月廿七日
> 午后邀徐荫轩、宋雪帆、鲍花潭、庞宝生饮，桂莲舫、广少彭期而未至。出宋刊《集韵》《苏诗》共赏，座客叹为奇绝。③

---

① 傅增湘撰：《藏园群书题记》，上海古籍出版社，1989 年，第 690—693 页。
② 《翁同龢日记》，第 720 页。
③ 《翁同龢日记》，第 742 页。另关于《注东坡先生诗》一书，上海图书馆曾将此书题跋影印出版，现将其整理如下，可与翁氏日记相互参照："曩尝于叶润臣家得见嘉泰本《施顾注苏诗》，叹为瑰宝。一日坐殿庐中，桂侍郎以怡邸残书见视，忽睹此本，以二十金购之，前后缺八卷。此虽景定补本，然字画清劲，粲若明珠，恐人间无复数本矣。同治十年，伏日早退，题于东华门酒家，（注转下页）

事实上，除了以上两种宋本以外，翁氏藏书共有宋元刊本十四种，其中七种是具有极高文物价值和学术价值的孤本。①除所购书籍版本价值不菲，在购书的消费额度上，翁同龢更是曾不惜以高价购得一部宋刻《长短经》，他在日记中曾如是记录道：

> 光绪二十三年（1897）
>
> 八月初九日　伯述信，书贾张姓以宋刻《长短经》八册来，索八百金。十卷缺一，前有乾隆御题，静海励氏藏，《四库》所据之本也。
>
> 八月十二日　津估张英桂以宋刻《长短经》八册来售，伯述书来介绍，乃静海励氏物，乾隆中经进，首叶御题四绝句，十卷缺末卷，凡六十四篇，论王霸机权正变之术，故名《长短文经》，唐梓

（续上页注）常熟翁同龢。""此景定壬戌吴门郑羽补刻于淮东仓司之本，叔平六兑得于安乐堂散出之书者也。按《施顾注苏诗》传世者，一为绛云楼藏本，已归庚寅一炬；一为汲古阁、传是楼藏残本，后归宋牧仲、翁覃溪、吴荷屋、叶润臣，即嘉泰残本也。嘉泰本缺十二卷，是卷缺卷五、六、七、八、九、十，又缺卷十九、二十，卷尾郑氏一跋，冯星实亦未见刻本，仅从人钞得。玩跋中语，是就施武子原刊板修补其漫漶，非重刊也，此本在世亦希如星凤矣。昔宋牧仲得嘉泰残本，属幕客补足刊行，其书为人齿冷，不足置议，覃溪以查氏所补有未尽，曾为补注八卷，今此本较嘉泰残本多原注四卷，叔平欲再补之，以留原注真面，文字因缘，非偶然也。叔平得此本不轻示人，独属荫为之跋，其为忻幸，何可胜言，而嘉泰残本犹在人间，或者旦暮遇之乎？同治十年六月二十一日大雨中，吴县潘祖荫识。""光绪辛丑四月二十二日，钱塘汪鸣銮观。光绪二十六年十一月二十七日，嘉兴沈增桐、闽县王仁东、侯官沈瑜庆观，瑜庆记。"见上海图书馆编：《上海图书馆善本题跋真迹》，第十二册，上海辞书出版社，2013年，第105—108页。

① 1987年，傅熹年曾至美国观看了翁氏后人翁万戈世藏的古籍珍本，他在后来发表的《访美所见我国善本书简记》中介绍了翁氏所藏的宋元孤本秘笈，并称"其在版本学上的价值，实在包括美国国会图书馆及哈佛燕京图书馆在内的美国各馆所藏中国宋元刊本之上"。对其版本价值评价基本已经堪称"国宝"级别。

州盐亭人赵蕤撰,后有洪武丁巳沈新民跋,宋刻之极佳者,每半叶十一行,行大字廿五,小字廿五、六、七、八不等。《四库》所收即此本也,索八百金,携至园寓静赏之。

　　九月初五日　以巨价三百五十,收得宋刻《长短经》八册,乾隆御题,静海励氏物。①

翁氏自言以"巨价"购之,可以见得翁氏对此书难以割舍的珍爱之情,同时也可见其巨大的购买力。

　　论述至此,或许可对以上材料和现象做一梳理。翁氏为何能拥有不论是数量还是价值都如此可观的书籍?且屡次以几十金甚至上百金的高价收购各类宋刊珍本?其一,前已述及,翁氏二人均来自藏书传统和风气十分浓郁的江南水乡,虽然两人一生大都寓居京城,但这种对书籍的痴迷和渴盼却已如古老的血液一般流淌在他们身体之中,以至于在翁同龢身后其家族藏书依然完好地在六世子孙手中继续传承,这似乎更可称之为一种自古及今的"江南书缘"传统的影响和延续。其二,则离不开翁氏所处的环境与其身份。翁同龢居住的京城是一个书肆林立、古籍遍布的环境,因为皇城地位的与众不同,其在书籍优势上一点也不输于底蕴深厚的江南文域,这自然为翁同龢提供了一个十分优越的购书环境。此外,翁同龢不仅对珍本秘本持有一份狂热的痴迷之情,其在日记中的诸多记录也展现出他深厚的版本校勘及鉴别的功力。古籍版本品质向来参差不齐,即使是所谓的"宋元珍本"之中也难免混杂一些"盗版"书籍,因此他的这份学识助其可以在琳琅纷杂的旧书市场中自有一番慧眼识珠的能力。且翁同龢为朝廷要员,这一地位直接赋予其一定的购买力,并保证他屡屡以重金购得珍本秘笈,不少怡亲王府中散落出的书籍流入翁氏手中便是一项很好的例证,而这种优先性是普通底层读书人难以比拟的。

---

　　①　《翁同龢日记》,第 3031、3032、3040 页。

当然,京城中喜欢去琉璃厂访书、购书的并非只有翁同龢一人。《翁同龢日记》中同样记录了不少与他经常一同前往厂肆购书的友朋:

咸丰十年(1860)
九月三十日　偕辛伯游厂,买蒋文肃、潘莲巢画各一,《灵飞经》残叶一册。

咸丰十一年(1861)
正月十八日　午偕犀庵游厂,携《圣教》《兰亭》各一,范忠贞画壁诗手稿卷归,皆著相物也。
二月初五日　辛伯来,饭后偕辛伯游厂肆,得《唐大诏令》残本。
三月初四日　午后偕辛伯游厂,得玉刚卯一,赵字帖三种,并《麻姑坛》、《钟荐季直表》、欧《心经》共一册,汉铜印二。
四月廿五日　辛伯来,同到厂,见赵临褚两种卷,甚佳。夜吴春海来,以覃溪并郭兰石书《兰亭》属跋,并属临《兰亭》。①

按,辛伯、犀庵即钱桂森,江苏泰州人,道光三十年(1850)进士。藏书家、教育家。官至内阁学士、礼部侍郎、安徽学政,典试多地。光绪十八年(1892)退归,主持钟山书院、安定书院。著《一松轩诗稿》《段注说文校》等。

咸丰十一年(1861)
五月廿三日　到厂,遇修伯,见宋《史记》抄本,何维撰。亦彭文勤家物也。

———————————

① 《翁同龢日记》,第81、95、99、105、115页。

同治二年(1863)

九月初六日　饭后五兄偕游厂,辛伯、修伯同行,得宋刊《名臣言行续录》八卷。①

按,修伯即朱学勤,浙江杭州人,咸丰三年(1853)进士。藏书家。官至鸿胪寺少卿、大理寺卿。著有《结一庐书目》《结一庐遗文》等。

同治二年(1863)

九月廿一日　与宝生到书肆,于尊古斋见群玉堂刻怀素《千文》一册,筠清馆集帖四册,数年前曾见之,二物皆耆相家所藏。

同治三年(1864)

十二月廿八日　与宝生到厂,宝生购殿板《廿三史》,《三国》配监本,《新唐》配道光四年本。凡一百三十五金。

同治五年(1866)

正月十九日　饭后偕宝生游厂,得汪文盛刊《新五代史》、古香斋《朱子全书》。

同治六年(1867)

正月十一日　宝生来,因复游厂,买得旧拓《石淙游晏诗》。

同治九年(1870)

十二月廿七日　傍晚偕宝生到厂,得《争坐》一册,颇佳。②

———————————

①　《翁同龢日记》,第 120、292 页。
②　《翁同龢日记》,第 294、365、444、512、825—826 页。

按，宝生即庞钟璐，江苏常熟人，道光二十七年（1847）探花。官至工部、刑部尚书。著有《文庙祀典考》《读均轩诗赋稿》等。

　　咸丰十一年（1861）
　　三月初七日　午后游厂，遇五兄、辛伯、湛田、修伯，辛伯约同诣福兴居小饮。

　　同治四年（1865）
　　七月初十日　到馆，出偕周荇农到书肆，得旧抄《乖崖集》、《北小山集》。

　　光绪十七年（1891）
　　八月十八日　过德宝斋再看董画，遇颂阁，同到点石斋买石印《山海经》三部，晚归。①

按，湛田即贾致恩，山东龙口人，荫生出身。官至河南按察使、布政使，浙江布政使。周荇农即周寿昌，湖南长沙人，道光二十五年（1845）进士。诗人，诗书画俱佳。官至礼部侍郎、内阁学士。著有《汉书注补校》《思益堂诗文集》《周氏三史校注》等。颂阁即徐郙，上海嘉定人，同治元年（1862）状元。诗、书、画俱佳。官至兵部、礼部尚书，左都御史，协办大学士。

　　从以上所举的几位经常和翁同龢购书往来的人来看，他们大都为进士出身，并在朝廷中担任要职或于地方上担任较高职务，且多有著作传世。简言之，即是士大夫兼学者型的人物。单从翁氏笔下来看，他们同翁同龢一样，都对购书、藏书怀有浓厚的热情和兴趣，且与

---

①　《翁同龢日记》，第 106、413、2467 页。

翁氏是关系较为紧密的书友。① 这一群体于晚清京城各大书肆中留下四处活跃的身影,他们与翁同龢在一定程度上共同代表了晚清上层书籍世界中最主要也是最重要的一个群体,即以士大夫阶层为代表的精英主体。

事实上,琉璃厂书肆不仅与士大夫、学人关系密切,同时也和有清一代的学术风气有千丝万缕的联系。晚清兴起的一股金石碑帖热潮,最直接的推动者便是翁同龢与潘祖荫。潘祖荫为咸丰二年(1852)进士,与翁同龢均来自江南吴地,其所藏图书、金石皆甲于吴中。翁同龢除喜好收藏宋元旧刊以外,对金石、碑帖同样抱有浓厚兴趣。翁、潘二人不仅都为进士出身,且在朝廷担任要职,他们在晚清金石碑帖的收藏界也属于"执牛耳"的人物。日记中保存了许多翁同龢购买碑帖以及与潘祖荫互动往来的内容:

咸丰十一年(1861)
正月初七日 游厂肆,得董临《阁帖》,价仅白金二两余,与去年所见绝相似,此本自甲辰迄庚申十七年中所成,以付其侄孙彦京者也,笔画清迥,有天际真人之想。

同治四年(1865)
正月十四日 到厂购得内板《明史》《曹全碑》精拓本。

同治九年(1870)
十月初十日 未正诣伯寅处饭,在坐者荫轩、兰孙而已,看

---

① 关于翁氏与文中所提几位关系之紧密,可从翁氏晚年光绪二十八年(1902)十二月十一日的一则日记中看出:"友人钱犀庵阁学桂森于上月十一日在籍病故,得讣怆然。七十六岁。咸丰时余兄弟与尹杏农耕云、贾湛田致恩、孙莱山毓汶、潘伯寅祖荫、钱犀庵订昆弟交,朱修伯学勤亦与焉。"见《翁同龢日记》,第3424页。

其新得诸碑并所藏宋拓《云麾碑》,薄暮散。

光绪二年(1876)

十二月二十日   伯寅以新收宋拓李少温《滑台新驿记》见示,摹补一百六十余字,袁又恺物,传之其婿贝简香,即千墨庵。兵火后失其太半,为吴县令唐翰题所得,今乃为伯寅所得,题款于后而还之。

光绪十九年(1893)

正月十三日   再至厂西,买得旧磁瓶一,明拓《九成》一、《雁塔圣教》半本、沙壶一,皆佳,意兴不减少年,惟足力弱耳。诸事俱废,奈何!①

购买金石、碑帖、字画,并与友朋相互切磋观赏,几乎贯穿翁同龢的一生,直至其晚年仍然意兴不衰。在他与潘祖荫等人的影响下,于同光时期掀起不小的金石浪潮,各地士子莫不以金石学作为博取名士头衔的捷径。需求增长,厂肆中的碑帖字画流通率也随之提高,这正与翁、潘二人的购买和影响是分不开的。瞿蜕园曾于《北游录话》中叙述当时厂肆情况说道:

……另外有一种是真正买卖旧书碑帖的。这班人还承袭着乾嘉以来讲风雅、讲朴学的风气,他们的主顾是京朝学士大夫。耳濡目染之结果,什么宋元版本的格式,某种书有几个本子,某个孤本藏在什么人家,某某碑帖是宋拓是明拓,是原刻是翻刻,见于什么书的著录,某字阙某字不阙,他们可以如数家珍。寻常外省没有见过世面的学士大夫,他们还看不起呢。尤其是潘祖

———————————

①   《翁同龢日记》,第 94、368、806、1260、2584 页。

荫、翁同龢、李文田、吴大澂、王懿荣这班人的提倡，他们当的是翰
林清闲差使，家里又有的是钱，成日便在厂肆里消磨岁月。展转
吸引，便也成了一种风气。大家没事，竟把书店当作公共图书
馆。……虽是买卖中人，而其品格风度确是高人一筹。无形中便
养成许多爱读书的人，无形之中也就养成了北平的学术空气。①

由上可以看出，在翁、潘等人的熏染下所造就的京城学术风气，且由
此逐渐累积并形成一个所谓的"京城学术共同体"。而当时的书铺也
都竭力拉拢这些颇具影响力的士大夫，其方式如主动将珍奇碑帖呈
送府第，或是许多书铺的匾额也皆请这些名流题写。现列举如下：

　　　宝森堂书铺　潘祖荫书
　　　翰文斋书店　李文田书
　　　茹古斋　翁同龢书
　　　松华斋　徐颂阁书
　　　隶古斋法帖铺　祁寯藻书
　　　尊汉阁法帖铺　翁同龢书
　　　永宝斋文玩铺　周寿昌书
　　　韵古斋古玩铺　潘祖荫书
　　　宝古斋文玩铺　翁同龢书
　　　会文斋藏书处　徐郙书
　　　赏奇斋古玩铺　翁同龢书
　　　秀文斋南纸店　翁同龢书②

①　瞿兑之：《北游录话》，见瞿兑之著，虞云国、罗玲校订：《铢庵文存》，辽宁教育出版社，2001年，第179—180页。
②　袁庙祝鮀：《琉璃厂坊肆匾额录》，见孙殿起著：《琉璃厂小志》，第30—33页。

题字之人大都为当时的京城要员或学者名流,其中尤以翁同龢为典型。琉璃厂的各家书铺不仅借此可以提高自己的知名度,同时也进一步助长了金石学风气的盛行。而这种学风的形成是与当时站在时代高处的翁同龢、潘祖荫以及其他士大夫阶层群体的影响推动密不可分的。

相比翁同龢而言,翁心存于厂肆购书的记录则相对较少,不过其中却记录了一些有关从书估处购买书籍的信息。如道光二十五年(1845)十一月十四日:

> 湖州书估赵姓来,买得闽本《易经》、明南监板初印《隋书》、明修元板《新唐书》、钞本《酌中志》、《明诗综》、《带经堂集》、《重刻玉海》各数种,又有旧钞本《野获编》一部,杂钞各种十册,龙衮《江南野史》二册、重雕定本《鉴诫录》二册、《庶斋老学丛谈》二册、吴人陆辅之友仁《吴中旧事》一册、秣陵盛时泰《玄牍纪》二册、《严分宜清玩籍》一册。皆李申耆先生家藏本。[①]

这段时间翁心存寓居常熟,与各地书估往来较多,书估的流动于清代书籍的流转亦发挥有不可忽视的作用。[②] 不过这种依靠江南水道往来各地促进书籍流动的景象,正与北方京城书肆的固定林立形成遥远的呼应和对比。一方是江南柔软的水道上四处贩书的书估,另一方则是京城中砖瓦构筑的琳琅书铺聚于一处的琉璃厂,一动一静,南北因地理差异而造就两种不同风格,在江南与京城之间形成了两抹鲜明的色彩。

以上主要围绕"购书"这一中心,从琉璃厂书肆、翁同龢与相关读书人群体的购书行为以及购买金石碑帖带来的影响等几个方面观照

---

① 《翁心存日记》,第 591 页。

② 徐雁平:《书估与清帝国的书籍流转》,《古典文献研究》2013 年第 16 辑。

了晚清京城这一上层书籍世界的局部面貌。其具体特征可以划分如下：

其一，购书场所主要以京城的琉璃厂、隆福寺等地点为中心，现存有关这些书铺的记录相对较少，翁同龢日记所记与缪荃孙所记正可相互印证补充；

其二，购书主体主要为京城士大夫阶层群体，他们地位较高并多担任要职，有一定经济购买力，同时又具有丰富的学识，是士大夫兼学者型的精英阶层；

其三，购书对象主要是旧书古籍尤其是宋元珍本以及金石碑帖等。因群体地位的特殊，其喜好对晚清学术风气影响甚深。

简言之，从"购书"角度而言，以翁同龢为代表的士大夫阶层群体构成了晚清京城书籍社会的主体，不同于以管庭芬、黄金台为代表的为数众多的中下层群体，他们在购买书籍尤其是珍本秘笈上具有更强的优越性和占有性，而这一世界的高度不是普通人能望其项背的。这些士大夫因学术兴趣的共同指向而凝结成所谓的"京城学术共同体"，在书籍世界的外延也对晚清学术风气颇有影响。而这些特征与普通中下层的书籍世界形成十分鲜明的对比和区隔。

第二节　作为礼物的书籍

翁氏父子日记中除包含"购书"的内容，还记录有较为丰富的"赠书"信息。清人日记中大都有书籍赠送的记载，但是由于书籍世界层级的划分，同样是赠书的行为或许因为在不同的层级中而显现出一定的差异性。依然以《管庭芬日记》《黄金台日记》为例，徐雁平曾以此为视角就这两种日记文献来考察中下层书籍社会的特征，发现这一群体中存在偏好"小说戏曲"读物的"趣味性"特点，以及一系列人情往来的内容。而作为与之相对的上层书籍世界又是怎样一种面貌？这个层级的世界与《管庭芬日记》《黄金台日记》的世界又有什么不同？导致这种差异的原因是什么？是否还有其他被忽略的特征？本节内容即是希望可以对这些疑问做一个尽量全面的解答。

中国社会自古及今都是一个人情社会，礼物的流动在人与人的情感往来中往往承担一定的推动和润滑作用。而若是由书籍来担当礼物角色的话，某种程度上而言又进一步丰富了礼物的内涵。一方面，它一样能够达到使受赠者感到"欣喜""愉悦"的目的；另一方面，作为礼物的书籍本身又承载有丰富的内容，而这些文字附着于"书籍"这一载体有时往往会达到不同程度的价值实现。

任何一种形式的礼物赠送都包含赠送者、受赠者、礼物这三重内容。如前所述，礼物既有物质形式，同时也附着某种精神意义。关于礼物的流动，法国学者莫里斯·古德利尔曾说：

> 一件礼物不会没有理由地移动。当它移动时，如果是非竞争性的礼物交换，它的双向移动为的是创造一种双向的互惠依赖关系，它能够为双方带来一些社会性的结果，一些义务同时又是优势。与此同时，在交换完成之后，双方也再一次地实现了平衡，如果在礼物交换之前他们的地位是平等的话，那么在礼物回赠之后这种平等又恢复了。同一物件的赠与和回赠，是形成这种依赖和团结的最简单、最直接的方式，同时也维持了双方在这个世界中的地位，这个世界的绝大部分社会关系是通过人与人之间的联系而生产和再生产的。①

可见，礼物流动的背后潜藏的是人与人之间关系的生产与再生产，而在翁氏日记中的赠书也与一张复杂的人情关系网络有所牵扯。事实上，在翁心存、翁同龢的日记中，书籍赠送呈现出的更多属于一种单

---

① （法）莫里斯·古德利尔著，王毅译：《礼物之谜》，上海人民出版社，2007 年，第 109 页。

向型的流动,即日记中受赠记录远多于回赠记录。先以《翁心存日记》为例,翁心存为道光二年(1822)进士,历任工部尚书、刑部尚书、兵部尚书、吏部尚书等职,并典试福建、广东、浙江、四川、江西等地,可谓声名赫赫。日记中他人赠书记录有 66 次,而回赠记录则为 0 次。再看《翁同龢日记》,翁同龢为咸丰六年(1856)状元,历任户部侍郎、都察院御史、刑部尚书、工部尚书、军机大臣等职,从声名地位上而言并不低于其父,在其日记中受赠记录有 89 次,而赠给他人书籍的记录仅有 5 次。这 5 次的记录情况如下:

　　1. 同治三年(1864)
　　十二月初三日　　宝生赠余十六金、地图、《经世文编》各一部。
　　十二月二十日　　以书三种赠宝生。①

　　2. 同治四年(1865)
　　六月十八日　　访王少和不值,以明刊《史记》索引本赠之。②

　　3. 光绪六年(1880)
　　六月初一日　　门人顾绍成送《高忠宪集》兼辞行。
　　六月十三日　　以东林九先生像册送顾生绍成,生留心掌故,欲作好官者也。题数语于册。③

　　4. 光绪十五年(1889)
　　正月十八日　　阎成叔由陕来,以所刻《福永堂汇抄》赠。

---

① 《翁同龢日记》,第 362、364 页。
② 《翁同龢日记》,第 409—410 页。
③ 《翁同龢日记》,第 1490、1492 页。

四月初六日　以影宋《管子》、石印《华山碑》、葛布、芒履赠阁公。①

5. 光绪二十八年（1902）

十月廿五日　以赵景之先生手批《李太白集》送赵毅庵，毅庵其七世族孙也。毅庵遍刊其先世遗集，可嘉之至。②

翁氏父子在日记中记录受赠的次数远远大于回赠的次数，且从翁同龢仅有的几次回赠来看，最短的回赠间隔时间为十二天，最长的则有几个月。这一情况与管庭芬、黄金台日记中赠书往来记录的均衡状态形成明显反差。究其原因，或许可以从两个角度进行解读，一是或与翁氏父子记录日记的法则和习惯有关，即如果确实存在赠送他人书籍的情况，但是这一行为对于自己而言并不如受赠更有意义值得他们去记录。毕竟日记不可能是完全忠实于当日行为的全实录记载，或许他们并不认为这是一件多么"重要"的事值得专门在日记中记录下来。二是确实不曾或几乎很少送人书籍，这或许从翁氏二人不同寻常的身份中可以理解。管、黄二人均为中下层文人，赠书对于他们而言，"礼物""人情"的意味要重许多。而翁氏父子则高居庙堂，即使是考虑人情的角度，在波谲云诡的政治风云中，书籍所能承载的礼物的功能和效力似乎又很有限，这与管、黄二人的具体情况大不相同。当然以上仍是推测，但是立足于日记文献和原始语境本身，似乎也可作为一个较为融通的解释。

考察翁氏日记所记录的赠书往来活动，其背后潜藏有一张人员复杂的关系网络，按群体划分主要有同僚、同乡、门生及拜谒者。首先以门生及拜谒者来看，翁心存、翁同龢都曾典试多地，门生广布，取

---

① 《翁同龢日记》，第 2254、2277 页。

② 《翁同龢日记》，第 3416 页。

得科名之后他们往往会前来拜谒座师,如:

> 道光十八年(1838)
> 二月廿五日　浙江门生黄宪清、支清彦、元名元琛。汪道厚、裘雨元、俞贞来。黄生以《杜宜园词》及《帝女花》、《鸳鸯镜》、《凌波影院本》三种见贻,清才也。(《翁心存日记》)

> 道光三十年(1850)
> 三月朔　黄韵珊来,以新撰《绛桃雪传奇》见赠。(《翁心存日记》)①

按,黄韵珊为黄宪清。

> 道光二十二年(1842)
> 九月十日　浙江门生陈又峨二璋。来,以《藏密斋集》一部、佛手柑两盘见贻。(《翁心存日记》)

> 咸丰十年(1860)
> 二月十八日　门生钱聚朝之子孝廉卿铢来,以《莃石斋集》见贻。(《翁心存日记》)

> 同治元年(1862)
> 正月廿七日　江西进学门生尹继美号湜轩,上年恩科并补行己未科中式。来,以朱卷及所著《诗管见》二册见贻,说经甚有本原,知是绩学之士也,未晤。②(《翁心存日记》)

---

① 《翁心存日记》,第314、786页。
② 《翁心存日记》,第551、1497、1700页。

　　光绪六年(1880)
　　六月初一日　门人顾绍成送《高忠宪集》兼辞行。(《翁同龢日记》)

　　光绪十年(1884)
　　五月初九日　门人王咏霓子裳来见,送《水道提纲》、《杜清献集》。刑部主事,从前极有名,长骈体,多读书,今则潜心宋学,惟为许竹云奏带出洋,将行。(《翁同龢日记》)

　　光绪十一年(1885)
　　八月初四日　成均门人胡宗海源河之弟胡宗淮玉畴,行六,甘肃知府,有服,曾署宁夏。以其兄函来,并赠宋本《阁帖》、藏香,晤谈数语。①(《翁同龢日记》)

　　门生向老师赠书,一方面可以通过书籍传达感恩之情,另一方面,也希望通过赠送自己的著述来展示自己的才华和学问,见重于老师,以期在将来获得更好的任用。《黄金台日记》中记录黄金台在参加各地考试前会拜谒当地考官或者地方官员,并且经常会在谒问时呈赠自己的文集。如果说《黄金台日记》是一种自下而上的赠书视角的话,那么翁氏日记中呈现出来的则是一种由上及下的视域,地位身份的不同是导致这种情况出现的最主要的原因。
　　另外其中也有一个较为特别的现象,即有门人的亲属来代替门生自己进行拜谒。如上述所列中的"门生钱聚朝之子孝廉卿鈜","门人胡宗海之弟胡宗淮",一为门人之子,一为门人之弟,皆在血缘上有十分亲近的关系,并且后者所赠礼物均为翁同龢兴趣最浓的碑帖,大有投其所好的意味。他们希望通过间接的门生关

---

　　①　《翁同龢日记》,第 1490、1833—1834、1961 页。

系架起一座沟通的渠道,借助赠送礼物的行为以期望今后获得提拔重用,这种意图似乎不言而喻,而这也是书籍所承担的"人情"成分较重的一个体现。

除了来谒问的门生,其他赠书者主要来自同僚或者友朋,其中较为明显的一个特征是翁氏与常熟或者江南地区的人员往来较多。比如常熟同乡有:张大镛、黄廷鉴、张蓉镜、庞钟琳、庞钟璐、钱禄泰、邹伯容、曾朴、赵宽等。既有在朝为官的同僚,也有著名的藏书家兼学者,而江南地区的人数相对较多,北方或者其他地区往来的人则很少。从中可以看出即使是在书籍往来的背后也夹杂有较为浓重的同乡意识,这或许也可称之为清代地域传统构建和形成的一个案例显现。

此外,在赠书者这一庞杂的群体之中,还有一个比较有趣的现象,即赠书者中有不少父子或兄弟同时出现的情况,其中至少有六例,现举如下:

1. 祁寯藻、祁世长父子

道光二十年(1840)
正月十四日　祁春浦学使遣家丁赵姓来,以新刊影宋本《说文系传》及《西陲总统事略》二书寄赠。(《翁心存日记》)

道光二十九年(1849)
七月三十日　淳甫协揆以新刊《瀛环志略》十卷见赠,福建巡抚徐松龛中丞继畬。所著也,较近人谢清高之《海录》为雅,魏默深之《海国图志》为详,然谭天测海,荒诞难籍,予终疑泰西人之狡狯耳。[1](《翁心存日记》)

_____

[1] 《翁心存日记》,第344、741页。

按,祁春浦、淳甫协揆即祁寯藻,山西寿阳人,嘉庆十九年(1814)进士,改庶吉士。散馆,授编修,曾任广东乡试正考官、湖南学政,历迁内阁学士、礼部、兵部、户部侍郎。

　　咸丰十一年(1861)
　　三月二十日　午后祁子禾来辞行,以所刊张穆石州《月斋诗文集》、王筠贯山《说文句读》贻六儿。①(《翁心存日记》)

按,祁子禾即祁世长,祁寯藻子,咸丰进士。历官翰林院侍读、吏部左侍郎、顺天学政、左都御史兼顺天府尹。六儿即翁同龢。

2. 潘曾绶、潘祖荫父子

　　咸丰十年(1860)
　　正月十八日　潘绂庭以《陜兰书屋笔记》见赠。(《翁心存日记》)

　　十二月十日　伯寅赠同龢钱辛楣戊戌日记一小册,是年正月先生为会稽之游,秦太守延往阅府试卷也,兼访碑刻,可补志乘之阙。②(《翁心存日记》)

按,潘绂庭即潘曾绶,潘祖荫父,道光二十年(1840)举人。历官内阁中书、内阁侍读等。

　　同治九年(1870)
　　十一月二十日　伯寅以旧拓小字《麻姑记》见赠。(《翁同龢日记》)

---

① 《翁心存日记》,第1601—1602页。
② 《翁心存日记》,第1490、1574页。

光绪六年(1880)

二月初六日　伯寅赠小浮山人《闭门》、《船庵》二集,从来未刻者,读之心爽。① (《翁同龢日记》)

按,潘祖荫,字伯寅,小字东铺,号郑庵,吴县(今江苏苏州)人,咸丰二年(1852)进士。官至工部尚书。

3. 孙琴西、孙诒让父子

同治十年(1871)

二月初四日　得孙琴西书,并寄其祖《礼记集说》一部。② (《翁同龢日记》)

按,孙琴西即孙衣言,孙诒让父,祖籍福建长溪,后迁浙江瑞安。道光十七年(1837),选拔贡生。三十年成进士,选翰林院庶吉士。咸丰初,授编修,入直上书房,擢侍讲。

光绪十六年(1890)

三月二十日　孙仲容诒让赠所著《古籀拾遗》三卷,极通博,刻亦古雅。仲容,琴西之子也。③ (《翁同龢日记》)

按,孙诒让,浙江瑞安人。清末校勘训诂学家、古文字学家。同治六年(1867)举人,曾任刑部主事。

---

① 《翁同龢日记》,第 819、1476 页。
② 《翁同龢日记》,第 834 页。
③ 《翁同龢日记》,第 2359—2360 页。

4. 钱泳、钱益生父子

道光二十年（1840）

正月十九日　未刻钱梅溪自翁家庄入城来访，以所刊《古虞石室记》、《海外新书》二帙见赠，并以《梅花溪图》两卷子属题。梅溪，今年八十有二矣，须发微白，齿牙完固，状貌充腴，健饭，步履如飞，视之如五十许人，真地行仙也。（《翁心存日记》）

二月廿二日　钱梅溪遣人来，以新刻《四老神坐》及《武肃王投水府龙简》拓本见赠。①（《翁心存日记》）

按，钱梅溪即钱泳，江苏金匮（今属无锡）人，原名鹤，字立群，号台仙，一号梅溪。

道光二十二年（1842）

六月三日　辰刻钱梅溪之次子益生来，以梅溪所著《守望新书》一册见贻。（《翁心存日记》）

道光二十六年（1846）

正月廿八日　巳刻钱梅溪之次君益生日祥。来，以家刻《四体书刻》、《攀云阁帖》、《履园丛话》、《备豫录》四种见贻，遣五儿晤之，云欲为其乃翁求墓志也。②（《翁心存日记》）

---

① 《翁心存日记》，第 345、353 页。
② 《翁心存日记》，第 527、604 页。

5. 谭莹、谭懋安父子

咸丰六年(1856)

十二月十九日　今日取回伍紫垣所寄《粤雅堂丛书》四十二函,《舆地纪胜》二函,皆紫垣新刊,谭玉生所手校也,甚精好。①(《翁心存日记》)

按,伍紫垣、谭玉生即谭莹,广东南海人,道光六年(1826)翁心存督学粤东,以赋试诸生,谭莹居榜首。复试,仍为第一。二十四年(1844),中举。选授化州训导,升琼州府学教授。

同治元年(1862)

正月廿六日　谭玉生之子懋安去年中式,为之欣喜,携来玉生书、陈兰浦书并兰浦所著《声律通考》二册。②(《翁心存日记》)

6. 庞昆圃、庞钟璐兄弟

道光二十八年(1848)

七月二日　清晨庞昆圃来,以影钞宋本《窦氏联珠集》、元本《祖庭广记》见赠,此二书皆昆圃新得之郡中汪氏者,予属其传钞,昆圃乃命工钞以遗予,极精好,甚愧苟之。③(《翁心存日记》)

同治三年(1864)

十二月初三日　宝生赠余十六金、地图、《经世文编》各一

---

① 《翁心存日记》,第1186页。
② 《翁心存日记》,第1709页。
③ 《翁心存日记》,第661页。

部。(《翁同龢日记》)

　　同治九年(1870)
　　二月廿八日　宝生赠李元度所辑《先正事略》六十卷,中有先公列传,盖采行述辑入,稍易数字。①(《翁同龢日记》)

　　按,宝生即庞钟璐,庞昆圃弟,常熟人,道光进士。历官侍讲学士、光禄寺卿、内阁学士、署工部侍郎。
　　从上述六组日记可以发现,这些人或同为父子,或同为兄弟,且与翁心存、翁同龢两代之间基本均有交往,翁氏父子与这类人群之间呈现出一种"世交"的关系,而这种关系单从书籍的角度而言又都有文化上的往来,这不能不说是一个很特别的现象。从身份上来说,这类"父子"或"兄弟"基本都曾在科举中取得一定功名,并且皆在朝廷或者地方担任官职,而这正与翁心存、翁同龢父子之间在某种程度上实现了地位上的一种对等;从文化上来说,祁寯藻、潘祖荫、孙诒让、钱泳、谭莹、庞钟璐等在藏书、金石、碑帖、著述上均是知名人物,而翁同龢在许多方面也同样可与他们比肩。
　　与此相反的是,《管庭芬日记》《黄金台日记》中呈现出来的则是碎片化的赠送和交往。黄金台的活动推力大都因考试谋生或结交同道展开,其足迹遍布各地,书籍往来人员繁杂。管庭芬虽有与周勋懋、周谦谷父子二人书籍往来的案例,但因周谦谷在父辞世后破败家风而最后与之终止往来。管、黄二人的书籍互动均未像翁氏父子那样呈现出面积较广且持续时间较长的书籍往来现象,这与翁氏及其他人员更具生命力的"家族性"是分不开的。
　　清代家族林立、数量甚夥,从大量的修族谱、设义田、刊刻先人著述等活动可以看出,家族观念相比之前任何一个时代都更受到重视,

---

　　①　《翁同龢日记》,第362、758页。

因而现在可以看到洋洋洒洒、卷帙浩繁的清代家集。除了家族内部的凝结，家族与家族之间常常也通过姻亲搭建更为广阔的联系，"婚姻作为一种文化生成机制，其中有文化的持守与传承，更有文化的积累与创新"，[①]因此这种姻亲构建在清代的文学世家中十分普遍。

以祁寯藻、潘祖荫为代表的家族因其政治地位的影响在晚清声名甚大，即使是其他四个家族单从文化上而言也有不俗的业绩，而翁氏家族则更是晚清著名的江南望族，不论是政治还是文化上均有较大的影响力。从几组日记中可以看出，翁氏家族在实现内部驱动前进的同时，与其他家族之间也在不断地发生触碰和联系。仅从几组日记中上下两代人来往的时间间隔来看，十年以上的就有四个家族，家族与家族之间除姻亲关系的血缘凝合外，文化与书籍则作为另一条无形的纽带在更长的时间中传递上一代人的情缘。这种建立在姻亲、文化上的家族关系具有很强的黏合性，而这也是普通个人或者家族无法与之抗衡的。

诚然，作为联结赠书者与受赠者关系之间的书籍在流动过程中发挥了很大的作用。除充当人情成分较浓的"赠品"外，作为礼物的书籍常常也涵纳其他更为丰富的意味。在翁氏父子受赠的书籍名目中，有不少是赠送者自己撰著的书籍，并且在所有的书籍赠送名目中占有很高的比例，如：

> 道光十五年(1835)
> 十一月十二日　诗舲观察以所著诗二帙、《泰山志》、鼻烟见赠。[②]（《翁心存日记》）

按，诗舲即张祥河，嘉庆二十五年(1820)进士。

---

① 徐雁平编著：《清代文学世家姻亲谱系》，凤凰出版社，2010年，第17页。
② 《翁心存日记》，第184页。

道光二十一年（1841）

五月朔　黄琴六以所著《第六弦溪文钞》见赠。①（《翁心存日记》）

按，黄琴六即黄廷鉴。

道光三十年（1850）

二月四日　定邸以所著《行有恒堂初集》二册、《九秋新咏》一册见贻。②（《翁心存日记》）

按，定邸即载铨。

同治五年（1866）

四月初六日　许海秋宗衡以所著古文刊本赠，后数卷尚可。③（《翁同龢日记》）

按，许宗衡，上元人，咸丰二年（1852）进士。

同治十年（1871）

四月初四日　熊镜心以所著古文及诗见赠。此人为先公所取士，爱其博而深斥其妄，今六十余矣，忽来应试，所著大约似子书，释经最荒谬。（《翁同龢日记》）

---

①　《翁心存日记》，第 451 页。

②　《翁心存日记》，第 780—781 页。

③　《翁同龢日记》，第 460 页。

光绪二年(1876)

九月初三日　方子箴前辈来自扬州,送所著《二知轩诗集》及《丛说》及《墨刻》数种。①(《翁同龢日记》)

按,熊镜心,字龙沙,江西人,道光丁酉(十七年,1837)孝廉。方子箴即方濬颐,安徽定远人,道光进士。

光绪十年(1884)

六月廿一日　访左相谈,虽神情不甚清澈,而大致廓然,赠我《盾鼻余渖》,其所撰诗文杂稿也。②(《翁同龢日记》)

按,左相即左宗棠。

光绪十一年(1885)

二月初九日　吴清卿赠高丽土产。书传十本、参二斤、笺一捆、扇六柄,又所著《说文古籀补》,极精妙。③(《翁同龢日记》)

按,吴清卿即吴大澂,同治七年(1868)进士。

光绪二十二年(1896)

三月廿八日　曾孟璞以所著《补汉书艺文志考》十卷见赠,此子年才廿五,而著书博赡,异才也。(《翁同龢日记》)

九月廿六日　归后黄公度来。遵宪,以所撰《日本志》见赠,余

---

① 《翁同龢日记》,第 848、1238 页。
② 《翁同龢日记》,第 1852 页。
③ 《翁同龢日记》,第 1915 页。

物却之。① （《翁同龢日记》）

　　所列《翁心存日记》中，张祥河与翁心存一同在朝为官，载铨则为满族皇室，黄廷鉴虽只是诸生身份，但是资历不低，且为著名校勘家、藏书家，三人所赠书籍皆为自己撰述的诗文集。《翁同龢日记》中，许宗衡、方子箴皆为进士出身，在辈分上皆早于翁同龢。左宗棠、吴大澂、曾朴、黄遵宪则为政治家或学者，所赠书籍或是自己的诗文集，或是学术性著作。可以看出，翁氏父子受赠的一个共同点为赠书人物多有一定的地位和影响，并且翁同龢在受赠之后常常会对赠书人的作品做一番简短的品评。

　　明末福建藏书家徐𤊹谈及给官员赠书这一行为时曾说："今世以书为羔雁，连篇累牍赠送贵人，贵人全不知惜，膏蚁饲鼠。"②虽然时代不同没有横向的可比性，但似乎并不能这样一概而论。由上也可看出，具有一定身份地位的人在向翁氏父子赠送自己的诗文集或学术著作时，其目的主要是通过自己的著述进行文化层面上的交流，形成一个所谓的"文化圈子"，而非如门生谒问者赠送自己的撰述以期获得见重。《黄金台日记》中黄氏曾多次刊刻自己的诗文集并四处投赠，希望以此获得认可。由此或许可以看出，不同层级的书籍往来使这种作为"礼物"的书籍附着了一种较为功利的意味，而似乎只是在同一或者较为接近的层级中，诗文著述的往来才能更好地实现单纯的文化层面交流的目的。

　　除以上或功利或文化层面上的书籍赠送外，翁氏日记中还有一种既有"功利目的"也有文化交流意义的赠书形式，即赠送先辈祖上的著述：

---

① 　《翁同龢日记》，第 2898、2947 页。
② 　徐𤊹：《徐氏笔精》卷六《秘书》，《四库全书》本。

道光二十一年(1841)

八月廿五日　巳刻琴六、八兼来,饭而去,琴六以新刊所著《第六弦溪诗钞》及其祖汉升翁《寄庐遗辞》、尊人牧村先生《籁鸣诗钞》见赠。① (《翁心存日记》)

按,牧村为黄叔灿,常熟人。

道光二十五年(1845)

十月二日　杨芸士以其高祖𦤴西少司马雍建。《黄门奏疏》二册、《抚黔奏疏》八册见赠。② (《翁心存日记》)

按,杨芸士即杨文荪。

道光三十年(1850)

十二月九日　得梁吉甫书并新刊其尊人《三国志旁证》[三]十卷、《年谱》一帙。(《翁心存日记》)

咸丰七年(1857)

十月廿九日　朱伯韩赠所刊诗集怡志斋。二册。蔡生曜孙。自浙来,以其族祖大敬名士京,字大敬,明季诸生。《谦斋先生诗文集》十册见赠。予尚未回也。③ (《翁心存日记》)

同治七年(1868)

三月廿一日　钱绥卿以先祖手评《李义山诗集》见贻,云兵

---

① 《翁心存日记》,第473页。
② 《翁心存日记》,第584页。
③ 《翁心存日记》,第837、1275页。

燹后得之梅里,为之感涕。(《翁同龢日记》)

　　同治十年(1871)
　　二月初四日　得孙琴西书,并寄其族祖《礼记集说》一部。
(《翁同龢日记》)

　　光绪二十一年(1895)
　　七月初十日　陈兰甫之子拔优贡,宗侃,以兰浦《东塾读书
记》及《前后汉纪》赠。[①] (《翁同龢日记》)

　　赠书之人之前大都已反复出现过,可以说都是翁氏父子较为熟悉的
人,而所赠书籍如《三国志旁证》《东塾读书记》等已属于学术价值含
量较高的作品。清代家族意识浓厚,赠送先人著述一方面可以加强
文化意义上的往来,另一方面也可以更好地阐扬先辈之名,并展示家
学渊源。而且这种刊刻自家家集并赠送他人的方式在清代文人往来
的活动中十分普遍。可以说,这种赠书方式是最富有"人情味"与"文
化味"的书籍往来方式。所以,此类赠书形式"其主要用意不在销售
获利,而是在保存文献,阐扬先德"。[②]
　　除了以上几种赠书形式以外,还有其他诸如赠送新刊晚近人著
述,赠送与科举相关的制义、试帖等书籍往来形式,从中也可看出翁
氏父子受赠书籍的丰富性和多样性。
　　以上主要以"赠书"这一主题为中心,将书籍置于礼物流转的过
程之中,从赠书者、受赠者、赠书者与受赠者之间的关系以及所赠书
籍等几个方面探讨翁氏日记中"赠书"行为的内涵与意义,这一活动
的特征如下:

---

① 　《翁同龢日记》,第 597、834、2036 页。
② 　徐雁平:《用书籍编织世界——〈黄金台日记〉研究》,第 135 页。

其一,从受赠与回赠的次数来说,《翁心存日记》《翁同龢日记》呈现出来的往来情况为受赠次数远大于其回赠次数。造成两种日记中都出现这一现象的原因,或与翁氏父子记录日记的习惯法则有关,或因翁氏父子高居庙堂的地位使得受赠远大于回赠,这种情况与《管庭芬日记》《黄金台日记》中赠书往来较为均衡的状态大不相同;

其二,从赠书者来说,人员有同僚、同乡、友朋、门生等,关系间有交错。其中门生后学及谒问者向翁氏赠书或为表达感恩,或为期望见重,具有较浓的功利色彩。另外在日记中又呈现出翁氏父子与其他多个家族通过赠书活动建立世交关系的情况,这种往来在时间上具有较长的持续性,并多发生于著姓望族之间,与《管庭芬日记》的碎片化交往以及《黄金台日记》的阙失性记录形成鲜明对比;

其三,从所赠书籍来说,有个人撰述诗文集、先人著述、新刊新刻的他人著述以及与科举相关的制义试帖,种类繁多。就个人著述而言,赠送者多有较高的地位或名声,书籍的赠送侧重于文化层面上的沟通和交流,与《黄金台日记》中为了博得重视认可的行为稍有不同。就先人著述而言,赠书者大都为保存文献,阐扬先德,与《黄金台日记》有共通的情感指向。

从"赠书"这一视角出发,将翁氏父子日记中所代表的上层书籍世界与管、黄二人所代表的中下层书籍相比较,可以看出,翁氏父子的往来人物大都为朝廷官员或学者名流,这一特点与"购书"视野下的往来人物基本相同,管、黄二人则很少能频繁接触到这一层级的人物。管、黄二人所展现的赠书活动更多是一种个人占主体地位的观察性视角,而翁氏父子日记中所呈现出来的则是与之相反的受赠视域。管、黄二人日记中有一定数量的小说、戏曲、传奇等趣味性书籍的往来和流通,而这类作品在翁氏父子为代表的上层书籍世界中则鲜有踪影。因此,从诸多方面而言,在"赠书"这一领域,以翁心存、翁同龢为代表的上层书籍世界与以管庭芬、黄金台为代表的中下层书籍世界之间仍有明显的沟壑与差异。

第三节　经世与谒问——书籍的向上攀爬

以上两部分主要以翁氏父子日记"购书"与"赠书"两个视角描摹了晚清上层书籍世界的局部面貌。事实上,这个世界从来都不是单一的、静止的,而是多元的、流动的。京城的士大夫精英群体并非已经从容占据书籍世界的顶层位置,进一步挖掘翁氏日记,从中又展现出一个更为特别的书籍流动情况,即上、中、下三层书籍世界均向帝王进御书籍的现象。而这种类似"赠书"的行为并不同于之前所论的简单的友朋、门生赠书,而是一种更为费力的向上攀爬。

进献书籍,自古有之。先秦古籍遭秦火后零落殆尽,汉初伏生献书,不少儒家经典因此得以传世。齐梁之际《文心雕龙》书成,刘勰自重其文并希借此书以名世,遂负书干谒于沈约车前,大受休文褒赞。乾隆之时开四库馆,诏天下之遗书,鲍廷博以家藏七百余种进献于上,因而彻于天听。经勘察,翁氏日记中也有不少向朝廷、皇帝进献书籍的行为,并且所献书籍多涉经世之风,即集中体现于对时事的关心,颇有济世之志。现就《翁心存日记》中相关内容列举如下:

咸丰五年(1855)
十一月三十日　山西举人权以巽进《治安方略》二本,有旨嘉其援古证今,留心时务,令不必递籍,留京候试,勉图上进。(《翁心存日记》)

咸丰六年(1856)
七月廿三日　陕西举人权以巽进《治安方略续册》,得旨即饬令回籍,不得在京逗留。(《翁心存日记》)

咸丰八年(1858)

十二月二日　巳刻出城拜祁淳甫相国,须臾陈子鹤亦至,言今日代何秋涛呈递《北徼汇编》五十卷稿本,命缮录进呈也。(《翁心存日记》)

咸丰九年(1859)

十二月四日　江苏文童呈递所撰兵书,名《如意草[谈]》,命解回原籍严行管束。(《翁心存日记》)

咸丰十年(1860)

正月廿四日　何秋涛所进书八十卷。赐名《朔方备乘》,补缺后以员外郎升用,在懋勤殿行走,毋庸常川入直。(《翁心存日记》)

二月十一日　又奏山东监生谭维清以《地城图一说》书进呈,交僧格林沁阅看,酌量办理。① (《翁心存日记》)

以上摘录的日记内容共提及四人:权以巽、何秋涛、江苏文童、山东监生。权以巽为陕西举人,其在 1855—1856 年两年之内连续向朝廷上书两种:《治安方略》及《治安方略续册》,从书名可知为有关时务之书,然而朝廷对他的态度却前后反差较大。第一次为"勉图上进",第二次则直接驱遣回籍。从日记中来看,朝廷对士子留心时务的行为总体是持嘉奖鼓励的态度,但是"令不必递籍""饬令回籍"的命令似乎又十分矜慎。然而,这并没有阻止权以巽的献书活动,据《清实录》同治元年(1862)四月中记载:"至权以巽《保关陕说》,是否洞中机宜,即著就现在军务地方情形妥为筹画,所呈《保关陕说》,并著钞给阅看,将此

① 《翁心存日记》,第 1076、1145、1379—1380、1480、1491、1495 页。

由六百里各谕令知之。"①《翁同龢日记》中也在这一年中提及权以巽：

> 同治元年（1862）
> 三月初三日　得倪豹岑书，荐陕西蒲城孝廉权以巽，号庚堂。谓有奇才，年将七十矣。②（《翁同龢日记》）

六年之后，权以巽依然坚持不懈地向朝廷献书，但朝廷在持鼓励态度的同时又较为审慎。从《翁同龢日记》可以看出，权以巽为了向朝廷展示自己的能力托人进荐于翁氏，而此年权以巽已是年近七十的苍苍老者。虽然朝廷并未将其留京重用，但对于一个行将暮年的老人来说，排除部分他希望以此见重朝廷、建立功名的目的以外，面对当时遭受两次鸦片战争而受到的家国屈辱，或许更多的是出于一种儒家兼济天下的情怀。

相较之下，何秋涛则似乎幸运得多，何氏为道光年间进士，同权以巽一样，何秋涛面对的也是一个内忧外患日渐加深的时代。他关心政治问题，忧虑中国边疆的安危，关注边疆历史地理的研究，经过多年搜集资料，研究整理，从而撰写出《北徼汇编》一书。此书记述了中国自汉、晋至清道光年间蒙古、新疆和东北地区的历史、地理，为近代研究中俄关系的第一部专著，后增补至八十卷再次进呈，咸丰帝御览之后赐名《朔方备乘》，即何氏第二次所献之书。何秋涛虽于此次献书得获员外郎之职，然而从此书成书续补的过程以及书籍本身所包含的学术价值中来看，可以肯定的是如权以巽一般，何秋涛献书之意更多的是出于一种较为纯粹的经邦济世之心。

权以巽与何秋涛，一为举人，一为进士，在科场上均有一定功名。

---

①　（清）宝鋆修：《穆宗毅皇帝实录》卷二五，见《清实录》第 45 册，中华书局，2008 年，第 48523 页。

②　《翁同龢日记》，第 189 页。

相比之下，"文童"和"监生"从科名上来说相对较低。有关江苏文童进书一事，据《清实录》咸丰九年（1859）十二月上记载："乙亥，谕内阁都察院奏，江苏文童刘珠，呈递所撰兵书，名《如意草谈》，求为转奏，所递兵书，虽查无违悖字句，究属不安本分。刘珠著解回原籍，交地方官严加管束，毋许在外滋事。"①所记较翁氏日记更为详细，文童为科举中童生的别称，即应秀才考试的士子，身份较低，从《清实录》中可以看出，朝廷会对士子所献书籍进行严格审查，但刘珠书中并无所谓的违禁字眼，官方却仍以"在外滋事"之名将其遣回，措辞相比权以巽要严厉得多。至于刘珠究竟如何"不安分"已不可考，然而似乎可以肯定的一点是，作为只是"文童"身份的刘珠并没有任何发言权。谭维清则为一名监生，所呈之书与前三种均为时务相关之书，据咸丰十年（1860）三月十一日《钦差大臣僧格林沁等奏严防海口酌量布置情形折》记载：

> 都察院山东监生谭维清，以《地城图说》等因。钦此。奴才详加批阅，各项《地城图说》，尚属详细，所论不为无见。至大沽海岸土薄地湿，潮水长落无常，能否按照图说制造，应令谭维清酌量试办。②

相比刘珠而言，谭维清则获得了官方上的某种认可，不过"酌量试办"的口吻多少还是趋于持重。若以科名高低对以上四人排序，何秋涛为最高，而刘珠最低，单以这两个端点来论，其结果一为获皇帝亲览并赐名留职，另一个则被重重审查并饬令回籍，二者之间可谓天壤。

---

①　（清）贾桢修：《文宗显皇帝实录》卷三〇二，见《清实录》第44册，第46979页。

②　齐思和编：《中国近代史资料丛刊　第二次鸦片战争四》，上海人民出版社，1978年，第325页。

其中或许有书籍优劣高下的判别,但是身份地位的差异似乎也成为一个难以逾越的因素。

《翁同龢日记》中也有相关献书的案例,由此可以看出当时经世之风的盛行固然与时代环境动荡以及学术风气的转型有关,但是不论身份贵贱,天下士子表现出的主动关心时务和社稷安危的情感指向都是一致的。除经世之书外,《日记》中还有一些由翁同龢等朝廷高官亲自代为向上进书的记录,这种进御不同于之前所论的普通赠书,翁氏等人只是书籍的"中转者",最终的"受赠者"则直接指向至高无上的帝王。这种现象可称之为"书籍的顶层攀爬",现举《翁同龢日记》内容如下:

> 光绪七年(1881)
> 正月初九日　是日与伯寅联衔奏进陈奂《毛诗传疏》,奉旨发南书房阅看。①(《翁同龢日记》)

陈奂(1786—1863),江苏长洲(今苏州)人,清代著名经学家。众所周知,陈奂《毛诗传疏》为清代诗经学重要著作,但陈奂在成书之后是如何将其刊刻出版、印行于世并为世人所重,书籍的再生产如何发生运作,背后具体过程则一般鲜为人知。

艾尔曼曾说:"清代考据学者刊印的专著,只有学术价值,没有商业效益,因此,学者如果没有赞助者提供完成著述所必需的雇请抄手及刊印的费用,就只能自己支付出版开支。大卫·尼维森指出,每个学者都有一位财力雄厚、忠实可靠的赞助者。反之,学者到全国各地漫游寻找赞助时,必须具备完成其学术研究的专业知识,也必须随时准备校勘京籍,收集地方史志材料,校勘经史典籍中的错讹之处。而这种学术体制也为考据学者创造了相互交流、查阅善本文献、参与重

---

① 《翁同龢日记》,第 1539 页。

要课题的机会。还需要指出的是,赞助者同学者一样,为谋求、赢得社会声望而展开竞争。"①可见,书籍若想获得顺利出版必然离不开赞助者在费用上的支持。

据柳向春《陈奂交游研究》所述:"陈奂以一介青衿,家无余储,刊此巨著实非力所能及,故必须寻求赞助,以助成其事。"②如其所言,刊印书籍需要耗费较大的人力财力,仅凭陈奂一人之力来完成如此沉重的刊印任务并非易事。因此他后来陆续受到来自王引之、汪喜孙、杨以增、李璋煜、许梿、刘耀椿等四方友朋的资助,此书才得以顺利出版。

但是,书籍的再生产并非就此止步,清代《诗经》学著作繁盛,陈奂之书何以于百家之中脱颖而出并大噪于世,其中固然离不开著作本身较高的学术价值,另外也不能不谈翁同龢等人的"伯乐"之举。关于陈氏此书,《翁同龢日记》中最早于同治三年(1864)七月廿八日提及:

> 　　晴,午风,阴,轻云微雨,飒然之气从西来矣。请李若农来治疾。访董研秋,遂偕到厂,有用西法摄人影于镜者,余不往。得陈硕父《毛诗疏》。杨岳斌、沈葆桢报克服崇仁、东乡、宜黄等县。得三兄二十日书,次日启行。③(《翁同龢日记》)

可知,翁同龢在进御书籍的十八年以前已于琉璃厂购得此书,十八年中,翁同龢间读《毛诗》,当对此书已有深味。据光绪七年(1881)正月初九日《进呈陈奂〈毛诗传疏〉折》:

---

　　①　(美)艾尔曼著,赵刚译:《从理学到朴学——中华帝国晚期思想与社会变化面面观》,江苏人民出版社,1997年,第79页。

　　②　柳向春著:《陈奂交游研究》,华东师范大学出版社,2010年,第146页。

　　③　《翁同龢日记》,第342页。

　　臣潘祖荫、臣翁同龢跪奏,为呈进《毛诗传疏》,恭折仰祈圣鉴事。

　　窃前咸丰辛亥科孝廉方正陈奂,系江苏苏州府长洲县附贡生,少习经训,研经儒术,中年绝意进取,专心考证。因见《毛诗》一经,毛亨作诂训传,郑康成作笺,孔颖达作正义,宗郑驳毛,名为《毛诗》,实非毛亨。且毛亨系六国时人,郑康成生东汉之季,毛在郑前数百十年。六国时去孔子未远,传中训诂与《尔雅》相表里。该贡生博考儒先之说,旁搜曲证,专力研求历三十载,于道光间成《毛诗传疏》一书。臣等籍隶苏州,凤钦该贡生品学兼励,其著述实足以阐发经义,垂示来兹。用是缮写成函,恭呈一览,仰副圣世右文之意,伏乞皇太后、皇上圣鉴。谨奏。①

翁、潘二人联名向太后、皇帝简单介绍了陈奂一生及于此书所费之功,并对陈奂《毛诗传疏》极为推重,除了对陈氏本人学力的赏识之外,如折中所述,陈奂与翁同龢、潘祖荫均为苏州府籍,乡贤和地域的观念似乎同样发挥了较大作用。事实上,在翁、潘二人进呈御览之前,已有人同作进御之举,如咸丰元年(1851)陈庆镛致陈奂函札:“尊著《毛诗》,阐发西汉微言,恭录进呈,诚为艺林盛事。敝同乡有林孝廉昌彝,著《礼说》百余卷,在京雇人缮写,思亦欲呈进,但亦未悉能完否。”②可知早在翁、潘之前陈奂已有进御之意,但时隔三十年后,陈奂早已作古,经翁、潘推荐才得以成功晋上。光绪帝对此回复十分积极,徐子静仿仿写覆刻翻雕的《毛诗传疏》后附有光绪的上谕:“光绪七年正月初十日上谕,前据潘祖荫、翁同龢呈进故孝廉方正、江苏贡生

---

　　①　(清)翁同龢著,谢俊美编:《翁同龢集》,中华书局,2005年,第21—22页。

　　②　陈奂辑:《流翰仰瞻》,转引自王欣夫撰,鲍正鹄、徐鹏整理:《蛾术轩箧存善本书录》,上海古籍出版社,2002年,第601页。

陈奂所著《毛诗传疏》一书,当交南书房翰林阅看,据称陈奂于嘉庆、道光年间积三十年之功,乃成此书,笃守毛氏,专力研求,无过之者。该贡生研精诗学,于毛亨诂训颇能阐发,洵属有裨经义。所进之书,即著留览。钦此。"①陈氏此书于道光二十六年(1846)已有刻本,但经翁、潘力荐,光绪首肯之后,此书刊行版本骤然增多,如光绪九年(1883)覆刻翻雕本、光绪十年(1884)点石斋印本、光绪十四年(1888)《皇清经解续编》汇刻本。书籍大量刊印出版带来的是更为广泛地传播和流通,可以说,陈奂《毛诗传疏》得以名世,光绪的上谕起到很大的推动作用。

如上所论,陈奂《毛诗传疏》从初刻时的稀落到时隔三十多年后的不断增刻,这种现象是一种非常典型的书籍实现自下向上攀爬并且成功的案例。尽管《传疏》一书具有非常高的学术价值,但若不是通过翁同龢、潘祖荫借力攀爬,是很难进入到顶层帝王的视野里。当然这一案例的成功也离不开陈氏此书与当时学术风气的契合。

翁、潘二人进呈陈奂《传疏》时,陈奂早已作古了十八年之久,因此这种进御是书籍作者本人并不在场的进御。但据陈庆镛与陈奂的往来信函来看,陈奂本人是有进上之意的,只是自己力量有限,未能成功。尽管本人并不在场,但是最后得到翁同龢、潘祖荫赏识并联名奏上,终究是一种略显"幸运"的成功。当然,其他与翁同龢同时代的人也一样希望借助翁氏本人的力量实现书籍的进御,这些信息同样在日记中有所记录:

光绪十二年(1886)
正月三十日　孙燮臣来,以进书折畀余,明日以端木子畴所辑《读史法戒录》两册一函交笔帖式定彬随折同递,余与两孙公

---

① 转引自魏博方:《〈诗毛氏传疏〉版本源流考》,《文教资料》2016 年第 21 期,第 2 页。

连衔奏进也。(《翁同龢日记》)

　　二月初八日　端木子畴来，以《读史法戒录》副本付之。(《翁同龢日记》)

　　光绪十九年(1893)

　　二月初六日　陈吉祐世兄常贤,伯双之子,年二十二。来见,对之凄然,以伯双《知非斋易注》属遇便进御,余悯其诚,且此书专重九五一爻,意立扶阳抑阴,不悖宋儒之说,允为进呈乙览。① (《翁同龢日记》)

端木子畴即端木埰(1816—1892),江苏江宁(今南京)人。据载,同治元年(1862)时,即以《经史粹言》进呈,光绪十二年(1886)由翁同龢代荐后,被留览,后充会典馆总纂,升侍读。伯双即陈懋侯(1837—1892),福建福州人,光绪二年(1876)进士,据生卒来看,翁氏记录时应已去世,其书由陈懋侯之子推介。以上两例均为书籍的持有者主动向翁同龢发起谒问以向皇帝进御,第二例尤为明显。其中固然包含有对其父遗著的悯惜之情,但进书者已不满足于第二部分所讨论的赠书止步于翁同龢,而是向更顶层发出试探。

　　以上就"献书"内容为中心,从"经世"与"谒问"两个方面分别探讨了书籍的"进御"和"攀爬"。一方面,在当时内忧外患、山河飘零的景况下,以权以巽、何秋涛为代表的儒家士子以个人著述进献朝廷希望有裨于时世,表现出强烈的经世致用之心。但因身份的不同,诸如刘珠、谭维清等地位较低的士子在进御之前均遭遇重重屏障,几乎没有机会直达天听,且朝廷对时务之书的进献态度暧昧、有所保留。另一方面,如陈奂《毛诗传疏》经翁同龢为代表的朝廷高官进御之后,直接由皇帝披览,并实现书籍由下而上的顶层攀爬。而这

---

　　①　《翁同龢日记》,第 1996—1997、1998、2589 页。

种成功的案例也不断为后来人如端木埰、陈懋侯子效法,他们不仅希望见重于人,更渴望见重于世,由此形成晚清上层书籍世界被中下层书籍积极介入的局面。但是,在这两个世界的边缘地带,具有政治权力的精英士大夫阶层充当着实现这种攀爬可能的重要角色。

结　语

　　本章以《翁心存日记》《翁同龢日记》为主要文献,以"购书""赠书""献书"为视域角度,分别从不同方面描摹了晚清上层书籍世界的规模面貌。一方面从日记中深入挖掘上层书籍的种种特征,另一方面又与以《管庭芬日记》《黄金台日记》为代表的中下层书籍世界相互对比寻找区隔,从而显现出两个世界的不同风貌。虽然探讨的是书籍,但是小小的书籍却将帝王、士大夫、士子、书估、平民等众多角色联结起来。书籍世界的背后是一段厚重的历史和尘封的时代,研究者所要做的,便是透过时人写下的日记,以他们的视角来重新感受、描摹、研究、发现这个或许并不为学者真正熟悉了解的社会和时代。当然,翁氏父子二人的日记并不足以囊括整个世界,还需要更多相关的日记文献作为补充才能将这个世界拼接完整。但有一点无疑的是,政治权力的差异是书籍世界的上层乃至顶层与中下层之间难以弥合的裂带。

第三章 诗书继世长：翁氏日记中的家族世界

上一章利用翁心存、翁同龢日记等材料，以宏观的角度描摹和勾勒了晚清"上层书籍世界"的面貌特征。本章将继续利用翁氏日记，以书籍史为视角，用一种具体而微的眼光来观照翁氏家族的内部世界。

前文已提及，翁氏家族作为江南乃至晚清重要的家族之一，有其不可磨灭的历史文化价值。有关家族的传承与流衍，已有较多论著对此探讨，且方法不一。较经典的如潘光旦《明清两代嘉兴的望族》利用谱牒等资料研究家族人才的形成机制。此外徐雁平《清代文学世家姻亲谱系》以清人传记资料为基础，揭示清代文学世家之间的嫁娶关系，并由此显现家族在文学领域共时性的交流和历史性的传承，与潘光旦的研究方法形成一种呼应和扩展。而日记作为当事人的记录，相比其他文献而言更具主体性和直观性视角。以日记掘发家族的运转机制进而展现其内部世界面貌，也未尝不可成为家族研究的路径和方法。

翁氏日记所反映的书籍信息不仅可以描摹出一个庞大的晚清上层书籍世界的轮廓，同样也在其家族内部世界中自具一格，并且散发和映射出其他相关研究信息。翁氏家族作为江南文化世家，藏书甚夥，其中有不少宋元孤本秘笈，文献价值不可估量。翁氏藏书从翁心存开始奠基，历经数代，部分藏书通过后人的捐赠、拍卖等方式多流转至国家图书馆、上海图书馆等地。有关其藏书来源，学界多通过现存图录或题跋进行探求，即使使用日记也基本局限于出版多年的《翁同龢日记》。而《翁心存日记》的整理问世,展现出其家族藏书来源更为丰富的面貌,以及与其他藏书家文化命运的联结。

翁氏家族以诗书传家,作为典型的文化家族与其他世家或有一定的共通特征,但在某些方面也有其自身特点与风格。而以日记材料作为研究的主要媒介,或许可以更为具体地把握一个家族的兴衰传衍。此外,由于政治家的显性身份,翁同龢个人的文学及学术倾向多被遮蔽。事实上,翁氏不仅好藏书,更好读书,从《翁同龢日记》中可以看到桐城派与程朱理学对翁同龢读书生活的介入影响,以及翁同龢对此主动的学习和接受。本章将继续立足翁心存、翁同龢日记,对翁氏家族的内部世界及其他相关问题做一探讨,以期有一个新的认知。

第一节 藏书及聚散

翁氏父子出身江南常熟,此地不仅是鱼米之乡,更是文人渊薮,故藏书家代不乏人。其中赵氏脉望馆、钱氏绛云楼及也是园、毛氏汲古阁、张氏爱日金庐、瞿氏铁琴铜剑楼等皆为世所重。藏书、爱书的传统如一条文化命脉植根于常熟士子的心中,翁氏父子也不例外。翁氏家族的勃兴始于翁心存的显贵,但其始终恪守"富贵不足保,惟诗书忠厚之泽可及于无穷"的祖训,坚守读书人的底色。从上文可以看出,翁氏藏书有不少来源于翁同龢的购买与受赠,但事实上家族藏书的传承系统并非始于翁同龢,而是翁氏家族的奠基者翁心存。①翁同龢在题瞿浚之《虹月归来图》中曾如此追忆:

> 昔我先公好聚书,凡俸入必以购书,甚至摽岁谷以易之,寒

---

① 参看吴建华:《常熟翁氏藏书的源流与文化典籍的保藏》,《苏州大学学报(哲学社会科学版)》2003 年第 3 期。

夜篝灯火,而吾母加钱缉治焉,故吾家图籍虽杂,庋架阁中,自龢视之,较然识为翁氏书也。①

翁心存对书籍的喜爱可谓深切,同时将这种藏书的热情传递给翁同龢,由此在翁同龢心目中留下"翁氏书"的印象。《翁心存日记》中有不少购书信息,翁同龢虽然也在日记中有所记录,却远不及其父记述翔实。翁心存所积累的藏书中,有相当一部分是从其他藏书家处流散出来的书籍,这些书大都为珍本、善本,翁氏本人也都尽力对其搜罗整理,并在日记中对书籍状况做出较为丰实的记录。现简述如下:

(一)陈揆稽瑞楼藏书

陈揆(1780—1825),江苏常熟人,孙原湘撰《稽瑞楼记》:"陈揆,字子准,诸生,购古籍手自校勘,凡邑人著述及文集之有关常邑者,自唐及今,搜罗殆遍,庋诸破山寺之救虎阁。揆《琴川志注》、《续志》世无传,又辑《虞邑遗文录》十卷、《补集》五卷。尝以郦氏《水经注》详北略南,著《六经水道疏》,钩稽精密。"②翁心存与陈揆既是同乡,又素相交好,陈揆殁后,书籍四散,后大都为翁心存搜购。徐珂于《陈子准藏书于稽瑞楼》一文曾提及:"苏州藏书家以常熟为最,常熟有二派,一专收宋椠,始于钱氏绛云楼、毛氏汲古阁,而席玉照殿之。一专收精钞,亦始于毛及钱遵王、陆孟凫。而曹彬侯殿之。乾嘉时,滋兰堂肆主朱白堤及伙钱听默能视装潢线订,即知为某氏所藏本。嘉庆时,陈子准、张金吾并以藏书称,金吾之书及身而散,子准无子,殁后,书亦尽散,翁文端公心存与子准厚,既恤其身后,乃以重值收其藏本,仅

---

① 《翁同龢集》,第 962 页。

② 转引自范凤书著:《中国著名藏书家与藏书楼》,大象出版社,2013 年,第 215 页。

得三四,散失者已不少矣。子准,名揆,常熟人,藏书之处曰稽瑞楼。"①嘉庆年间常熟两大藏书家毕生所藏书籍均无缘长久保存,陈揆之书因无人保管而四处散落,翁心存以重价购买并较为完整地保存了稽瑞楼的部分藏书。这一信息虽散见他处,但在日记中却有较为完整的脉络呈现:

道光五年(1825)

六月廿六日　顾升以大兄书至,以余出都时有关防严密语故也。书中知陈子准于初三日殁矣,为之陨涕,因令顾升随船至苏,胡栋之弟胡林亦来,亦令其随至苏。(《翁心存日记》)

道光二十一年(1841)

七月廿八日　陈子准之嗣子福同以子准遗书数种见示,《稽瑞楼文草》一册、《书目》三册、《琴川志注》四册、《补注》一册、《琴川续志》二册、《虞邑遗文录》五册、《选文录补集》五册、《手辑崔舍人奏议》一册、《大痴道人遗集》一册,摘钞经史诸书共十二册,又钞《郑氏联璧集》二卷,未装订。属为编订,眷念平生,为泫然者久之。(《翁心存日记》)

道光二十六年(1846)

闰五月廿八日　午刻孙△△来,为稽瑞楼鬻书事也。昨夜梦子准,岂其灵爽惓惓欲归,得其所耶。(《翁心存日记》)

道光二十八年(1848)

五月十日　校子准《琴川续志》十卷。②(《翁心存日记》)

---

① 徐珂:《陈子准藏书于稽瑞楼》,见徐珂编纂:《清稗类钞·鉴赏类》第三十一册,商务印书馆,1917年,第86—87页。

② 《翁心存日记》,第17、467、629、654页。

从陈揆去世到翁心存受陈揆嗣子托付编订遗书,再到购买稽瑞楼散书,最后校订陈氏遗书,这在翁心存的日记中勾勒出一条较为明晰的线索,由此揭示出陈揆身后书籍至翁心存处的流转情况,记录也更为鲜活。此外,现存于上海图书馆的《丁卯集》即为翁氏藏书之一,书中录有翁心存、翁同龢父子的题跋,进一步阐明了这段宝贵的书缘之事。现整理如下:

> 《丁卯集》二卷,唐许浑撰,宋刻本
>
> 　稽瑞楼藏书,大半已化为云烟。此《丁卯集》及元刻《丽则遗音》,皆子准当日以善价得诸吴门黄氏者,幸未售去。余借观经年,弥深人琴之感,今将入都,聊题数语而归之。贤子孙幸善弆藏,勿遗失也。
>
> 　道光己酉二月初吉,翁心存识。①

许浑,字用晦,江苏丹阳人,唐太和六年(832)进士及第。此本为宋刻孤本,历经明仇英、沈松,清季振宜、宋筠、黄丕烈、陈揆等著名藏书家收藏,书上印章累累,并有历任藏书者的题跋校语。黄丕烈于书后记录道:"《丁卯集》,余旧藏宋刻有义门何先生跋者,已登《百宋一廛赋》中矣。兹本版刻正同,而印较前故楮墨更精,且历为诸名家藏弆,真奇物也。"②版本价值可见一斑。翁心存识语时间为道光己酉年即1849年,距陈揆殁后也已二十年有余。翁氏对此书除感念今昔之

---

①　上海图书馆编:《上海图书馆善本题跋真迹》第十一册,上海辞书出版社,2013年,第235页。

②　《上海图书馆善本题跋真迹》第十一册,第234页。《百宋一廛赋》云:"虽小可观,睦亲之坊。唐求味江山人,幼微咸宜女郎。昭谏甲乙,用晦丁卯。泊朱庆余,一一妍好。"见(清)顾广圻著,王欣夫辑:《顾千里集》卷一《百宋一廛赋》,中华书局,2007年,第15页。

外,更多的是希望子孙后代能妥善保管此书,将这份书谊传递下去。时隔三十二年,翁同龢也在这本书上留下一份记录:

> 《丁卯集》二卷,宋刊精本,黄荛翁旧藏,后归子准陈丈,陈丈藏书,所谓稽瑞楼者也。当是时,吾邑张海鹏、月霄两先生竞以重资购宋元善本。丈家素封与二张埒,一日到吴门,荛翁以此册诧之,时丈新纳姬人,荛翁善谑,力劝以百金携归。盖是姬以丁卯生也,丈亡后书皆散失。先公不忍是书流落入俗子手,遂以原价收得之。辛巳闰七月夜,二鼓捡遗箧,俯仰流涕,搴眼谨记。翁同龢。
>
> 庚寅十二月得见士礼居宋本《鉴诚录》,亦嘉庆庚午年收,欲购不能,因检此册题记。明年三月,遂以三百金易《鉴诚录》于吴门旧家,与此书并藏均斋。同龢记。①

检《翁同龢日记》光绪七年(1881)闰七月十四日:"夜检先人甲匮,因识数语于宋刊《丁卯集》后,恐后人不知也。"②翁同龢在题跋中详细交代了此书的来龙去脉,并饱含深情地将其记录下来。一方面旨在揭示书籍的流转情况,另一方面则更多地蕴含有翁氏父子对此书的护惜之情,而这本书也正是陈揆众多遗书的一个缩影。

(二) 刘喜海藏书

刘喜海(1793—1852),字吉甫,一字燕庭,山东诸城人。清嘉庆二十一年(1816)举人,历官汀州太守,浙江布政使。鲍康《长安获古编·序》称:"刘燕庭先生室无长物,惟手辑金石文字逾五千通。服官中外廿余载,所至不名一钱,而箧中钱币、尊彝载之兼两,盖'博物君

---

① 《上海图书馆善本题跋真迹》第十一册,第 236—237 页。
② 《翁同龢日记》,第 1600 页。

子也'。又题诗赠之:'卅载搜奇书满家,岁来宝刻遍天涯。斜阳古市
无人迹,为读残碑剔藓花。'"①刘喜海出身十分显赫,曾祖父刘统勋
于乾隆时期担任军机大臣、东阁大学士,伯祖父刘墉位至体仁阁大学
士,且声誉极高,父亲刘镮之则官至吏部尚书。事实上,尽管祖辈功
名赫赫,但诸城刘氏家族发展到刘喜海这一代基本已走向衰颓,但他
于金石学、钱币学等领域研究颇深,其本人也好四处搜访奇书,因此
藏书十分丰富。其中不少为罕见孤本,只可惜在其身后藏书几经辗
转,仅部分保存于国图、上图等地,其余则多流散海外或难觅踪迹。②
而刘喜海藏书在翁心存、翁同龢日记中却有不少踪影与记录:

咸丰七年(1857)

九月十三日　巳刻赴桂燕山相国之招,游其萝绿山庄,席设
竹韵斋,铁冶亭先生书。同集者许滇翁、陈子鹤、瑞芝生、杜云巢
也。观所藏书画,一《赵子昂书〈金刚经〉册》,此册予取江右见
之,仲姬制笺,中有"管公楼"三字,相国以六百金得之。一《赵董书兰
亭合璧册》,赵书织成乌丝绢本,是明定武《兰亭》;董书,字较
大,直是自书,非临本也。金陵陆友仁合装成册,陆君为令于
闽,已殉难矣。最著者为《华山碑》,此碑人间凡三本,成哲·亲
王藏者,今归刘燕庭方伯,喜海。方伯殁后,寂不闻矣。(《翁心
存日记》)

咸丰十年(1860)

十一月十三日　三槐堂书肆以书目来求售,索直甚昂,力不
能购也,或择取数种尚可耳,其书皆出刘燕庭家,其郎君将归诸

---

①　转引自《中国著名藏书家与藏书楼》,第 229 页。
②　有关刘喜海藏书情况可见林子惠:《清末藏书家刘喜海》,《山东行政学
院学报》2014 年第 8 期。

城，遂以所藏书贱鬻于书估，止得三百金，可叹也。（《翁心存日记》）

十二月五日　刘氏之书售于三槐堂者予拾其零篇断简，大部之书力不能购也，今日始交割。① （《翁心存日记》）

咸丰十一年（1861）

三月廿一日　三槐堂送来《道乡［集］》四十卷、十六册，明成化六年裔孙邹量刊本，亦刘燕庭家物，惜□损太甚，不可读耳。② （《翁心存日记》）

四月廿五日　三槐堂以《道乡集》装补完竣送来，亦刘燕庭家物。此成化六年裔孙量所刻本也，世间殆罕有矣，可宝，矧予为忠公之后耶。③ （《翁心存日记》）

从日记中大略可以看出刘喜海身后及其藏书流散之凄凉景况。刘喜海之子将其父部分藏书以贱价售于书商，后大都由三槐堂再以高价转售四处，刘氏藏书就此离散。《道乡集》仅为其中一种，但从翁氏评语可看出此书价值不凡，而翁心存限于自身财力只能尽力搜罗散逸之书。翁同龢在其日记中同样也有所记录：

咸丰十年（1860）

十一月十三日　修伯以书目见示，云是燕庭先生家物，书凡数百种，多宋人集并金石、地理等书，索五百金。得书目七十七本于三槐堂书坊，亦刘氏物。（《翁同龢日记》）

十一月十八日　到三槐堂遍观刘燕庭家书籍。（《翁同龢

---

① 《翁心存日记》，第 1265、1569、1573 页。
② 《翁心存日记》，第 1602 页。原文作"咸化"，"咸"字或讹，此处改作"成"。
③ 《翁心存日记》，第 1612 页。

日记》)

咸丰十一年(1861)

二月初九日　三槐堂书贾来,以诗龛所藏抄本宋、元人集五十余种来,亦刘氏物也。皆从《永乐大典》录者,即四库著录本。(《翁同龢日记》)

同治二年(1863)

十月初三日　于隆福寺宝书堂见陈渊《默堂集》、耶律楚材《湛然居士集》,皆旧抄。又《书古文训》八册,有毛子晋、梁蕉林印,题曰宋刊,是书不见四库目录中,纸墨亦不类宋印,疑明初本也。汉镜二、唐镜一,亦刘燕庭家物。[①](《翁同龢日记》)

朱修伯即朱学勤,浙江仁和人,其人雅好藏书,藏书处名为"结一庐",并编有《结一庐书目》。缪荃孙于《结一庐文集序》称:"先生生长杭州,夙闻吴瓶花、孙寿松、汪振绮之遗风,及官京秩,又值徐星伯、韩小亭、彭文勤公,及怡邸之图书散落厂肆,不惜重值购藏,遂为京师收藏一大家。公子子清,尤工搜访,冷摊小市,无往不到,所得益多。"[②]由此可以看出,刘喜海藏书经琉璃厂散落于京城各大藏书家手中,除翁心存、翁同龢父子购买收藏以外,朱学勤也是其中之一。

(三)彭元瑞知圣道斋藏书

彭元瑞(1731—1803),字掌仍,一字辑五,号芸楣,江西南昌人。清乾隆二十二年(1757)进士,改庶吉士,散馆授编修,官至侍讲,擢詹

---

①　《翁同龢日记》,第 86、87、100、296 页。

②　(清)缪荃孙著,张廷银、朱玉麟主编:《缪荃孙全集·诗文一》,凤凰出版社,2014 年,第 359 页。

事府少詹事,值南书房,迁侍郎,历工、户、兵、吏诸部,擢尚书。彭元瑞亦雅好藏书,其藏书处名为"知圣道斋",并编有《知圣道斋书目》。书目自序云:"余捐俸购书,又借抄范氏天一阁、赵氏小山堂、马氏丛书楼、鲍氏知不足斋诸旧本,虽未能备,然颇费心力。它日当结茅数楹其中,与乡人共读之。"①彭氏对其藏书之业的经营可谓用心。彭元瑞藏书大都散归于朱学勤,这在翁氏日记中也有所反映。此外,翁心存、翁同龢日记中同样也记录有购买彭氏藏书的情况:

> 咸丰八年(1858)
> 正月七日 源孙买得《安禄山[事迹]》、《刘豫事迹》、《瓜州毙亮记》、《辛巳泣蕲录》,凡二册,彭文勤家物也。(《翁心存日记》)

> 咸丰十一年(1861)
> 四月十九日 六儿在厂肆得《刘宾客文集》一部二册,毛斧季钞本,南昌彭氏知圣道斋藏本也。(《翁心存日记》)
> 四月廿三日 《益公集》为南昌彭氏彭文勤手校签题,皆文勤手笔。忆前此药房寄来一部,是日金星轺文瑞楼钞本,中有阙佚处,经黄荛翁依汲古阁本钞补者,惜未能以两本互勘也。(《翁心存日记》)
> 五月十三日 六儿到厂肆炳蔚堂取回钞本《周益公集》三十二册,《六十家名贤集》十二册,《方舆纪要》六十四册,彭文勤手校书也,知圣道斋藏书大都经公手自校补,今其后人尚有成进士官郎曹者,而于先世手泽漫不经心,可胜慨叹。(《翁心存日记》)
> 六月四日 修伯得南昌彭氏数种,内惟《皇祐新乐图记》一本、《太平寰宇记》廿六本佳,《侨吴集》六本则予曾经过目者也,

---

① 转引自《中国著名藏书家与藏书楼》,第173页。

又《熊勿轩集》三本,抄手甚潦草。(《翁心存日记》)

八月十日　《圭斋集》彭文勤以院本及大内元板校两过,然阙处颇多,不及三儿寄来钞本,何也。(《翁心存日记》)

同治元年(1862)

正月十日　《宋史记》,明王惟俭损伸。撰,二百五十卷,七十四册,《曝书亭集》云其稿已沉于汴,南昌彭氏有之,阙一百三十六至三十九四卷,又阙一百八十九一卷,有彭文勤朱笔手记。今欲出售,索直颇昂。①(《翁心存日记》)

咸丰十一年(1861)

四月十九日　午后游厂,见《周益公集》并《刘宾客集》《四十名贤小集》,皆彭芸楣家藏本也。(《翁同龢日记》)

四月廿二日　游厂,见彭芸楣藏书数种,皆手校本。芸楣先生读书最勤,凡所藏本无不手加校勘而提其要于卷端,今者散落者甚多矣。(《翁同龢日记》)

五月廿三日　到厂,遇修伯,见宋《史记》抄本,何维撰。亦彭文勤家物也。②(《翁同龢日记》)

由上可以看出,彭元瑞对其藏书均珍爱有加,并多亲自手校,但在其身后却书籍四散,景况凄凉。尽管有子孙后人科举得名或在朝为官,但却对先人藏书手泽"漫不经心",任其零落,令人唏嘘。而散落的彭氏藏书除被朱学勤搜罗以外,同样也被翁氏积极购藏。除此以外,翁氏父子日记中还记录有其他学者名流藏书的流散情况,如李兆洛藏书:

---

① 《翁心存日记》,第1292—1293、1610、1611、1617、1623、1640、1695页。
② 《翁同龢日记》,第114、115、120页。

道光二十五年(1845)

十一月十四日　湖州书估赵姓来,买得闽本《易经》、明南监板初印《隋书》、明修元板《新唐书》、钞本《酌中志》、《明诗综》、《带经堂集》、《重刻玉海》各数种,又有旧钞本《野获编》一部,杂钞各种十册,龙衮《江南野史》二册、重雕定本《鉴诫录》二册、《庶斋老学丛谈》二册、吴人陆辅之友仁《吴中旧事》一册、秣陵盛时泰《玄牍纪》二册、《严分宜清玩籍》一册。皆李申耆先生家藏本。中如《江南野史》、《鉴诫录》、《老学丛谈》皆与知不足斋所刊小异,《分宜清玩籍》与《冰山录》小异,以索值太昂,还之。① (《翁心存日记》)

李兆洛(1768—1841),字申耆,江苏阳湖人。李兆洛在担任暨阳书院教席期间,藏书甚多。② 而李氏身后不过四年光阴,书籍已散至书估手中,可见藏书之难、流散之快。翁心存则视自身财力,尽可能搜购了李兆洛的部分藏书。还有关于耆英藏书的记录:

咸丰十年(1860)

十二月三十日　尊古斋送《阁帖》残本二册、《大观帖》十册来,皆耆相家物。(《翁同龢日记》)

咸丰十一年(1861)

正月十八日　午偕屋庵游厂,携《圣教》《兰亭》各一,范忠贞画壁诗手稿卷归,皆耆相物也。《兰亭》尚佳,然余见休宁汪莲舫、江右曾宾谷家所藏,与此无二,疑赝本也。《圣教》是复刻,成

---

① 《翁心存日记》,第591页。

② 参看曹虹:《清代常州书院与骈文流衍》,《南京大学学报(哲学·人文科学·社会科学)》2009年第5期。徐雁平著:《清代东南书院与学术及文学》,安徽教育出版社,2007年,第122页。

邸跋云："前得伯虎、衡山两跋,今得此翻刻未断本,因并装之。"
唐、文二跋已佚。得《南丰集》《欧阳文忠集》。又见程瑶田手批
前后《汉》。(《翁同龢日记》)

　　三月三十日　于尊古斋见《澄清堂帖》三卷一册、《怀素千
文》一册,皆耆介春所藏也。《澄清堂帖》题签称,海内仅有五卷,所
存三卷乃第一、第三、第四也。皆王右军书,竹纸横纹,淡墨湿拓。然第
四卷最妙,余也平平(实不佳)。此帖即孙退谷《庚子销夏记》所载,前后
诸跋与《销夏记》所载亦同。标题楷书"澄清堂卷一"。《怀素千文》乃《群
玉堂帖》中之一种,标题《群玉堂帖》四字楷书,次行有呈过内门承旨刘咏
之一行,又有□字,似花押,后有明人一跋,款署"时正",又有吴荷屋一
跋,前后印记极多,纸墨却极旧,迥非行世本之狂草可比。①(《翁同龢
日记》)

耆英在被咸丰赐死后,所藏书籍大都散落至琉璃厂,其中部分藏书也
为翁同龢所见或购藏。

　　从以上所举事例不难看出"散书容易藏书难"的景况,藏书家在
世之时艰难聚书,而死后则大都因后世子孙漠不关心先人藏书,从而
导致其四处流散。另有战乱、灾害等不可抗拒的因素也对藏书之事
造成影响,比如翁心存本人就曾感慨道:

　　咸丰十年(1860)
　　十一月廿六日　六儿往吊,复迂道至三槐堂购书,噫,囊无
一钱而欲室有千卷,傎矣,且予曩日殷姜伎俩,积书亦不止五车,
而皆荡为云烟,竟何有哉,饬之。(《翁心存日记》)
　　十二月廿八日　六儿入城辞岁,又从三槐堂携书数种归,
《新安志》余买之,欧公、苏公文集,予乡程公为吉安守时所刊也。

---

　　①　《翁同龢日记》,第 92、95、110—111 页。

成化年间。欧集予旧有之,今留家中,已化劫灰矣。①(《翁心存
日记》)

翁氏旧有藏书不少都毁于太平天国战火,这不仅是翁氏一个家族的
书厄,同时也是当时整个江南藏书不幸的缩影。翁氏藏书从翁心存、
翁同书、翁同龢、翁曾文、翁曾源、翁斌孙、翁之廉、翁之熹最后至翁万
戈、翁以钧,历经万难,传递数世,保存了大量的珍贵古籍,相比于陈
揆、刘燕庭、彭元瑞等藏书家来说不能不称之为家族的一大幸事,往
大处而言,同样也是中国古代典籍传承的一大幸事。翁氏家族人才
辈出,代代恪守"富贵不足保,惟诗书忠厚之泽可及于无穷"的祖训。
从世代坚守"翁家书"的角度而言,或许可以更好理解翁氏家族为何
能在晚清以降一直绵延不绝。

第二节　君子之泽,五世"不"斩:读书
作为家族的一种生活方式

　　翁氏家族不仅是著名的藏书世家,更是有名的耕读世家。其
家族成员凭借读书实现举业上的不俗成就,成为家族成功的典型
案例。现位于常熟的翁氏故居彩衣堂前挂有一副对联,上有题字:
"绵世泽莫如为善,振家声还是读书。"这句话诠释出"读书"对于翁
氏家族的文化意义。而类似这样的内容在翁氏父子的记录中也有
体现:

　　咸丰六年(1856)
　　十一月十八日　今日始祀奎星并祀先人,追念祖父贫乏之

---

①　《翁心存日记》,第1571、1578页。

时,不胜呜咽,盈满是惧,训子孙砥行读书。① (《翁心存日记》)

人能捐百万钱嫁女,而不肯捐十万钱教子。宁尽一生之力求利,不肯掇半生之功读书。宁竭财货以媚权贵,不肯舍些微以济贫乏。总未反而思耳。四月初九日,同龢。② (《翁同龢语录》)

"读书"作为一种不可缺失的文化内涵,被融入至翁氏家族的庭训之中。翁心存作为家族的奠基者,为翁氏家族的藏书做出累积性工作。但事实上,翁心存经常也会因为书价过高、囊中羞涩而放弃购书。其本人则会有不少向他人借阅书籍的行为,现列举如下:

道光十八年(1838)
二月五日　向惺庵借《后汉书》读之。(《翁心存日记》)
三月十四日　傍晚向芝农借朱子集读之,得《假山诗》附录于后。(《翁心存日记》)

道光二十年(1840)
三月十二日　阅张子襄文一首,从屈侃甫令嗣祖徐处借得毛本《琴川志》四册,系临陆敕先校本也。(按,后十四日至廿三日皆临校本,《翁心存日记》)
八月九日　借《雪屋孙先生集》于学中门斗处,今日始还之。(《翁心存日记》)

---

① 《翁心存日记》,第1178页。
② 上海图书馆编:《上海图书馆藏翁同龢未刊手稿》,上海科学技术文献出版社,2010年,第646页。

咸丰六年(1856)

四月廿二日　读蔡闻之先生《二希堂集》,日前从敏斋处借来者也。(《翁心存日记》)

咸丰八年(1858)

二月八日　从朱修伯处借得旧钞本《攻愧文集》百二十卷,读之,阙七十七、八、九三卷,聚珍板百十二卷。有翰林院印,盖乾隆时两淮盐政采进本,四库书成后,漏未发还,留传京师者也。有姚公伯昂印。又《蚓窍集》,明初管时敏著,凡二册。亦旧钞本。(《翁心存日记》)

咸丰九年(1859)

十一月十五日　从敏斋处借《阳明集》阅之,康熙年间俞嶙所刊也。(《翁心存日记》)

咸丰十年(1860)

八月十六日　修伯来。从修伯处借得高君骧云所著《养恬斋笔记》一卷,载房山地里风俗颇详备。(《翁心存日记》)

十月廿六日　脊痛不可忍,殆车中颠簸所致也,老病不复成人矣。病中无可消遣,六儿日取法书旧帖供阅,聊以度日,亦不忍诃止也。借白英所藏乾隆内府刻《淳化阁帖》八册阅之。阙七、八两册。(《翁心存日记》)

咸丰十一年(1861)

正月廿九日　借修伯所藏影宋精钞林之奇《拙斋文集》阅之。一函八册,上有翰林□□四库开时,长兴鲍氏所进书也。(《翁心存日记》)

五月廿二日　借潘四农《养一斋诗文集》阅之。四农淮安人,

道光戊子江南解元。(《翁心存日记》)

七月朔　从修伯处假礼邸《啸亭杂录》阅之,中多旧闻掌故,惜未见其文集。[①](《翁心存日记》)

可以看出,翁心存在每个时间段都不同程度地会向他人借阅书籍,且借书对象大都不一,一定程度上也可反映出翁心存本人交游之广泛,或者说有一个共同的"读书圈子"。翁氏与诸多友人在这个"读书圈子"中相互切磋、互相交流。圈中之人也多有一定科名身份,通过书籍的相互借阅流通,既方便了各家藏书的互通有无,又进一步促进了人员之间的往来互动。当然,这只是翁心存或者说翁氏家族读书形式的一种外延。除翁心存以外,其子翁同书也是一位嗜书如命的人。

翁同书(1810—1865),字药房,翁心存第三子,翁同龢长兄。道光二十年(1840)进士,咸丰三年(1853)奉命赴江南佐钦差大臣琦善办理镇压太平天国军事。翁同书本只是一个"饱读经书"的文人学士,却在历史和朝廷的召唤下成为一名大半生颠沛流离、戎马生涯的武人。翁同书在担任军职时,翁心存既感念朝廷的厚恩,同时也担心其子的安危性命。但翁同书虽一直在外带兵打仗,却常常手不释卷,校订并整理了许多经史著作,[②]始终坚持在军营中读书校书:

翁同书《巽斋自订年谱》止于咸丰七年,次年起"军事益棘,无复叙述",后由翁同龢补订。正是在这最为紧张的时段里,翁同书批校起了诸子典籍——咸丰七年闰五月望日至廿三日批

---

① 《翁心存日记》,第 310、318、356、393、1117、1300、1476、1551、1565、1587—1588、1619、1629 页。

② 参看谢俊美著:《翁同书传》,华东师范大学出版社,1998 年,第 8—14 页。

《韩非子》，其间与刘庠论《荀子》，校《荀子》至六月廿五日，十月十一至十四日校《吕氏春秋》，十一月十二日至次年三月重校《韩非子》。三书均藏国家图书馆，存题识及跋语共四十四条，所记咸丰七年事颇可与《年谱》对读，亦有补于咸丰八年未及自记之处。三子多论政论兵之言，翁氏亦题"在兵间久，独喜荀卿之言用兵"。[1]

翁同书在混乱的时局中依然能保持读书的习惯，许多书籍的批校、题跋便是在这段时期完成。此外，翁同书虽寓居军营，但多留意流散书籍的收集，它们大都经过翁同书本人校订之后随家书一同寄往京师，这些典籍也因此得以保存：

咸丰五年（1855）
十二月廿一日　得三儿腊八日朱庄书并昌黎诗选本。（《翁心存日记》）

咸丰六年（1856）
九月十四日　申刻得德滋园都统书，贺三儿升官也，并八月廿八日三儿寄源郎书，及《读史提要录》二册。夏之蓉撰。（《翁心存日记》）
十二月廿二日　三儿寄来叶石君手校宋版《述异记》一册，古香醰馥可爱。（《翁心存日记》）

咸丰七年（1857）
正月廿八日　得三儿十八日蒋王庙书并钞本宋韩驹《陵阳集》一册，竹垞藏本。旧钞元宋无《翠寒集》一册，钱磬室藏本。钞

---

① 冯坤：《翁同书的军中校书日记》，《读书》2017 年第 1 期，第 76 页。

本《吴越备史》二册,江郑堂藏本。影钞《宋宝祐会天历》一册,灯下作书复之,凡五纸。(《翁心存日记》)

闰五月廿八日 得三儿本月十四日书,并《昌黎集》等三部。(《翁心存日记》)

九月十一日 清晨蕴检之送到三儿八月七日家信,系与其两弟者,并黄梨州《今水经》一册,与六儿。元(龚)[董]鼎季亨《史纂通要》二册,与源郎。元吴化龙佰秀《左氏蒙求》一册。与松郎。(《翁心存日记》)

十月廿五日 陆寄庵甥捐从九品,捐省直隶,今分发来京,途过扬州,带到三儿信一函,并《文选举正》二册,寄庵住予城外宅。(《翁心存日记》)

咸丰八年(1858)

四月五日 金眉生都转安清。来京引见,过扬州,携到三儿三月五日书并寄《宋名臣言行录》一部。(《翁心存日记》)

五月二日 三儿寄来《韩子》及《三国志》,皆在军中手自校者也。(《翁心存日记》)

六月三日 德滋园之郎君及折差倭弁来,赍到三儿△月△△日书,并与其弟及覃叔、源孙书。并元板《尔雅》一册,《刘涓子方》等二册,《思适斋集》《词韵》共四种,又得滋园书。薄暮六儿出城去。(《翁心存日记》)

咸丰十年(1860)

五月二十日 辛亥门生安徽丁忧知县禄鸿卿廉。带到三儿四月十七日家书一函,并《宋诗纪诗》十六册。(《翁心存日记》)

五月廿五日 得三儿五月三日书并《屯田奏议稿》。(《翁心存日记》)

同治元年(1862)

四月朔　药房寄我宋椠《礼记》四册，十六卷止，后四卷阙。颇可赏爱。① (《翁心存日记》)

烽火之中，翁同书寄出的每封家书往往都会附上几册书籍，且大都经过自己亲手校订。此外，有些书籍特意嘱托交付给弟、侄，多为鼓励后辈勤勉读书，涵养之心可谓深切。而这些寄送的书籍也大都作为翁氏藏书的一部分，为家族后人世守传承。翁同书作为翁心存的长子，翁同爵、翁同龢的长兄，始终坚持在军营不废书卷，成为继其父翁心存之后又一个读书典型。而翁同龢居住京城时，常携领侄孙后辈共赴厂肆购书，并敦促侄孙辈勤勉用功，也可视为翁同龢对家族后辈的感召影响：

咸丰十年(1860)

十二月初五日　三槐书贾来。偕仲侄到杨梅竹街顶带店观吴荷屋家残书残帖。皆不足观。见宋嘉佑元年八月吴侍御中绶告身一通，绿笺字已蚀尽。得卞氏《惑古堂帖》十册、《二王帖选》一册，皆近时拓本。(《翁同龢日记》)

十二月十一日　与筹侄摹《阁帖》。古迹斋来取《茶录》《姜避碑》，余欲扣留，再与议直。五兄曰：“还之可也。”甚矣！余之褊隘也，遂还之。(《翁同龢日记》)

咸丰十一年(1861)

正月廿七日　午与馨侄游厂，携赵千里立轴。人物分许，楼阁重叠，而笔致生动，上有皇姊珍玩、爱宝、殿宝等印。(《翁同龢日记》)

---

① 《翁心存日记》，第 1081、1159、1187、1198—1199、1240、1265、1274、1313、1320、1327、1526、1528、1720 页。

同治元年(1862)

正月初八日　饭后偕侄辈游厂,于尊古斋见烟客麓台廉州册,极佳。麓台数纸尚疑其伪。(《翁同龢日记》)

正月十四日　午后偕仲侄到厂,购得包刻《鲁公三表》《渤海藏真内褚千文》。(《翁同龢日记》)

同治三年(1864)

十一月朔　饭后偕源侄到厂,得闽板苏批《孟子》甚精,《云麾将军李思训碑》虽不甚旧,拓甚精。(《翁同龢日记》)

同治六年(1867)

正月十四日　与两侄游厂,购石庵册极佳,《礼器碑》稍旧,沈文忠物,即去岁所见,索四金。(《翁同龢日记》)

同治十三年(1874)

四月廿九日　傍晚挈两孙入城,于常卖家得汉铎一,北监板《陈书》四册。(《翁同龢日记》)

光绪七年(1881)

十二月十五日　斌携旧书数种归,灯下赏之,虽倦,犹卅年前意味,此境不多得矣。(《翁同龢日记》)

光绪十年(1884)

正月十五日　捡书殊烦杂,犹胜弄古董也。斌能爱书,当不坠青缃世业矣。夜爆竹甚喧。(《翁同龢日记》)

光绪十七年(1891)

十二月三十日　之善于书肆得徐武子手钞杜诗笺,有姜如

须跋，国初装池，极可爱。年益老而学益荒，内省滋愧。蒙天之
祐，子姓获科目，书香可继，余虽病，尚能就愈，自问无大失德，自
恕耶，实自徼也。除夕人定后记。①（《翁同龢日记》）

翁同龢本人并无子嗣，只有翁曾翰原本为其五兄翁同爵之子，后过嗣
给翁同龢。除翁曾翰以外，以上所录日记中的侄子辈尚有翁曾源、翁
曾桂，侄孙辈的有翁斌孙，此外还有曾孙辈的翁之缮。从翁同龢算
起，家族成员已跨越四代。前文在论述晚清"上层书籍"时已提及，翁
同龢寓居京师期间经常游逛琉璃厂等书肆，其相伴友人大都为当时
朝廷高官或学者名流。事实上，翁同龢在很多情况下也会携领侄子、
侄孙辈一同游厂购书。翁同龢十分雅好金石碑帖、笔墨字画等物，其
本人在这些领域也卓有成就。所选日记中提到不少翁氏与后辈购赏
字画的内容，这种方式既可将自己的兴趣爱好传递给家族后人，引领
晚辈在书籍中发掘自己的兴趣，同时也是一个拓宽后辈视野的较好
机会。

在侄孙辈中，翁同龢则对翁斌孙更为疼爱。翁斌孙，字弢夫，
又称笏斋、寿官，翁曾源子，后嗣翁曾文。光绪三年（1877）进士，督
学直隶。翁斌孙在翁同龢的日记中出现频率较高，且翁同龢晚年
多由其陪伴左右。翁斌孙拔得进士头衔，可谓继承了翁氏家族的
科举荣耀。科名的取得固然离不开本人的努力，更离不开翁同龢
等长辈的提携和督促。在寄给翁斌孙的信函中，翁同龢曾多次对
他进行规诫：

《致翁斌孙函》
光绪二年九月二十六日（1876 年 11 月 11 日）

---

① 《翁同龢日记》，第 89、90、96、180、182、357—358、513、1042、1636、
1804—1805、2496 页。

付斌孙：

　　汝以弱龄即获科第，此皆先世积德，吾文勤兄赍志边徼，汝嗣父早年谢世，其惨痛为何如？汝承祖母训极严，汝嗣母苦节深慈，待汝至厚，而汝本身二亲虽有福慧之称，究不免贫病之苦，汝何人哉？而飞腾如是之速，此后第一去矜字，其次守一静字，□□力行之，方是吾家好子弟，敬之哉！

《致翁斌孙函》
光绪二年十月初四日(1876 年 11 月 19 日)
付斌孙：

　　闻汝中式喜音，即作函寄汝，想不日可到……国恩何以报？祖德何以承？立身为学，何以日进而不坠？轻何以断？矜何以除？病何以除？此皆切近之事，勉之哉！

《致翁斌孙函》
光绪二年十一月二十六日(1877 年 1 月 10 日)
示斌孙：

　　戒饮酒，勿预地方公事，勿骄矜，勿闲游；研经史，习词赋，写大卷，督诸弟力学，勿出外应酬。

《致翁斌孙函》
光绪三年正月十八日(1877 年 3 月 2 日)
斌览：

　　昔寿阳祁相国十三应有司试，名列第一，退而有自得之色，某太夫人涕泣，予杖曰："汝固止于是耶？"相国自是不敢自矜，与人言无一语炫襮，尝亲与文端公述此事，汝其识之。今拟字汝曰"韬夫"，万物以敛藏而始大，且祖训有"武总六韬"之语也，是否如此，记不真。

《致翁斌孙函》

光绪三年十月初四日(1877 年 11 月 8 日)

弢览:

　　□□□□折中三叶,学□□□然经书有益于人如此,凡史事词章及一切闲书断□□□。杂记,止些消闲可也。十月初四日夜。

《致翁斌孙函》

光绪三年十一月初六日(1877 年 12 月 10 日)

付斌孙:

　　到家安好,惟亟用诗赋功,勿学官体,勿问外事,勿以科第自矜,勿谈时事,尽孝友,博经史,至嘱,至嘱。①

在翁斌孙获得科名之前,翁同龢在家书中便多次劝诫侄孙戒骄戒躁、潜研经史,于读书上也多予以一定指导。并屡次从"家族""祖辈"等角度出发,希望翁斌孙不废先人之业,将祖德、祖训传承下去。翁斌孙也算不负所望,因此翁同龢在日记中发出"斌能爱书,当不坠青缃世业矣"的感慨。翁同龢去世后,部分藏书辗转至翁斌孙手中,翁斌孙殁后,其子翁之熹又珍守藏书数十年,后大都捐赠给当时的北京图书馆。此外,日记中还多次提及翁之缮,其为翁奎孙子。从日记来看,尽管翁之缮已是翁同龢的四世孙,但依然很好地传续了翁家的书香绪业,从翁心存至翁之缮,至此已历经整整五代人。

　　以上主要选取翁心存主动借阅书籍、翁同书军中校书及寄书、翁同龢砥砺后辈读书进取三个角度观照了翁氏家族成员读书修业的情况。此外,在日记中同样呈现出家族成员共同读书的场景:

---

① 《翁同龢集》,第 234—235、236、241、247、257—258、258 页。

咸丰十一年(1861)

四月廿一日　借《文文山集》读之。范忠贞《画壁集》遗迹手卷索价甚昂,令筹孙录成一册,原迹蕞残难辨,又令六儿覆勘一过,已竣,忠贞之《画壁集》与文山《正气歌》、吾邑瞿忠宣之《浩气吟》,皆天地间不可磨灭之至文也。① (《翁心存日记》)

光绪九年(1883)

十月十五日　夜与斌孙集汉碑。② (《翁同龢日记》)

第一则材料为翁心存与翁同龢、翁曾翰(即筹孙)共同读书的场景记录。范忠贞即范承谟,清顺治进士,历官浙江巡抚,福津总督。"三藩之乱"中被囚禁,至死坚守臣节,后追赠兵部尚书,谥忠贞。《画壁集》为范承谟狱中所作,后由康熙亲自作序。从日记来看,此书当是经由书商贩售,只是价格过高,翁氏无力购买。这种情况下,翁心存令翁曾翰手录一册,又令翁同龢对录本重新校勘,祖孙三代共治一书,是翁氏日记中少有的家族成员同时同地共同读书的场景记录。第二则是翁同龢与翁斌孙祖孙二人于夜晚共集汉碑的场景,虽仅寥寥数字,但依然可以感受并想象到祖孙两代人的阅读场景与共同志趣。

以上两则均是于同一时空,祖孙两代或三代人共同读书的记录。事实上,经检《中国古籍善本总目》,翁氏家族在世守藏书中均有两人或两人以上在同一书中留下各自笔墨的情况:或是一人校书、一人题跋;或是一人抄书、一人作跋;抑或两人共同于某本书上留下题跋。现择要列举如下:

1.《毛诗要义》二十卷,《谱序要义》一卷,宋魏了翁撰。清

---

① 《翁心存日记》,第 1610—1611 页。

② 《翁同龢日记》,第 1781 页。

道光二十九年翁心存家钞本，清翁心存校并跋，翁同龢、翁曾文校，国家图书馆藏；

2.《三国志》六十五卷，晋陈寿撰，刘宋裴松之注。明崇祯十七年毛氏汲古阁刻本，清翁心存录何焯批校，翁同龢跋，国家图书馆藏；

3.《五国故事》二卷，清光绪翁斌孙抄本，翁斌孙录清鲍廷博校翁同龢跋，国家图书馆藏；

4.《今水经》一卷，清黄宗羲撰。清咸丰十一年翁曾源抄本，清翁同书跋，翁曾源校并跋，常熟市图书馆藏；

5.《隶释》二十七卷，宋洪适撰。明抄本，清吴焯、吴城、翁同书校并跋，翁同龢跋，国家图书馆藏；

6.《南村辍耕录》三十卷，明陶宗仪撰，明玉兰草堂刻本，清李鼎元批点并跋，张穆、翁心存、翁同书、朱学勤跋，国家图书馆藏；

7.《杜诗执鞭录》十七卷，《附录》二卷，明徐澍丕辑，《杜工部年谱》一卷。稿本，明姜垓，清翁同龢、翁之缮跋，南京图书馆藏。①

翁氏藏书作为翁氏家族的"文化资本"，书中集录了从翁心存到翁之缮五代人的笔墨记录。这些"文化资本"并没有伴随家族的更替跌宕而消散零落，相比其他家族书籍四散的景况来讲已是不可多见的现象。进一步言之，家族成员不仅世代恪守"振家声还是读书"的祖训，并且都以自己的方式在书籍中留下笔墨题跋，这种方式既是个人读书的记录，更是对祖父辈砥砺训诫的回应。而这些家族式的笔墨聚集更鲜明地展现出翁氏家族作为一个"共同体"参与读书的现象，成

---

① 翁连溪编校：《中国古籍善本总目》，线装书局，2005年，第50、224、309、525、736、977、1191页。

为清代众多家族绵延传递中独特的历史文化印迹。

第三节　桐城派与翁同龢的阅读

上节以较为宏观的眼光考量翁氏家族共同读书的文化现象,这种读书多是出于群体性的文化自觉和对祖训规诫的遵循恪守,准确说,是一种整体性的具有精神意蕴的"诗书传家"的家族文化行为,至于其具体读书情况、读书内容,有何特殊性,则并未涉及。事实上,经细读日记后发现,翁同龢在其阅读历程中对程朱理学、桐城文章均有较为独特的偏好,并且在某些程度上展现出对二者的尊崇。由于翁氏本人较高的政治地位及政治身份,以及学界对《翁同龢日记》过于偏向历史考古资料的挖掘,翁同龢的文学及学术倾向多被忽略,少有人关注。刘师培曾谈及翁同龢在今文经学上的学术取向:

> 迨潘祖荫、翁同龢、李文田皆通显,乐今文说瑰奇。士之趋附时宜者负策抵掌,或曲词以张其义,而阎运弟子廖平遂用此以颠倒五经矣。又潘、翁之学涉猎书目以博览相高,文田则兼治西北地理,由是逞博之士、说地之书递出而不穷。①

刘师培关注到翁同龢与今文经学之间存在的关联,并且翁氏因自身权位及通显,其个人对今文经学的喜好在一定程度上对晚清士子及学术风向造成一定的波及影响。结合此前所谈及的翁同龢对金石碑帖的喜好以及晚清"金石学"的热潮,翁同龢似乎不仅对晚清历史有直接的涉足,同样也与晚清学术风气存有间接的关联。然而,经过对日记的细读,却无明显证据指向翁同龢与今文经学有所关联,却发现

---

① 刘师培著:《清儒得失论》,见《刘申叔遗书》卷九《左庵外集》,凤凰出版社,1997 年,第 1539 页。

翁氏对程朱理学、桐城文章有一定偏好,不过这一现象几乎较少有人论及,①而这也是翁同龢个人阅读历程中值得关注的一个现象。

桐城派经方苞、刘大櫆、姚鼐经营成为贯穿有清一代的一大古文流派,其内容上以程朱理学为道德核心,文辞上以"清真雅正"为规范,自方苞提出"学行继程朱之后,文章在韩欧之间"的创作理论之后,程朱理学思想与韩欧的文章法度成为后世桐城派作家在文章创作时不得不关心的两大要素,②后刘大櫆、姚鼐等又各有理论学说。此后梅曾亮、方东树、曾国藩、黎庶昌、吴汝纶等中后期桐城派代表相继接踵前人,并随时代环境变化在理论上有所因革。嘉道以后这段时期,是时代环境与思想风尚发生激烈动荡的时期,受经世思潮的冲击,桐城派内部有所调整并在曾国藩的带领下走向"中兴"。③

以上简要概述了桐城派流变及相关文学思想背景,事实上,翁同龢并没有游离于这一场声势浩大的文学主潮,而是直接或间接地参与了桐城文章的影响和接受的潮流,这种参与使翁同龢本人的思想和个性变得更加鲜活而复杂。从日记来看,翁同龢对唐宋八大家及桐城文章的阅读、归有光及方苞的评点过录,还有对程朱理学及阳明学的服膺信奉,几乎贯穿于翁同龢几十年的日记记录之中。首先是对程朱理学以及阳明学等内容的阅读:

---

① 戚学民于《翁同龢的学术宗主与交游兼论其对晚清学术的影响》一文中曾谈及翁同龢学术背景中的桐城因素,但只是偶尔论及,并未深入展开,且全文基本围绕于翁氏对阳明学的偏好及其对晚清阳明学影响的论述。参见戚学民:《翁同龢的学术宗主与交游兼论其对晚清学术的影响》,《近代史学刊》2013年第 10 辑。

② 王气中:《桐城派文风探源——兼论它流行长远的原因》,《江淮论坛》1995 年第 6 期。

③ 曾光光著:《桐城派与晚清文化》,黄山书社,2011 年,第 80—93 页。

咸丰十年(1860)

三月廿一日　读阳明《传习录》。(《翁同龢日记》)

三月廿二日　夜读孙夏峰语录。(《翁同龢日记》)

三月廿三日　读夏峰集,夏峰之学本于阳明,而不及阳明之精萃。(《翁同龢日记》)

三月廿七日　读《薛文清公读书录》。①(《翁同龢日记》)

按,孙夏峰即孙奇逢,明清之际直隶容城人。初宗陆九渊、王守仁,晚倾慕朱熹理学。薛文清即薛瑄,明前期理学家,北方朱学大宗。

同治元年(1862)

七月初七日　随到厂,寻《二程遗书》不可得。(《翁同龢日记》)

同治二年(1863)

六月廿七日　夜读《潜庵先生集》。②(《翁同龢日记》)

按,潜庵先生即汤斌,从学孙奇逢,清代理学名臣。著《洛学编》《汤子遗书》等。

同治三年(1864)

正月元日　读《陆象山集》、耿天台明嘉靖时人。《学案要语》。(《翁同龢日记》)

四月廿九日　读《李二曲集录要》。(《翁同龢日记》)

---

① 《翁同龢日记》,第 49 页。

② 《翁同龢日记》,第 217、283 页。

同治五年(1866)

五月十九日　读《理学正宗》。(《翁同龢日记》)

五月廿二日　读《续理学正宗》。① (《翁同龢日记》)

按,《理学正宗》为清代理学家窦克勤所著。《续理学正宗》为清何桂珍所作,何氏本人推崇程朱,尤喜朱熹等人的《大学》之说。另翁同龢于同治六年(1867)十一月初十日、同治七年(1868)八月十七日均再读《理学正宗》一书,并有"心稍收敛"一语。

同治六年(1867)

七月廿三日　读朱子集,翻然觉悟。(《翁同龢日记》)

同治十年(1871)

十月十九日　读理学书,稍收放心矣。(《翁同龢日记》)

同治十三年(1874)

八月十九日　看《理学宗传》,顿觉身心有归宿。② (《翁同龢日记》)

翁同龢在较长一段时间内均喜欢阅读宋明理学内容,其中"心稍收敛""顿觉身心有归宿"的评语虽不乏进德修业、修身养性的意味,但事实上其中牵扯到晚清阳明学复兴的思想背景。③ 翁同龢与孙家鼐等人因对阳明学有所信奉而往来密切,当时的帝师徐桐、李鸿藻、豫师

---

① 《翁同龢日记》,第 309、327、475 页。

② 《翁同龢日记》,第 551、885、1065 页。

③ 参看龚书铎主编,张昭军著:《清代理学史》,广东教育出版社,2007 年,第 274—353 页。

等人也皆对理学有所偏好,这些"帝师"级别的人物均因个人思想偏好,而对晚清阳明学为代表的理学思想的复兴产生一定的影响。①

理学思想作为桐城派的重要内容,其尊德性与重实践的特征无疑具有重要的指规作用。事实上,在翁同龢对理学思想的信奉背后,是翁同龢对桐城文章的大量模仿和学习。当然对理学的信奉和对桐城文派的学习并无必然的联系,二者之间也并不存在绝对的相互印证或是说明。但在《翁同龢日记》的读书记录中,有丰富的阅读学习与桐城派相关的内容,其中不少是对韩愈、归有光、方苞、姚鼐、梅曾亮文集的阅读以及对诸人批点的过录:

> 同治二年(1863)
> 三月初三日　援临梅伯言先生批《古文辞类纂》。(《翁同龢日记》)

> 同治三年(1864)
> 九月十一日　临方评《史记》毕。(《翁同龢日记》)
> 十月八日　读《公羊》,以姚姬传先生点本临一过。(《翁同龢日记》)

> 同治九年(1870)
> 正月十三日　读《望溪集》。(《翁同龢日记》)

> 同治十二年(1873)

---

① 这一问题,戚学民于《翁同龢的学术宗主与交游兼论其对晚清学术的影响》中已充分讨论。见戚学民:《翁同龢的学术宗主与交游兼论其对晚清学术的影响》,《近代史学刊》2013 年第 10 辑。

六月廿五日 临周易、读方文。① (《翁同龢日记》)

同治十三年(1874)
二月初四日 读孙琴西《逊学斋文集》。② (《翁同龢日记》)

光绪三年(1877)
二月廿五日 看巴陵吴君敏树诗文集。③ (《翁同龢日记》)
二月廿八日 看《枬湖诗文集》,巴陵吴敏树撰,极好,周荇农所赠也。④ (《翁同龢日记》)

光绪六年(1880)
二月初三日 看《震川集》。(《翁同龢日记》)

光绪七年(1881)
十二月廿八日 点灯临韩文评。望溪。(《翁同龢日记》)

光绪八年(1882)
正月初一日 今日不拜年,默坐看书,临望溪批韩文数册俱

---

① 《翁同龢日记》,第 262、350、353、745、984 页。
② 《翁同龢日记》,第 1023 页。即孙衣言,道光庚戌进士,孙诒让父。"学文于梅曾亮,尽得桐城古文义法。其为文意近而势远,气直而笔曲,词浅而旨深,反复驰骋,以曲尽事理,为吴德旋嗣音。"见刘声木撰,徐天祥点校:《桐城文学渊源撰述考》,黄山书社,2012 年,第 268 页。
③ 《翁同龢日记》,第 1274 页。
④ 《翁同龢日记》,第 1275 页。吴敏树,字本深,道光壬辰举人。"研究诸子,于古文用力尤深。独嘉明归有光,编其文为《归文别钞》二卷。其为文词高体洁,蕴藉夷犹,清旷自怡,萧然物外,为古文中之逸品;亦琐屑喜道乡曲事,得有光之致。"见《桐城文学渊源撰述考》,第 50—51 页。

毕,恐人海中鲜此清福矣。(《翁同龢日记》)

正月初二日　看方批韩集,客来未见,是夜前门外东小市火。(《翁同龢日记》)

光绪十一年(1885)

七月初七日　写对数副,不惬意,因临《震川集》批本,不觉竟四卷,未出门。(《翁同龢日记》)

七月初八日　归后看《震川》文,未写对,日渐短矣。(《翁同龢日记》)

七月廿一日　归后看《震川集》,几如饮酒者不离杯矣。(《翁同龢日记》)

光绪十二年(1886)

九月廿三日　看归文。(《翁同龢日记》)

十月初七日　临归文,批临《张迁碑》数行,自前月廿六日起为隶课,真忙里偷闲哉。(《翁同龢日记》)

光绪十五年(1889)

正月十三日　看《柏枧山房稿》。(《翁同龢日记》)

光绪二十六年(1900)

七月廿四日　连日看《姚惜抱集》。(《翁同龢日记》)

十月初六日　看《左氏传》,临方氏评点。① (《翁同龢日记》)

十月廿五日　临方评《左传》毕。② (《翁同龢日记》)

---

① 《翁同龢日记》,第 1480、1638、1639、1953、1953—1954、1957、2051、2054—2055、2253、3281、3298 页。

② 《翁同龢日记》,第 3300 页。后连续二十日左右读《左传》并临批点。

光绪二十七年(1901)

二月十五日　看韩文,稍有所悟。(《翁同龢日记》)

光绪二十八年(1902)

九月初七日　无人来,竟日读韩文,亦太劳矣。①(《翁同龢日记》)

从同治二年(1863)至光绪二十八年(1902),在将近四十年的时间中,翁同龢均坚持阅读桐城文章,而这种阅读并非只是出于普遍意义上的某种学习。翁同龢在较长的一段时间中均保持这种特定的阅读习惯,同时也在日记中流露出自己对桐城文章的偏爱之情,如正月初一新年第一天不选择拜年访客,而是于屋中临抄方苞对韩文的批点,自守清净,并发出“人海中鲜此清福”的感叹。再如翁氏阅读归有光文集时,直抒“几如饮酒者不离杯矣”,这些均是翁同龢喜好桐城文章的最直接、最明朗的表达。当然,鉴于桐城派于有清一代的影响力,桐城文章作为一种作文轨范,对于士人学习具有示范作用,因此翁同龢对桐城派的偏好既可看作是翁氏的个人兴趣,也可视为桐城文章对翁同龢的渗透与影响。事实也正是如此,《翁同龢日记》中有一些桐城派人物会主动接近翁氏并推荐其阅读桐城文章,并直接介入到翁同龢的阅读之中:

同治三年(1864)

七月廿四日　赵价人、王少和、彭芍亭先后来。少和论文总以桐城为主,劝余读果亲王所刻《古文约编》,并许假所藏方评《史记》。(《翁同龢日记》)

七月廿六日　访少和,得读其《龙壁山房近稿》一卷,询知所

---

① 《翁同龢日记》,第 3319、3409 页。

假《史记》红蓝笔评点者望溪也，黄紫笔圈者熙甫也。(《翁同龢日记》)

同治四年(1865)

正月廿九日　假得王少和《史记》下半部，补临归氏红笔圈点。(《翁同龢日记》)

六月十八日　访王少和不值，以明刊《史记》索引本赠之。①(《翁同龢日记》)

王拯于较长时间内均任职于北京，期间所结交的好友大都为当时京城中颇有影响力的人，翁同龢即为其中之一。检《翁同龢日记》，翁氏与王拯来往的最早记录为同治元年(1862)三月十二日：

晡时少鹤来索和诗。少鹤亲炙上元梅先生最久，于桐城师友渊源，能得其意，其学问固不可及也。②(《翁同龢日记》)

自翁同龢较早记录日记以来，翁同龢便与王拯互有酬唱。王拯素习桐城文章，屡被翁氏提及，他在一次会面中主动向翁氏推荐阅读方苞《古文约选》，并允借其方评《史记》，其中心迹可见一斑。此后翁同龢在一段时期内均读(临)归、方《史记》评点，并于半年之后再借下半部书继续补录归氏圈点，这不能不说是受到王拯的介入影响。此外国

---

① 《翁同龢日记》，第341、342、371、409—410页。王少和即王拯，道光辛丑进士。"师事梅曾亮，受古文法。其为文浄厉精洁，雄直有气，而出以平夷纡徐，能自达其所欲言，使人得其妙于语言文字之外。兼工诗词。撰《龙壁山房文集》八卷、《诗草》十七卷、《茂陵秋雨词》四卷、《归方评点史记合笔》六卷。"见《桐城文学渊源撰述考》，第257页。

② 《翁同龢日记》，第191页。

图馆藏《唐贤三昧集》①中有一则翁同龢题跋:

> 温明叔丈,先公会试同榜,由翰林陟学士,有心疾,告归。
> 咸丰起,病荐至户部侍郎。龢时得侍几杖,谆谆以古文义法及
> 读书旨要相训励。其师友为姚惜抱、管异之、梅伯言诸先生,
> 渊源宏远矣。同治中,谢事归金陵,子病孙不振。今不通消
> 息,可慨也。
> 光绪乙未秋八月,同龢记。②

温明叔即温葆琛,上元人。"师事姚鼐、梅曾亮、受古文法。姚鼐为之
平点《左传》《礼记》等十余种,以示途辙。兼研许、郑历算之学。"③
与王拯一样,温葆琛也出身桐城派,并以"古文义法"训砥翁同龢,同
样对翁氏阅读有一定介入影响。当然,翁同龢对来自桐城派方面的
阅读推介并非完全被动式的接受,除了前已提及的自我阅读以外,翁
同龢也会积极与他人交流并借阅与桐城文派相关的批点本过录阅
读,由此形成一种前后相继的良性互动:

> 同治三年(1864)
> 七月三十日　谒温明叔年伯,借所书姚姬传评点诸书札记。
> (《翁同龢日记》)

> 同治五年(1866)
> 五月廿六日　归假庞宝生归评《史记》对勘。(《翁同龢
> 日记》)

---

① (清)王士祯撰:《唐贤三昧集》,清康熙刻乾隆重印本。
② 谢冬荣编著:《文津识小录》,国家图书馆出版社,2016 年,第 137 页。
③ 《桐城文学渊源撰述考》,第 162 页。

　　五月廿九日　愦愦无所事,读《史记》归批本。①（《翁同龢日记》）

按,后九月初五、初六、十一、十六、十八日,十月初八日均读（校）《史记》。

　　同治七年(1868)
　　正月初五日　借宝生归评《史记》,与杨协卿藏本对勘,无纤毫异,因补临于旧藏本上。②（《翁同龢日记》）

按,正月初六、初八、十二日、十六日、十八日、十九日皆临、校《史记》。

　　五月初五日　晚宝生来,因往彼看姚姬传评点《前汉书》。（《翁同龢日记》）
　　五月十四日　宝生来以《大观》再示,明时复刻也,借姚姬传评《前汉书》,临两册。（《翁同龢日记》）

　　同治十二年(1873)
　　七月廿五日　假得郑劲钦所临五种批《归震川集》。（《翁同龢日记》）

　　光绪十年(1884)
　　六月初九日　端午桥来还《史通》,借归评《史记》,其人读书多,与名流往还甚稔。（《翁同龢日记》）

---

① 《翁同龢日记》,第343、470、471页。
② 《翁同龢日记》,第581页。

光绪十九年(1893)

正月廿五日　紫翔有未刻震川文百余篇,牧斋《明史草》两巨册,许为钞寄。(《翁同龢日记》)

光绪二十六年(1900)

九月廿八日　借得金门处批评《归震川集》宝云本,与吾家临本正同,其余冯伟人批及彭尺木批皆不多,又黄黎洲选本数篇,无可取也。①(《翁同龢日记》)

在较长的一段时间中,翁同龢与友朋之间相互借阅归有光、姚鼐等人的批本及文集,展现出活跃的互动与交流。而在这个借阅圈中,既有如温葆琛这样的桐城派人士,同样也有像庞钟璐一样桐城以外的人士。不同背景、不同身份、不同地位的人汇集在一起相互借阅与桐城派有关的批本文集并进行临抄,在一定的内部范围中形成一个小型的"桐城文献阅读圈"。除此以外,翁同龢对于桐城派的学习还有更为积极的反馈和回应,即自己手抄桐城批本以赠送他人:

同治六年(1867)

正月初七日　晚赴厂,觅得南监本《汉书》。秉烛临姚姬传先生点本一册,将以赠赵元卿也。(《翁同龢日记》)

正月初八日　临姚评《汉书》尽一函,十四册。手腕欲脱。(《翁同龢日记》)

光绪二年(1876)

十一月十二日　夜为伯述临余所藏批点归文三册,乏甚,可

---

① 《翁同龢日记》,第 612、614、991、1849、2586、3296 页。

笑。① (《翁同龢日记》)

第二章第二节"作为礼物的书籍"中曾论述翁同龢因其地位影响,受赠书籍的次数远大于其回赠次数。如果说翁同龢回赠次数屈指可数的话,那么这两次由自己亲手临抄归有光、姚鼐批点并赠送他人的记录便是较为罕见的现象。其中既可以呈现出翁同龢周围存在的"桐城文献阅读圈",同时也能看出翁同龢将桐城批点本作为礼物的珍视。

　　值得一提的是,翁同龢晚年被放逐回乡后,也并未废弃对文章的喜好,尤其是对唐宋文章的阅读。翁氏于晚年日记中有关购书的记录不甚丰富,大都只是随意翻检旧有藏书进行阅读,为数不多的几次购书记录便有专门对"文章"类书籍的购买:

　　　　光绪二十九年(1903)
　　　　闰五月十四日　托郎亭买局刻《宋文鉴》《南宋文范》《金文最》《元文类》四种,今日寄到,凡十二元。(《翁同龢日记》)

　　　　光绪三十年(1904)
　　　　二月十三日　过带经堂,买《唐文粹选》、廿本。《钞尔雅新疏》、一本。共三元二角。② (《翁同龢日记》)

此外,翁同龢的文章成就并不及其诗歌上的艺术成就,现存文集中也并无多少文章作品被选为典范之作。其本人在与友人书信中也曾自嘲不擅文章,但事实上,翁同龢在日记中留有不少品评文章的语录,且其中多以"桐城轨式"作为标准,却值得有所留意:

　　① 《翁同龢日记》,第 512、1252 页。
　　② 《翁同龢日记》,第 3457、3506 页。

同治九年(1870)

二月十八日　以后讲书总宜先讲文法,若发挥义理而抛荒文法,恐落笔时转茫然矣。(《翁同龢日记》)

同治十二年(1873)

十二月朔　连日看《史记》,稍悟虚实之法。(《翁同龢日记》)

光绪三年(1877)

正月十六日　读《潜研堂集》,其古文叙事殊弱,知此事之难也。(《翁同龢日记》)

光绪八年(1882)

正月廿一日　见朝鲜金石山所著散体文,甚古雅,具有韩、欧轨范,叹赏不已,且内愧也。(《翁同龢日记》)

光绪二十六年(1900)

二月三十日　看包慎伯文,叹其雄健。(《翁同龢日记》)

光绪二十八年(1902)

八月朔　看《广陵集》,文在韩柳间,诗专宗韩,盖其抗志不可一世,辟二氏,绝声伎,无北宋习气。怀奇早卒,宜荆公深叹之。(《翁同龢日记》)

光绪二十九年(1903)

六月十六日　假得不全《初学集》看之,才辨绮丽固自无双,而依附东林之迹显然,病在神骨不清也。(《翁同龢日记》)

八月十六日　看冯己苍《默庵文稿》两卷,有数篇甚雄而炼,

前卷诋佛法，后卷则信奉甚笃。有素兰集序，又有小传。① (《翁同
龢日记》)

其中既有对"文法"与"义理"的探讨，还有"虚实""叙事""古雅""雄
健""神骨""雄炼"的品评，亦有"韩、欧风范""韩、柳之间"的描述。翁
氏虽无桐城典范之作，却习得桐城文法之理，并能如桐城古文家对他
人文章置一二关键语，翁同龢对桐城派接受可谓至深。

除日记以外，翁同龢在与友人书信与诗歌中也表达过对韩愈及
方苞的崇敬与赞赏，如：

《太息》
同治十年(1871)
韩公老去雄心戢，只有文章告鳄鱼。

《致阎敬铭函》
光绪十二年(1886)九月二十八日
《韩文考异》方先生评不过数十字，然有味也。

《滨石杨先生，余执友也，己酉七月余假归省墓，比至里而先
生殁已七日，拜瞻遗像，诗以哭之》
光绪十五年(1889)九月初二日
我有望溪文，亦有东洲诗。②

此外，在国家图书馆藏的《震川先生集》中，有一图像为翁同龢临
摹归有光的画像，又从另一个角度表现出翁同龢对归有光的尊崇：

---

① 《翁同龢日记》，第 755、1010、1266、1643、3257、3404、3462、3472 页。
② 《翁同龢集》，第 682、330、781 页。

　　图像右方为"归太仆像"，另有一行小字"同治十年正月二十一日翁同龢敬摹"并钤一印。

　　以上主要从翁同龢"读桐城"、与桐城人物往来、"桐城文献阅读圈"、以桐城之法对文章品评等多个角度，展现出翁同龢与桐城派之间千丝万缕的联系。其中既有桐城派对翁同龢的介入影响，也有翁同龢对桐城文章的积极反馈与接受，同时包含翁氏本人对桐城先贤的景仰之意。本节虽以翁同龢为中心作为讨论，但翁氏家族其他成员并未完全游离于桐城文章轨式之外，国家图书馆藏翁氏《史记》藏本中有一翁同龢跋语，称：

　　　　此本乃稽瑞楼所藏,稽瑞楼者,吾乡陈子准丈揆积书之所
也……龢儿时喜诵《史记》,先公手授是书且曰:"文章以义理为
主,波澜意度其末也。"①

翁心存信奉"义理"为文章核心并以此告诫后辈,他虽没有如翁同龢
在日记中留有与桐城派相关的内容记录,但从中可以看到翁心存身
上所闪现出来的文章思想。此外,国家图书馆藏《古文辞类纂》中也
有翁同书的一则题跋,其中对桐城及文章有较为深入的论述:

　　　　本朝能古文者惟方苞侍郎,一传为刘大櫆,再传为姚鼐,三
传为梅曾亮,余尽得读其文,且奉教于梅先生矣。顾尝谓古文之
善者有二:古淡与奇崛而已。桐城之派出于震川,古淡诚有之,
而奇崛则否。岂李翱所云"言不必区难易者"耶? 抑时代之迁流
使然耶? 姚先生选《古文辞类纂》七十四卷,近假得梅先生手写
本,间附评语,其字句与标点与行世本颇有异同,于是以朱笔临
识,既又病其简也,用墨笔别加评点于上,或疑其妄且赘,余曰夫
读文如游山,然专一壑不以为隘,行万里不以为厌,所好不必同
也。至于朝霞夕霏,春阳秋爽,虽同游一地而所赏又不必同好
也。予求古人之精神于千载上,使起两先生于九原,方将相视莫
逆,而何必拘拘于筌蹄为哉!
　　　　癸未六月,翁同书。②

------

　　①　此本《史记》为明归有光圈点,明崇祯十四年(1641)毛氏汲古阁刻本,
佚名录清严虞惇跋并录明归有光圈点,清翁同龢校并跋并录明归有光圈点。跋
语据此本整理。
　　②　此本《古文辞类纂》七十四卷,清姚鼐辑,清道光合河康氏家塾刻本,清
翁同书批识并录梅曾亮批点。跋语据此本整理。

翁同书于题跋中梳理了桐城派的沿袭脉络,且大有私淑梅曾亮之意。翁同书进一步谈及自己的文章见解并提出桐城派的得失与弊病,诚然有以古人精神法度匡扶文章的思想,并多发创见,其间亦可见翁同书的文学思想与桐城之渊源。

总之,除了翁同龢与桐城派之间有较为深厚的关联以外,翁心存、翁同书于其他散见材料中也皆可看出与桐城派之间千丝万缕的关系。这既可视为桐城派于晚清的势力影响,同时也可看作翁氏家族作为桐城以外的人士对桐城派的接受和学习。

结　语

书籍史、阅读史是文献文化史中的重要一环,这一颇具西方色彩的理论架构在各项研究中不断得到充实和丰赡,而理论的探讨又离不开文献材料作为支撑,文化的意义最终也正依仗于理论与文献的相互引证、辨析方得以彰显。对于日记文献,如何摆脱历来惯常的将其奉为历史考证或史实补充的"历史文献"研究范式,转换视角,将其作为开掘另一种特别意义之"文化文献",是值得深入反思的。

常熟翁氏不仅在历史上留下江南望族的美名,同时也留下了洋洋洒洒、数量可观的家族日记,其撰述成员之多、时间跨度之久、内容价值之丰,均不得不令研究者驻足去重新审视其文献价值。诚然,"历史文献"性的价值自是最易为人瞩目,但其"文化文献"性的价值也不应偏离研究者的视野。就晚清书籍史研究而言,日记因其独特的撰述方式,更方便研究者去细化长轴上的时间刻度,从而可以进行更为具体的研究和探讨。

此外,阅读史的研究也无法离开日记这一最具直观性的文献材料。通过对日记的研读,可以看到翁心存、翁同书、翁同龢、翁曾翰、翁斌孙、翁之缮等几代家族成员对"书籍"的追寻和热爱。其背后蕴涵的是家族先辈对后辈的砥砺、训示，以及后辈对祖德的继承、阐扬。《孟子》中虽言"君子之泽，五世而斩"，但若结合其他藏书家的结局命运，以及对翁氏日记的阅读研究，或许可以更好地去理解常熟翁氏何以长久地屹立于晚清望族之林，且至今仍不衰歇。

第四章　翁氏日记的疾病叙述及其家族医疗史

引　言

在二十世纪的最后三十年，以林·亨特等人所倡导的新文化史在西方史学界产生较大的冲击和影响，其理论与方法主要吸纳了"英国马克思主义史学和法国年鉴派史学、后现代文化批评和历史叙述主义、文化人类学"。① 相较于以往的史学研究，它淡化了传统上对政治、经济、军事等方面的考察，而是重在"用文化的观念来解释历史，在方法上借助了文化人类学、心理学、文化研究等学科的理论和方法，通过对语言、符号、仪式等文化象征的分析，解释其中的文化内涵与意义"。② 即是将历史研究的面向转移至文化上的视察，此为"新文化史"研究的一项标志性特征。

新文化史意涵丰富、内容广博，其中医疗史或者说身体史往往被视为一项重要门类。尽管其他西方史学理论又有诸如心态史、社会史等概念名称，并各自存在不同学术路径，却在某种情况之下，诸类史学研究的范围界限并非是泾渭分明、不可逾越的，有时更体现为理论的重叠与互融，甚至都可囊括于"新文化史"的内涵之中。这里或许也可

---

① 周兵：《西方新文化史的兴起与走向》，《河北学刊》2004 年第 6 期，第 151 页。

② 周兵：《西方新文化史的兴起与走向》，第 156 页。

稍作一反思,西方理论虽琳琅纷繁,但有时无须拘囿于理论的范式与辨析之中,其思考视角的进路与方法往往更具借鉴价值。

　　借助于这一理论视野的指导,明清时期的医疗史研究在此基础上取得诸多硕果。如余新忠《清代江南的瘟疫与社会》①关注清代江南瘟疫的流行情况以及时人对瘟疫的认识,由此探究当时的社会构造和演变脉络;杨念群《再造"病人"——中西医冲突下的空间政治(1832—1985)》②关注晚清至现代医疗背后的政治运作和权力关系,有的还展现出新文化史色彩,③这部分研究显现出宏观层面上的开拓。同时另有从微观史、日常生活史等角度去关注个体生命及疾病叙述,略举代表性成果如张瑞《疾病的文化意义——晚清日记中的病痛叙事》、④《晚清日记中的病患体验与医患互动——以病患为中心的研究》;⑤蒋竹山《晚明江南祁彪佳家族的日常生活史——以医病关系为例的探讨》、⑥《非参不治,服必万全——清代江南的人参药用与补药文化初探》⑦等。若归纳来看,这一类研究彰显出两种特质:一是材料上对于日记的利用,二是对象上对家族的关注。

---

　　①　余新忠著:《清代江南的瘟疫与社会:一项医疗社会史的研究》,中国人民大学出版社,2003 年。

　　②　杨念群著:《再造"病人"——中西医冲突下的空间政治(1832—1985)》,中国人民大学出版社,2013 年。

　　③　余新忠、陈思言:《医学与社会文化之间——百年来清代医疗史研究述评》,《华中师范大学学报(人文社会科学版)》2017 年第 3 期。

　　④　张瑞:《疾病的文化意义——晚清日记中的病痛叙事》,《新史学》2018 年第 9 卷。

　　⑤　张瑞:《晚清日记中的病患体验与医患互动——以病患为中心的研究》,《历史教学(上半月刊)》2012 年第 11 期。

　　⑥　蒋竹山:《晚明江南祁彪佳家族的日常生活史——以医病关系为例的探讨》,《都市文化研究》2006 年第 2 辑。

　　⑦　蒋竹山:《非参不治,服必万全——清代江南的人参药用与补药文化初探》,《中国社会历史评论》2007 年第 8 卷。

就研究材料而言,医疗史的研究历来多注重利用医书、医话、医案等文献,却往往忽视对日记的利用。日记作为个体最直接的话语呈现,相比于其他文献更具私人性和直观性,同时这些记录也更为忠实于当时场景下的个体心态。关于研究对象,明清文化最为瞩目的便是其地域性和家族性。若回归到医疗史的研究来看,清人留下数量壮观的日记文献,以日记介入医疗史研究未尝不可称之为一条研究正途,而家族日记的出现更为家族医疗史的探讨提供了可能。

常熟翁氏作为晚清江南一大望族,除在历史上保有不俗的政治勋绩,同时也留下洋洋洒洒、几百万言的"家族日记"。而这些文献的整理问世也为家族医疗史的研究提供了宝贵的案例,同时也使清代医疗史的研究得以进一步丰富。

在此之前,南开大学张瑞博士论文《疾病、治疗与疾痛叙事——晚清日记中的医疗文化史》[1]中曾举《翁心存日记》《翁同龢日记》为例有所探讨,但终未形成整体予以观照。华中师范大学陈艳飞硕士论文《翁同龢家族的日常生活史——以健康维护与疾病治疗为例的探讨》[2]是这一研究较好的开拓,但其缺失处在于仅利用《翁同龢日记》,而忽视《翁心存日记》,并难以关涉之后出版的《翁曾翰日记》《翁斌孙日记》,"家族"之说终是难以支撑。基于此,本章拟作进一步补阙拓新,鉴新文化史视野,以家族日记材料为中心,观察常熟翁氏家族的疾病体验与医疗对策中的家风形态。

---

① 张瑞:《疾病、治疗与疾痛叙事——晚清日记中的医疗文化史》,南开大学博士学位论文,2014年。
② 陈艳飞:《翁同龢家族的日常生活史——以健康维护与疾病治疗为例的探讨》,华中师范大学硕士学位论文,2014年。

第一节　"药物"之外:疾病的应对与策略

日记的记录者,在其或短或长的一生中,疾病的发生、治疗是再为正常不过的事,因此日记中也往往有所记录呈现。同样,综观翁氏成员的几部日记,不难发现,疾病的记载几乎占据大部分篇幅。这些记录或短,仅为琐碎的寥寥几笔;或长,则为持续数月的连篇笔墨。若将这些材料绅绎出来、放于一起,或可探视其家族医疗史特征。

当疾病发生时,翁氏成员的第一反应并不一定是立即延请医生,而是会主动寻找病因,并根据积累的经验知识进行自我疗治,这在日记中多有记录。如道光十五年(1835)四月二日,翁心存夜患齿疾,他分析病因当为"一春肝疾未平,胸臆作痛,殆火气上攻也"。[①] 再如道光二十六年(1846)五月二日记录"五儿患感冒发热,曾文忽大便下血,殆湿热所致也"。[②] 均是翁心存对自己或家族成员发病时做出的推测。这种分析往往基于身体质素或季节因素的判断而有一定的医学合理性。

然而,某些情况下的病因探究却侧面反映出当时的民间风俗。如翁心存于道光十五年(1835)在浙江主持乡试期间,于中秋日当天记录:"是日午后,正校阅时,觉体中不适。晚间请同考诸君,勉强成礼。亥正寒热交作,遂成疟疾。"[③]本以为是正常寒热发病,不料第二天却被当地人否认,即被认为是因冒犯神灵导致翁氏及其同僚患疾。如翁氏八月十六日记录:

> 复雨,余服同考毕子筠大令华珍。之药,多凉剂,不能愈也。夜亥刻,寒热仍作,呻吟达旦,日日如此。辰刻始强起阅文,惫甚

---

① 《翁心存日记》,第 134 页。
② 《翁心存日记》,第 620 页。
③ 《翁心存日记》,第 171 页。

　　矣。是日桐厢亦发隔日疟。越人尚机，谓至公堂屏后有画奎星
　　像，余等入闱时未祭所致，姑托外帘提调代为拈香。虽然，余等
　　此心可对天日，奎星有灵，岂能为祟哉。①

是否是因为未祭神灵、有所冒犯导致得疾，姑且不论，翁氏这一记录
却可显现吴越地域的民间信仰。不过，尽管翁心存最后仍按照越人
习俗祭拜"补过"，但心中并未对此事真正有所信服。

　　患者除依据经验对病因进行评估以外，往往还会进行自我尝试
性的治疗。有趣的是，这种治疗方法并非传统意义上的服药，而是采
取饮用西瓜汁、茶、酒等饮品方式来代替。如同治三年（1864）六月十
二日，翁同龢偶感发热，便饮西瓜汁应对，且前后颇为波折：

　　　　六月十二日　晴，热。尚安适，辰巳发热，当午尤甚，饮冷西
　　瓜汁两盏，竹如云可与饮。甚躁，酉刻热退，手足指尖微冷。余急入
　　城访吴竹如先生，先生云此白虎证，误汗误补而余邪未退，必用下
　　药始能瘳，此时发热发汗均听之，无它虑也。因固请明日见过。
　　　　十三日　晴，热。脉左平右洪浮。巳正藕舲来，午正竹如先
　　生来，两公皆云病渐退，是昨日瓜汁之力。②

翁同龢在遭遇病热的情况下，决计用西瓜汁来退热，尽管当日未见明
显效果，并似乎险些加重病况，但第二日脉象回转，且成功将病情予
以克制，不可不谓是"瓜汁之力"。这种对西瓜汁的信任在翁同龢之
后的记录中依然表现明显。如光绪四年（1878）七月初十，这天翁
同龢退朝后，便感身体抱恙，随后则以西瓜汁应对：

---

　　①　《翁心存日记》，第 171—172 页。
　　②　《翁同龢日记》，第 334 页。

　　午正雨止,退时微觉不适,抵寓连饮西瓜汁,倒床卧,疾作,先冷,至两足转筋,既而大热,叫号悲泣,身如腾空,历三时许,惫极汗出,卧片刻,热复作,欲呕不得,辗转达旦,汗又出,辰巳间热渐退。①

这段记录可谓详尽描述了翁同龢患病前后的过程,最后病热得以消退究竟是否是西瓜汁的效力难以得知,但在翁氏日记中随处可见患病时对西瓜汁的偏好。再如光绪十九年(1893)五月廿一日,翁同龢于当日记录:

　　竟日未食,仅吃一烧饼,盖甫起即卧,头重如山,得汗不解,此前日在署受热,又半浴感凉,又有停滞也,饮西瓜汁最得力,余皆暑药,故不甚谬。②

翁氏晚年身体不适,但在自疗的过程中仍是对西瓜汁最为信任,言辞中不乏赞美之意。事实上,翁同龢最早在发病时饮用西瓜汁的记录,可于其父翁心存的日记中寻得:

　　咸丰九年(1859)
　　六月廿三日　六儿仍发[热]不止,屠君来视。夜,六儿服西瓜汁二碗,初眠颇以为爽,少顷转觉烦躁,通夕不得眠。③

不管西瓜汁究竟是否能起到治病的效果,至少从日记来看,皆可见在病热产生之时,翁同龢对此执着的信奉与偏好。
　　不惟翁同龢如此,其侄翁曾翰在患病时亦是流露出对西瓜的偏

---

① 《翁同龢日记》,第1370—1371页。
② 《翁同龢日记》,第2611页。
③ 《翁心存日记》,第1441页。

向。同治三年(1864)五月廿六日,翁曾翰晨起忽觉不适,尔后寒热大作,虽请医生诊治,但屡不见效:

　　　　五月廿六日　晨起股栗不能行,觉身热疲倦,仍卧覆被,移时,寒热大作,入夜不已。
　　　　廿七日　寒热不止,延冯赓亭诊视,云有暑湿,处方用葛根、茅术等品,服之不效,汗出如洗,热势不解。
　　　　廿八日　延温明叔太年丈来诊视,处方尽用凉药,予欲食西瓜,而以为不可。热势仍不止,连夜谵语不休。①

据日记前后记录来看,翁曾翰此次病势实际上并不算轻。在药方毫无效果的情况下,翁曾翰仍执着于以吃西瓜的方式来对抗这场疾病,尽管这个请求最终遭到医者的拒绝。然而时隔不过半月之久,翁曾翰仍然还是在这场大病中未遵医嘱、饮食西瓜:

　　　　六月十二日　仍发热,服原方,饮西瓜汁数盏,酉刻颇不适。
　　　　十七日　大便复下,午刻方饮糜粥半盂,水浆不入口者二十日矣。连日食西瓜,觉烦热渐除。②

在翁曾翰看来,祛除病热最有效乃至最得力的方式莫不如饮食西瓜汁,这似乎是来自经验或者"知识"的积累,抑或是在某种程度上对药方的不信任,这在翁同龢与翁曾翰二者身上表现尤为明显。而"西瓜汁的魔力"也并非局限于翁氏成员内部,在其日记中对于他者疾病的记录中也有所显现:

———————————————

①　(清)翁曾翰著,张方整理:《翁曾翰日记》,凤凰出版社,2014年,第52页。
②　《翁曾翰日记》,第53—54页。

咸丰九年(1859)

　　八月廿九日　岳莘农太史世仁。日直上书房,日前以母疾请假五日,乃忽患烦热,饮西瓜汁一瓯,次日遂不起,上有老母下无儿,并无期功强近之亲,可伤也夫。①

可见,对西瓜汁的信奉并非翁氏一家,岳莘农在病热的情况下也选择以西瓜汁来治疾。但显然,这种"信奉"终究是以失去性命为代价。因此西瓜汁效力究竟是否存在姑且不论,从中却可发现翁氏及晚清时人在药方以外对"西瓜汁"的某种偏好和信任。

　　除西瓜汁以外,尚有茶、酒等物被翁氏用来作为抵御疾病的策略,这一点在翁心存身上表现得尤为明显。若说翁同龢、翁曾翰在患疾时选择西瓜汁是为祛除病热,那么翁心存则常常以酒来对抗寒疾,这种行为在其日记中多有记录:

道光十七年(1837)

　　十月十日　余自早间感寒疾,即噤龁若在冰室,饮酒数杯,稍暖,勉强与三君清话,尚可支撑,客散便浑身作热,卧不能起,且通体酸疼,服神曲数盂,引被而卧,至二更后热始退,得稳眠。

道光十八年(1838)

　　二月十三日　余午后体忽不适,殊有寒疾之虑,饮热酒数杯,啜粥一盂,通体发汗,顿觉轻爽矣。②

西瓜属寒性,以寒祛热似有其相克之理。酒则性烈,以热酒而驱寒疾则成为翁心存自我疗治的应对策略。此外,翁心存在身体有其他不

---

① 《翁心存日记》,第 1457 页。
② 《翁心存日记》,第 289、311 页。

适时也常常以茶应之,例如:

咸丰五年(1855)
八月二十日　夜,发热,肝胃不舒,浑身疼痛,服午时茶普洱
茶数碗,呻吟达旦。

咸丰八年(1858)
十二月二日　夜,胃脘疼痛,腹胀欲呕,起坐服普洱茶数大
碗,乃稍平,复得眠。

同治元年(1862)
二月廿三日　触秽热,兼食多停滞,发烧欲吐,竟夕呻吟,服
普洱茶,稍平。①

普洱茶现在一般被认为是普通饮品,但在翁心存眼中却有特殊"药
用"之效力,且屡次在肝胃不畅时发挥作用。

　　结合上述分析,不论是翁同龢、翁曾翰在患疾时执着地选用西瓜
汁,还是翁心存选择服用茶、酒,皆是病者在疾病初期或是治疗过程
中药物效力不够理想的情况下,主动采取的自我疗治策略。以往在
医疗史的研究过程中常常更为注重医者药物的择取使用,却忽视前
期患者自发性地自我疗愈的行为,而这种方法又是通过如西瓜汁、
酒、茶这类"饮品"进行一定针对性的治疗。无疑,这种治疗方式在现
代医学看来究竟是否可取,似乎仍然持保留意见。但这也间接反映
出在晚清时期,士人家庭应对疾病时并非唯"药"是举,在特定情况或
者说疾病尚未造成严重伤害的情况下,他们更倾向于选用这种日常
所见而"副作用"又较小的"饮品"加以应对。进一步言之,其背后实

_____

①　《翁心存日记》,第 1055、1380、1717 页。

际上隐藏有两点因素：

　　其一，是来源于时人生活经验的长期积累，这种经验或者说"知识"经过反复地印证和检验，并基本被确认为是有一定效力和作用的。以至于这种方法策略得以终其一生地被采纳施行，综合三位翁氏成员的日记，这点基本是可以得到确证的。

　　其二，也是最不易察觉之处，即翁氏在以"饮品"应对疾病的深层次心理中，掩藏的是对医者和药物的某种"不信任"（这点将在后文有所论证），这种"不信任"的缘由是较为复杂的。例如翁同龢晚年即光绪十九年（1893）十月十九日的一则记录："吃梨汁、萝卜汁，似痛快，比药好。"①这条信息中，翁氏将前文所述之"饮品"径与"药物"相对比，并表明内心之偏好，既再次显现自疗中对诸如"饮品"之类的推举，更折射出对"药物"的复杂心态，这是颇为耐人寻味的。

　　然而，"药物"以外，凭借经验知识的积累进行自我疗治只能算是众多应对疾病方式的一种。据目前明清医疗史研究的成果来看，尚有如祀神、符水、乩仙乃至割肉的医疗观念，其中有相当一部分内容或在如今被贬斥为所谓的"封建迷信"，但若溯回至当时的历史现场，却实为正常的"知识"信仰。这些形形色色的治疗方式也在翁氏日记中有相应展现。如对神灵之祭祀：

　　　　同治二年（1863）
　　　　二月二十二日　德儿发热未退，乃是出花，今晨已见数点。
　　　　二月二十七日　德儿面有信痘一颗，花农以指甲抉去。
　　　　三月初四日　巳刻祀痘神，诸儿次第出痘，均安适，可喜也。②

翁曾翰子女于二月有天花之象，三月四日翁氏祭祀"痘神"既有祈祝

---

　　①　《翁同龢日记》，第 2644 页。
　　②　《翁曾翰日记》，第 5—6 页。

神灵、保佑平安之意,也有子女转危为安并对神灵表达感激之情。再如饮用符水:

> 光绪三十四年(1908)
> 三月十七日　四女嗽不减,仍招托韶九以符水治之,韶九并为治颈后小瘰……晚,四女服耿方。
> 十八日　招耿君来诊四女,云脉数象见退,前方不必加减……晚,韶九来,仍如昨日施治。①

此处颇有意味的是,翁斌孙在为女儿延医诊治的过程中,既有常规的医生前来诊脉赐方,同时也有如"韶九"一般的术士以符水治病,显然翁斌孙对此法并不排斥。再如翁同龢记录其侄儿患病时亦采用符水治疗:

> 光绪二十六年(1900)
> 四月十五日　菉精神好,稍思食,仍未大解,服坛符不服药,今日在坛礼斗。②

若联系上则事例,有一相通之处便是在服用符(水)的同时,正常诊脉施方的医生均是全程参与治疗过程的。但有趣的是,日记中虽提及符(水),但又在客观上显现出与医者或者说药物的对比。所谓"礼斗",即是道教礼拜北斗星君,亦称"拜斗"。翁侄此时病势似仍未转愈,在此情势之下,却倾向于选择服用"坛符"而放弃"药物",这种治疗方式颇显道家色彩。几乎在同一时期,姚永概家族中也有借用符

---

① (清)翁斌孙著,张剑整理:《翁斌孙日记》,凤凰出版社,2015年,第15页。

② 《翁同龢日记》,第3266页。

（水）来治疗疾病的案例，尽管服用后仍然无所效用。①

若说祷祝神灵和饮用符水有传统信仰之基础，"问病乩仙"则似更显"迷信"色彩。在《翁同龢日记》中，有如下两则记录：

> 光绪十七年（1891）
> 十二月十一日　妾氏出城，云病人如昨。斌信来，云于圆通馆乩仙，求云本血淤，为药误，勉强用梨藕汁、陈墨汁，过月圆再议，奇哉！

> 光绪二十一年（1895）
> 九月廿二日　大侄妇昨服朱方，并服乩仙所示方，得眠，稍进粥饮，腿能屈伸，似大有转机矣，果尔真天相也。②

"乩仙"所示之方或也为普通药方，但这显然与来自"医者"的药方大不相同。第一则记录再次将"药物"置于对立面，其神异之处甚至令翁同龢也发出"奇哉"的惊叹。且可看出，病患一方终究是采纳了"乩仙"的建议。第二则记录同样出现两种"药方"，不过没有前例明显对立之意味。但从反面思考，既已服用"医者"之方，却也不愿割舍"乩仙"之方，既进且退的态度背后，或许仍然包含有对于传统"药物"的不信任感。至于其缘由所在，余新忠曾有所揭示："其原因主要在于当时医疗技术和资源不能满足人们的需要，而这些'迷信'行为又具有相当的社会和医疗功能，而且本身也在发展之中。"③这种"迷信"

---

① 张笑川：《〈慎宜轩日记〉所见清末民初士人的心性修养与健康维护》，《历史教学》2012 年第 11 期。

② 《翁同龢日记》，第 2492、2848 页。

③ 余新忠：《清代江南医疗中的"迷信"行为考察》，见《"国家、地方、民众的互动与社会变迁"国际学术研讨会暨第九届中国社会史年会论（注转下页）

行为也侧面反映出当时传统医疗的痛点所在。

　　除上述所举之外,尚有"割肉疗亲"的疾病应对方法,这种治疗策略最显著的特征便是亲缘性和家族性。据邱仲麟考察,以"人肉"入药的观念在民间流传许久,直至晚清民国初年仍有流行,其医理依据既包括对部分医书中"人部药"的观念实践,同时更显要的是思维概念上即有关亲族血脉的文化本质。[1]而在翁曾翰的一场大病期间,正有对这种观念的医疗实践:

　　　　同治三年(1864)
　　　　六月初二日　方子丑间,余自恐不起,处分后事,语不休,家人环而哭,余妇刲臂煎汤,饮余下咽,而神一清,或天鉴其诚乎。痛定思痛,相庆更生矣。[2]

　　走投无路之际,翁妇割下手臂之肉并令翁曾翰服用,由此而翁氏似稍有转机,是否是"人肉"发挥效用不可得知,但显然有出于患者心理层面上的安慰效力,同时另有客观上"天悯其诚"的自我想象。当然并非所有的"割肉"疗法都被证明是"有效"的,在翁同龢笔下有一则对他者的记录:

　　　　同治五年(1866)
　　　　十月初九日　吊李伯孟母丧,伯孟之妹以疾卒,其母割臂肉和药无效,而竟以是殒命,可叹也。[3]

（续上页注)文集》,商务印书馆,2002 年,第 625 页。
　　[1]　邱仲麟:《人药与血气——"割股"疗亲现象中的医疗观念》,《新史学》1999 年第 4 期。
　　[2]　《翁曾翰日记》,第 53 页。
　　[3]　《翁同龢日记》,第 494 页。

此处翁同龢简单记录了友朋李伯盉的家庭遭遇,李母割肉以救其女之疾,虽如此,却也回天乏术,且最后又搭上李母性命,这显然算是"割肉疗亲"的反面事例。

即使如此,此类失败的案例也并不妨碍这种疗法在民间甚至士大夫家庭中的传播与实践。比如刘希洋、余新忠在研究福建螺江陈氏家族时,亦发现两例"割股疗亲"的案例:一为儿子为母亲割股,一为妻子为丈夫刮骨,结果仍未起到任何治愈疾病的作用。① 邱仲麟对此现象进一步分析道:

> 归结来看,"割股"疗亲乃是一种血缘性的行为,透过血缘的网络,还可以将对象扩展到家族中的其他成员,包括直系血亲与旁系血亲等……这种"割股"的网络,有些是血缘性的,有些是经由婚姻的关系,有些是经由收养关系,但在"家族"的脉络下,被结合在一起。因此,我们或许可以说:"割股"行为是家族血脉网络下的一种行为。……总而言之,"割股"是一种带有亲族性的民俗医疗行为。在这一文化现象中,人的身体可以做为药物;就另一层面而言,人子、人妇的身体虽是自己的,却也是家族的。②

邱文集中讨论的是"割股"行为,且有"人体上洁下不净"的专门区分,但以上结论分析在本质上与"割臂"行为都是一致的。即这类行为的理据是"血气相补""血气相连"的原始医疗观念。当研究者习惯于以历史的眼光打量明清家族辉煌灿烂的文化时,未曾想,这个由亲缘联结的"家族"在一定层面却也成为被掣肘的"牢笼"。因为家族血缘的关系,身体不再简单仅仅是属于自己的,更是属于家族的,在必要的

---

① 刘希洋、余新忠:《新文化史视野下家族的病因认识、疾病应对与病患叙事——以福建螺江陈氏家族为例》,《安徽史学》2014 年第 3 期。

② 邱仲麟:《人药与血气——"割股"疗亲现象中的医疗观念》,第 113 页。

情况下，或许需要做出一定牺牲，甚至是生命。

以往医疗史研究多关注于患者延请医生的治疗过程，本节特意避开"医者"角色的出现，关注患者及其家属在"药物"之外应对疾病的方法策略。翁氏成员在患疾时会主动进行自我病因探究，这一点在翁心存处表现明显。同时患者往往会在"医者"之外主动进行自我疗治，其方式包括有如翁同龢、翁曾翰对西瓜汁的偏好，以及翁心存对茶、酒的服用。这类传统"饮品"在翁氏成员眼中具有某种药用的效力，并使他们对此深信不疑。其背后掩藏的是与传统药物对比衡量的心理。除这类出于经验下的疗治行为外，尚有采用祀神、符水、乩仙以及割臂疗亲的应对方式。其因素不仅是传统民间的"知识"信仰，更深层次的则是对医者或传统药物脆弱的信任，进而做出的无奈选择。

第二节　从何处来：医者的延请与身份

诚然，在疾病发生初期或治疗过程中，病患一方会主动选择自我疗治或其他充满"迷信"色彩的治疗方式，但在传统的大环境中，主流的治病方式仍然离不开医生的参与。当翁氏家族出现疾病时，如何延请医生？医生从何处而来？这些医生的身份又是什么？这涉及就医史方面的问题，似有必要先对其进行一番分析。

蒋竹山在研究明末祁彪佳家族时，发现祁家延医的主要方式为两种，"一是自荐：医者本身就是祁彪佳的朋友，主动前往协助；一是他荐：经由朋友推荐"。① 通过研读翁氏日记，发现这种情况在翁家身上也有类似显现。翁氏家族在晚清地位殊重，由此带来的是相比于民间更为丰富的医疗优势，其中不少医生均为翁氏友朋，且这些友朋多为"儒医"身份。现试将日记中有关此类人物的记录整理如下：

---

① 蒋竹山：《晚明江南祁彪佳家族的日常生活史——以医病关系为例的探讨》，第181—212页。

表 3   常熟翁氏日记所见部分"儒医"一览

姓名	职官/科名	时 间	记 录	出 处
赵曾向 (朗甫、 朗夫)	庶常、编修	咸丰三年(1853) 正月十七日	午刻赵朗甫庶常曾向。来,为中鲁诊脉处方,饭而去,中鲁稍愈。	《翁心存日记》,第943页。
		四月八日	六儿发热未止,延赵朗甫来诊视处方。	《翁心存日记》,第968页。
		四月九日	六儿昨夜发疹,遍体热仍未退,延朗甫诊视。	《翁心存日记》,第968—969页。
		咸丰六年(1856) 六月五日	内子延赵朗夫诊视,云暑湿寒所感也,处方服之。	《翁心存日记》,第1131页。
		六月六日	遣人出城问内子疾,云稍愈,仍延朗夫诊视。	《翁心存日记》,第1131页。
		六月十日	予脉尚歇至,倦甚,两儿邀赵朗夫编修来诊脉,云风痰兼气虚也,处方服之。	《翁心存日记》,第1132页。
		十一月四日	六儿妇前已稍愈,吉处香误用羚羊角,连服十余剂,殊害事,昨又吐红停经,今日延赵朗夫诊视,用温补之剂,然病已日深矣,如何。	《翁心存日记》,第1173页。
		十一月十日	六儿妇服赵朗甫药后经水已至,虽吐血两口,精神稍好。	《翁心存日记》,第1174—1175页。
狄芬 (狄葇、 兼山、 狄君)	州牧	咸丰八年(1858) 十二月四日	五儿来,乃知初二日夜源孙气厥一次,昨午后复厥一次,亟延贵州狄兼山葇。来诊视,云中寒也,投以药剂,稍平,狄君盖在黔时治源孙疾者,今其来京师,亦一奇也。	《翁心存日记》,第1380页。

姓名	职官/科名	时　间	记　　　录	出　　处
狄芬 (狄菜、 兼山、 狄君)	州牧	咸丰九年(1859) 四月四日	新选云南邓川州牧狄△△芬。 来诊脉,云肺气太弱,金不能制 木,肝木克脾土,言颇切痛,开 疏肝扶脾之方,服之。	《翁心存日记》,第 1422 页。
		四月六日	狄君仍来诊脉处方。	《翁心存日记》,第 1423 页。
		四月十二日	狄君复来诊脉,云肝火尚盛,服 养阴补气之剂。	《翁心存日记》,第 1425 页。
		四月十九日	狄兼山芬。来诊脉处方。	《翁心存日记》,第 1426 页。
杨君	孝廉	咸丰十年(1860) 闰三月廿九日	源孙稍愈,延湖北孝廉杨君 诊脉。	《翁心存日记》,第 1514 页。
朱戳堂	巡捕	咸丰八年(1858) 九月十九日	李悍夫来,倩抚台巡捕朱君戳 堂,行五。来诊,略愈。连日归 思填臆,肝郁不舒,医云恐成 大病。	《翁同龢日记》,第 11 页。
李志学 (敏斋)	举人、知县	咸丰十年(1860) 四月六日	源侄又发病,拟延李敏斋世学, 四川壬辰举人,曾任甘肃知县。诊 视,往拜未晤。	《翁同龢日记》,第 53 页。
		四月十二日	源郎病又发,近来不时发动,甚 虑之,延李敏斋志学诊视。	《翁心存日记》,第 1516 页。
		四月廿八日	便闭已四日,竭力暂通,惫甚, 李敏斋来诊视定方,多滋润培 阴之品。	《翁心存日记》,第 1520 页。
		六月十四日	昨夜源孙旧疾复发,稍轻,延李 敏斋诊视,并诊予脉,处一方服 之。五儿尚未全愈,来视予,泄 泻已止。	《翁心存日记》,第 1533 页。

姓名	职官/科名	时间	记录	出处
李志学（敏斋）	举人、知县	六月廿三日	源孙早晨又发病，延李敏斋诊视。	《翁心存日记》，第1536页。
徐宝谦（雅桃）	孝廉	同治三年(1864)五月三十日	延徐雅桃宝谦，嘉兴孝廉。为筹郎诊脉，据云阴液大伤，处生脉散加减方。	《翁同龢日记》，第331页。
蒋若峰	孝廉	同治十年(1871)三月廿一日	芍庭来谈片刻，延同邑孝廉蒋若峰诊脉，云督之后。药用荆防和解之品。	《翁同龢日记》，第845页。
秦抚歧	举人	光绪六年(1880)三月初四日	山西门人秦抚歧来。知医。	《翁同龢日记》，第1480页。
柳冠群	/	光绪二十六年(1900)四月十八日	有柳冠群者，江阴周庄医也，为景诊脉，曰肝气，为蒙诊，曰胃阴伤，所用开方皆平正。	《翁同龢日记》，第3267页。
		五月初二日	饭后次公来，自苏州延一医曰马筱岩来为景诊脉，定抑肝阳养肝阴之药，极平正清淡，服之。马挈一门人来，开方神宇闲定，有名医举动，余陪话半日，晚归。金兰升告归，不取谢。与谈，乃知其颇读书，其师柳冠群于医书著述甚多，兼通小学也。何地无才，记之，此人二十年后吴中必有名。	《翁同龢日记》，第3269页。
冯承熙（赓亭、赓廷）	举人	同治二年(1863)八月廿二日	泄泻不止，延小南仍不来，乃请冯赓亭赓廷名承熙(述甫胞弟)，辛亥举人，学正学录。来诊视，云疹出时少用表散之品，余邪入肠胃，转为痢疾。投以温辛暖中之剂，以培元气。药虽对症，而体虚太甚，下痢不止，昼夜三十余次，惫极，神智亦昏。	《翁曾翰日记》第25页。

续表

姓名	职官/科名	时　间	记　录	出　处
冯承熙 (赓亭、 赓廷)	举人	八月廿三日	胃气不开,冯赓亭日来,处方始而附子、干姜以固本,继用粟壳等以止痢,日有转机。	《翁曾翰日记》,第25页。
		九月初二日	赓亭间天来诊,竟服参、术大补之品矣。气虚而痢未清,胃口亦未大开。以后日服补药,偃卧瘦愈而已。	《翁曾翰日记》,第26页。
		九月初八日	赓亭来诊云,脉气较和,病去八九,仍服参、芪、桂、术等品。	
		九月廿五日	冯赓亭来处一方,服汤剂,以近立冬也。	《翁曾翰日记》,第27页。
		十一月初十日	午刻过价人处,适冯赓庭在彼,乞为处方,冬至前后服汤剂也。	《翁曾翰日记》,第31—32页。
		十二月十七日	午刻,邀冯赓廷来,为予处方,云是久咳伤肺,却无他病。	《翁曾翰日记》,第36页。
		十二月廿三日	申刻,冯赓廷来定方,用桂枝、干姜等品服之。夜,头痛稍减。	《翁曾翰日记》,第37页。
		十二月廿五日	余虽小愈,而两颊仍痛。夜,赓廷来为伯母诊视,予亦倩伊处方,伊云久咳肺虚也。	
		同治三年(1864) 五月廿七日	寒热不止,延冯赓亭诊视,云有暑湿,处方用葛根、苍术等品,服之不效,汗出如洗,热势不解。	《翁曾翰日记》,第52页。
王竹圃	无锡令	丙辰(1916) 八月廿一日	归,小憩,即赴谢受之之约,谈至夜分始散,座中有王竹圃者,曾为无锡令,经瑞莘儒参革,今在此行医,受之与之稔,其夫人即延其诊治也(小五热止,张介眉云血虚,宜勤服药调理)。	《翁斌孙日记》,第49页。

南宋吴曾于《能改斋漫录》中最早记录范仲淹有"不为良相,便为良医"之说,这句名言在明清时期得以反复阐发,从而进一步拉近了儒和医之间的关系。① 上表从翁氏日记中选取的部分医者,几乎都具有职官或科名的头衔,体现出的正是"儒而知医"的特征。虽然"良相良医"说传达的是士人"进可攻,退可守"的济世理想,但日记中所录的这类型医者仍然展现的是"儒本位"色彩,医术的掌握仍只能作为一项附属的技能,科举或者说儒业依然是不可动摇的正路。恰恰也正因为他们在儒业上的成功,方有机会接触到士绅阶层,进而才有可能为这些有一定地位的士人家族诊治疾病。

譬如就表中所举的李志学(敏斋)而论,虽说翁心存、翁同龢父子二人日记中记录他为翁氏治病的时间最早在咸丰十年(1860)四月六日,但实际二者发生联系的时间远早于此。比如翁心存曾记录:

　　道光二十六年(1846)
　　四月廿九日　赉到祖庚三月二十日不列号信并诸太守镇、金大令、望欣。陆大令、孙鼎。林生、当春。邱生、在濂。幸生、德昭。李生志学。啫书八函,并外物件。

　　道光二十九年(1849)
　　九月三日　得李生志学。书,时为甘肃靖远令。

　　道光三十年(1850)
　　三月七日　得李生志学。书。时为甘肃靖远令。

---

　　① 余新忠:《"良医良相"说源流考论:兼论宋至清医生的社会地位》,《天津社会科学》2011 年第 4 期。原文考辨了"良医良相"说并非是历来所认为的是范仲淹之说,这一结论与此处论述牵涉不大,暂不深究。

咸丰二年(1852)

七月二十日　午后李生志学号敏斋。来,以甘肃知县牵涉案来京听勘,事尚未罢,已丁忧。未刻覃叔来。

咸丰九年(1859)

七月八日　四川门生李志学官甘肃县令,以捐复入都来见,未晤,馈予玉佛手一枚。①

从以上记载来看,李志学为翁心存的四川门生,二者之间存在师生关系,并且在为翁家治病前至少十四年的时间,就已有书信及人情方面的互动往来,其间李氏官位也一步步上升。如李志学这类的士人也正是凭借举业上的功名得以接触到翁氏家族,并因此有机会展现其医术能力。

此外,上表还可反映一类现象,即在翁家身边往往会围绕一些固定的医者,这些医者基本长期并固定地夹往于翁氏府邸,并为其家族中的众多成员诊治疾病,如赵曾向、狄芬、李志学、冯承熙等即为例证。这些人不仅有一定职官科名,同时也是翁氏交游较为频繁的友朋,有的甚至持续几年均可在日记中发现他们为翁氏诊治的记录,这也可从侧面反映出翁氏对他们的信赖程度。

无独有偶,张笑川在研究《慎宜轩日记》中也发现:"从《慎宜轩日记》中可以看到,姚永概及其家族周围有很多的医生或知医之士,姚氏家族似乎亦有自己较为固定的家庭医生。每当家人有病,一般首先延请医生诊视立方,若无效果或效果不佳,亦会另择人诊视、立方。"②根据翁氏日记,可进一步说明,这些"固定的家庭医生"

---

① 《翁心存日记》,第619—620、748、787、902、1445页。

② 张笑川:《〈慎宜轩日记〉所见清末民初士人的心性修养与健康维护》,第16页。

往往是具有职官或科名的"儒医",这点也是士绅家族延请医生的特别标志。

日记中除记录有翁氏延请身边的"儒医",另有"僧医"的出场。自佛教传入中国以来,"僧医"这一群体便开始进入到古代医疗史的历程之中。他们"以古印度'医方明'为基础,以佛学理论为指导,吸收和借鉴中国传统医药学的理论和临床特点,从而形成独具特色的传统医药学体系"。① 历来有关清代僧医的研究均不算多,因此,对于翁氏日记中僧医的关注尤有必要。比如翁氏日记中的几则记录:

> 同治三年(1864)
> 六月廿三日　清晨延增寿寺僧圣果为仲侄施针,先针两手腕,不甚痛,无血,于胃脘上施三针,左针易下,中右两针坚不得下,二刻许始入,刻许起针。此僧向为人治病有名,云仲侄病系有余之症,痰大凝滞三焦耳,针后觉气往下坠。
> 七月初二日　再延寺僧为源侄刺中脘、梁门三穴,又足丰隆穴,共用五针。
> 七月初十日　增寿寺僧来为源侄刺维道穴。②

> 同治三年(1864)
> 六月十八日　仲兄病发似益剧,延增寿寺僧圣来施针。
> 同治十一年(1872)
> 二月初四日　延颖超和尚为麟儿按摩。
> 二月初五日　颖超和尚来。
> 二月初十日　午初行超和尚来。四次。

---

① 赵士第、罗冬阳:《清代民间僧医的医疗活动、社交与地方社会——以释心禅〈一得集〉为中心的考察》,《原生态民族文化学刊》2019 年第 1 期。
② 《翁同龢日记》,第 335、337、339 页。

　　二月十四日　行超和尚云麟儿病势不定,伊无把握,宜请医师斟酌。于是延贺竹泉来诊视,云为热肝燥,宜先润之,兼用磨积之品。

　　四月廿八日　增寿寺圣和尚果。前日来为麟儿施针,挑手指六下。开一单方,牵牛、甘遂、木通、车前各二钱。服之屡见大便,腹胀稍松,浮肿亦减。今日又请伊来,脐上四寸一针、左右足面第三四指缝上。各一针。云渐去水气,再治积痞也。[①]

翁同龢主动延请增寿寺的僧医来为翁曾源(即仲偈)治病,其方法稍不同于之前儒医的开方服药,而是采用类似针灸之法。对于这种特别的疗法,翁同龢以十分详细的笔墨描述了中间的治疗过程,期间虽有其他儒医的参与,但翁氏仍对此法十分坚持。翁曾翰于八年之后再次延请僧医为翁家进行治疗,其中便包括之前为翁曾源施针的圣果和尚,并及另一位名为颖(行)超的和尚。不过颇有意味的是,颖(行)超和尚在为翁曾翰子女以按摩之法施行几次之后,自觉无把握便请家属改换医师,背后可见僧医自己对与儒医之间身份不同的认知定位。

　　此外,清末民初中国医疗史最为人关注的便是士人与西医的关系。翁斌孙在日记中有一段翁之熹之妇接受西医诊治的记录:

　　庚申(1920)

　　六月廿日　倪大夫(英人)来诊,云非开不可,当约别一法医同看再定。……傍晚两西医来,法医云脓已延至腰,若不开刀泄之,以后蔓延决难收拾,议定明日将病者移至法国医院,于腹与腿之间开一刀,并云不甚痛,不用药钱,一星期可回家,一月康健如恒。病者初不愿,清再三劝之,勉强应允,电告胡亲家太太,请

---

　　①　《翁曾翰日记》,第54、185、186、194页。

速来以安病者之心,此真诧事,意所不料也。

　　六月廿一日　工部局巡捕头率二人以病床至,制作极灵巧安适(倪大夫招呼来此,招租界章程,工部局专管),七钟多移病者往,室人及清儿、五女同去,十一钟室人归,云十钟开刀,法医动手,先以蒙药蒙之失去知觉,遂于小腹右侧割一口,深宽皆寸许,约二刻即毕,将病人唤醒,呼痛(指割处),一小时即入睡乡。据医言脓出甚多,今日不割,以后便难治也。

　　六月廿四日　时予甫自医院回也,在院值两医来诊,罗医换药布,予坐廊下听之,不过数分钟即毕,手术真敏妙矣。①

在此之前,翁家已遍请中医诊治,但似乎效果仍不理想,无奈之下,转请西医。从病患角度来看,清妇最初显然并不愿意尝试西医,甚至翁斌孙听闻之后也有些意外。但在第二日的手术中,翁斌孙有意将其过程记录下来,并在手术结束后抱以称赏的评价。从这一案例也可看出,即使是进入民国,西方医疗制度虽在中国逐步建立,但传统士人仍更多是夹杂有新奇和尝试的态度,这也是日记中翁氏家族延请西医的一则少见的记录。

　　以上主要从病患一方主动延请医生的角度分析了延医的方式以及所请医生的身份。除此以外,其他则以他人"荐医"为重要信息渠道。如道光十五年(1835)正月,翁心存偶感不适,日记中记录了当时前后几天身体的具体情况:

　　正月十四日　十二日自园回,即觉谷道之左肿痛,误认为痔发,未之异也。是晚更剧,以水薰洗,始知是痈,已肿如鹅卵大矣。以紫金锭敷之,痛甚,不能寐。夜起坐数次,口甚渴,食梨数枚,不能解也。

---

　　①　《翁斌孙日记》,第179—180页。

上元日　清晨起,遥祝慈亲寿后,即卧床不能起。夜痛愈,呻吟达旦。

正月十六日　竟日卧床,延何澹庵来视,始知所患者痈即俗名"偷粪老鼠",盖在江西两年来积受湿热,归途劳顿,失于调养,流注凝结而成此疾也。熊墨樵兆麟。来视,荐一外科苏君清者来视,约明日来。苏君安徽怀宁人。痛不可耐,饮食不进,彻夜呼号,大小便俱闭塞矣。①

翁心存在身体出现异常的情况下,仍习惯性根据经验分析病因并自我救治,但连续两天毫无效果之后,终于决定延请医生。何澹庵显然是翁心存身边较为熟悉之人,澹庵为其号,原名何游,丹徒(今江苏镇江附近)人,世医出身,"游家藏医书甚多,继家学,通内、外、针灸等科在当地颇有名望,常至外省出诊,并好行善义之事"。②并撰有《何澹庵医案》一书。熊兆麟应为翁氏好友,前来探望之际不忘推荐熟悉的外科医生,根据后几日的记录来看,何游与苏清两人均来为翁氏诊治。

再如咸丰五年(1855),自正月起翁同龢便患齿疾,且左颊胀痛长时间不愈,后于二月十八日延请吉楚香诊治,似乎效果不佳,翁心存记录了友朋前来荐医的情况:

二月廿二日　昨彭芍庭荐一医黄文龙诊视,云是穿腮牙痛,须不破乃妙,其药与吉君大略相仿,并以蒜炙之,敷以药,痛少止,已两旬余矣,甚为焦急。③

① 《翁心存日记》,第120—121页。
② 《中医大辞典》编辑委员会编:《中医大辞典》,人民卫生出版社,1981年,第129页。
③ 《翁心存日记》,第1014页。

可以看出病患一方会根据自身社会关系延请医生,但这并不妨碍友朋另外向其推荐医生诊治。同时病患一方也会推断各个医生的诊治方法,并相互对比,可谓对医疗资源的充分利用。

　　事实上,并非所有被推荐的医生都会受到邀请或信赖,病患一方往往会据情况进行裁决选择。如翁同龢在一场疾病之中,坚持选择一位名叫"元君"的医生,但时间较久,迟迟未见完全好转,众位友朋便出面帮忙荐医:

> 同治十年(1871)
>
> 　　十一月廿五日　连日荐医极多,并有责备偏信元君者。朱修伯荐李煊者,其父乙未副贡。兰荪荐冯赓亭。宝生荐周荇农。然观元君用药慎重,且病情似退,不敢换医,反添枝节。①

"极多"一词可见翁同龢身边友朋之热情,尽管自己已主动延请到医生进行治疗,且笃定由元君作为主治,却仍抵挡不住如朱修伯、李兰荪、庞宝生这些友人的"热情"。但显然,病患一方拥有更多的自主择医权。

　　当病患的角色由翁氏转移至家族以外,翁同龢也会积极地担任"荐医"者的角色。如光绪五年(1879)八月十二日,翁同龢前去探访友人疾病:

> 　　视燮臣,则卧床示以背,其创大如碗,紫红可怕,力劝延外科治之,荐王回回,亦未知其技果何如也。②

燮臣即孙家鼐,与翁同龢同任光绪帝师。翁氏见友人病情严重,极力

---

① 《翁同龢日记》,第893页。
② 《翁同龢日记》,第1442页。

向友人推荐外科医生,至于究竟能否起效,翁氏也难以断定。不过八月十四日日记又记录:"访燮臣,燮臣坚不寻医,守定王洪绪外科治法,亦有识力。"①尽管建议未被采纳,但其间往复可见人情流动,亦可再次印证病患的自主权。

若再将视野放大,翁氏日记中尚记录有臣子向皇帝荐医的案例,亦可见晚清医疗的状貌。如翁曾翰日记中的一则记录:

> 同治十三年(1874)
> 十一月廿九日　叔父三次召见,因圣体腰痛较剧,敕诸臣斟酌医药。荣禄奏有祁某者,汉军旗人,年九十余,精于外科。立传入内看视,据云部位非肾俞穴,可治,宜服十全大补,与太医议不合,立方存案而已。②

此处记录了同治帝弥留之际的治疗情况,显然,医疗功能的局限性不仅存在于民间或士绅家庭,即使太医也会束手无策。这种情况之下,只能敕令群臣遍请良医,事例中所荐医生祁某却有另外一套不同于太医的治疗方案。但这时,或许由于是皇帝角色的特殊性,出于谨慎考虑,"病患"一方却没有民间或士绅孤注一掷的勇气,只好先做备案。

可见,"荐医"现象不惟在明末祁彪佳家族中颇为流行,在晚清时期同样也是重要的延医渠道。"荐医"的过程中包含有颇为温暖的人情流动,而方案的最终选择权仍牢牢掌握在病患一方的手中。

---

① 《翁同龢日记》,第 1442 页。
② 《翁曾翰日记》,第 311 页。

第三节　话语斟酌：医者的更换与审度

病患及其家属虽然在面对疾病时会主动延请医生进行诊治,但若从第一节患者主动服用"饮品"自主治疗,并有与药物相对比的论断中,便可发现潜藏于患者内心深处对医师或是药物的某种不信任心理,换言之亦是对择医、择药的慎重。而这种慎重行为首先表现为在治疗过程中,病患会根据医师的诊治情况不断更换医生,以力求找到最佳的治疗方案。这种换医的行为并不一定是针对某位医师的水平如何,而是出于客观上医师诊治能力的参差不齐,以及主观上病患维护自己生命的谨慎考虑,其间也体现出患者一方充分的自主性和选择权。例如翁心存对家族成员诊治疾病过程的记录：

> 道光二十二年(1842)
>
> 六月十七日　曾源大发寒热。暮得五儿书,五儿妇发白疹,服蔼春药,尚未愈。
>
> 六月十八日　延北范一医来视曾源,服药得汗,稍愈。
>
> 六月十九日　暮得五儿书,云五儿妇热稍退,而白疹尚未全回,祥、荣两孙亦霍乱吐泻,曾源又发寒热,似有疟意。
>
> 六月廿四日　延药店姚君来视源孙疾。
>
> 六月廿九日　延姚君来视源郎,疟象渐轻,日日提早,寒少热多矣。
>
> 七月六日　延姚君视源郎。
>
> 七月七日　源郎疟已止矣。
>
> 七月廿五日　内子竟日发热,浑身疼痛,殆感受暑湿且劳发也,源郎亦复发热。
>
> 七月廿七日　内子热不止,延医姚君来诊视,云暑湿伏邪,触风而发也,服其药,热仍不止,亦无汗。

　　七月三十日　内子今日复发热,恐疟象已准矣,热较前日略轻,曾郎仍竟日热不止。

　　八月二日　内子巳刻发寒颤,旋热,已准疟矣,至夜热始退,得汗,曾郎仍热不止,服姚君药如故也,颇焦闷。

　　八月五日　巳刻延姚君来诊视开方,曾郎服药后如故。

　　八月十日　内子疟较轻,曾郎早晨热止,晚间又头痛发热,似是瘅疟,必须入城就医,因遣葛定船持书去。

　　八月十三日　曾文现已止热,延蔼春诊视,据云暑邪未早表散,多用凉药,故留滞也,并云内子之疟断不可服常山、乌梅等药,以勿药为妙。①

　　在这场疟疾之中,翁氏作为病患一共换请了三位医生,虽然姚姓医生的诊治在某个时间段似乎产生了一定疗效,这也在某种程度上赢得了翁家的信任,进而继续为翁心存妻子进行诊治。但后期病情的反复发作以及对"服药如故"的苦闷,仍使翁心存下定决心入城就医,并另请周蔼春前来治疗。病患一方更多是在不同医者之间往复尝试,究竟哪位医者更为"权威",患者往往也难以裁定,许多情况下不过是孤注一掷。

　　如果说上述所举事例是持续时间较长的换医行为,那么翁氏日记中也有短期即数日之内便进行换医的记录:

　　道光三十年(1850)

　　二月廿四日　昨日晴祭,触受风寒,晕眩,今日寅刻起,头眩呕吐,不能入,蔼客来诊视。

　　二月廿七日　此数日皆服蔼客药。

　　二月廿八日　是日勉强起坐,仍眩晕未已,停服药。

----

① 《翁心存日记》,第532、534、535、538、542、543、544、545、546页。

二月廿九日　巳刻董子远来,为予诊视开方。

三月二日　此三日服子远药。

三月三日　巳刻藕舲来诊脉,换祛风之剂……服藕舲药。

三月四日　董子远来,为予诊视换方。

三月五日　服子远药。

三月六日　惟目眩未复,足力仍弱耳。

三月七日　足力稍健,有时目眩,昨夜服药,稍觉满中,今日停止不服药。①

不过十日左右,翁心存竟连换三次药方。其中特别提及在服用薇客药三四日之后,发觉无特别效果便于第二日及时换医,并在最后身体稍有好转但未完全恢复的情况下就停药。这一时日不多的诊治过程可见翁心存对医者和药物的谨慎心理。再如在翁同龢的一场疾病中,翁心存如是记录到:

咸丰九年(1859)

六月廿一日　六儿发热不止,延屠医瑶。来诊脉处方。

六月廿四日　六儿热不退,仍延屠君来视。

六月廿五日　内子来视六儿疾,五儿、源孙均来,薄暮去。延宋君来诊六儿,先服二盅药,留头盅明日服,乃服药后转烦躁恶心,通夕不寐,因弃头盅不服。

六月廿六日　延刘西槐诊六儿,夜服药后,颇安适得眠。

六月廿七日　延宋君来视,服者仍刘君之药也。夜虽得眠,而热势甚重,殆隔日疟,故一轻一重耳。

六月廿八日　仍延刘西槐诊视六儿,表邪未清,而遽投热补之剂,如潞党、桂枝等味。服后热势更重,胸鬲烦闷,甚不相宜也,

①　《翁心存日记》,第785—787页。

以后遂专延宋君。

六月廿九日　延宋医诊视六儿,服其药,热势虽未退,已较轻矣。

六月三十日　延宋君诊视六儿,服其药,病势稍轻,时已十四日,身热未止矣,甚为忧之。

七月朔　延宋君诊视六儿,服其药渐效,热止出汗,胃气渐开,此后遂日日延之,不请他医矣。①

在这场疾病的诊治过程中,涉及多处微妙的转折。首先单就医者而言,便连续出现屠、宋、刘三位,屠医的医术似未达到理想效果,不久便换请宋医诊治,但宋医药方在当天并未起到明显效果,且有加重病情的迹象,翁氏当日便果断放弃,并于第二日再延刘医诊治。其次,之后有趣的是,在廿六日服用刘药产生不错的效果下,第二天虽然再次请来宋医,但实际上仍然服用刘医之方,宋医似乎对此并不知情,以至于廿七日病情再次加重的情况下,翁氏仍有为刘医开脱之语。但至廿八日,翁氏联系患者况况,显然是察觉到刘方的不合理之处,便断然放弃了刘医,而把希望彻底寄托于宋医身上,并直言"不请他医"。

这则案例典型地反映出患者一方的复杂心理,对医者的慎重正是来源于疾病的复杂以及参差的医者水平,病患家属既可选择延请某位医生,亦可根据情况淘汰不合格的医生。这种有时稍显频繁的"筛选机制"正从侧面反映出在医疗过程中,患者一方拥有充分的自主权和选择权。

以上案例所举医者,几乎没有在相同时间点出现在医疗现场。但实际上病患一方往往会直接省去来回换医的麻烦,将医师共同延请至一处,对患者进行会诊,使病患在诊治过程中占据更强的主动性:

---

① 《翁心存日记》,第 1441—1444 页。

同治三年（1864）

五月廿八日　午后温年伯来诊源侄脉，用甘凉之剂，云须断猪肉便可愈，此语得张南山先生；诊筹侄，云昨药太燥，更定轻清之品。朗甫亦来，说与温丈异，云是痰盛，劝服天门冬酒，以鹤青、珠粉佐之。

五月廿九日　筹郎服明叔丈所处方二剂，仍时作热，夜不得眠，渴甚，恐暑邪尚未去也。

五月三十日　延徐雅桃宝谦，嘉兴孝廉。为筹郎诊脉，据云阴液大伤，处生脉散加减方。诣赵朗甫，拉与同来。朗甫云表散过甚，气虚不能化水，多汗复伤阴液，所处方与徐君略似。①

上述案例颇为典型，三日之内，既有换医行为，又有不同医生参与会诊。翁曾翰（筹侄）、翁曾源（源侄）在这场疾病中，先是于廿八日共邀温明叔（年伯）和赵曾向（郎甫）进行会诊，两说相异的情况下，第二天翁曾翰决定服用温方，但效果不甚理想。次日，再请徐宝谦并特意将之前未加采用的赵曾向"拉与同来"，作二次比较，这才相对放心。这段医疗诊治过程再次显现出患者相比医者而言更强的自主性。

当然，患者的这种选择权虽使其在疾病诊治中更为主动，但有时医者之间也会产生激烈的争持，使得病患及其家属介于其中难以抉择：

同治三年（1864）

六月十一日　梅史入诊，决意用熟地等养阴之药，云火炽阴亡，热药宜撤，遂处一方，进少许。辰巳间姚、赵两君始来。姚仍持前议，于姜附外加鹿角霜；赵以为梅史方亦可服。余竟不能决，遂作书质诸吴竹如、万藕舲两先生。午正竹如来诊，云阳药

---

① 《翁同龢日记》，第331页。

过多致损阴气,论与梅史合而用药不同,定人参、地黄、阿胶方。
须臾藕舲来,云无以易此,遂与一剂。

同治十年(1871)
十一月廿八日　周荇翁来诊,云脉右寸关较昨稍软,照前方
加人参一钱。元君书来,甚言脉象乍大乍小如风中烛焰。周公
驳之,并云若认定燥温证,半月可全愈,不可妄投他药矣。①

翁同龢第一则记录中当日竟涉及梅史、姚、赵、吴、万五位医生进行诊
治,其中姚、赵两医同一时间赶来,并对药方使用产生争议。在此情
形下,翁氏再延吴、万两医共来诊治,并与其他医者进行对比,可明显
看出病患一方的谨慎。第二则记录同样是两位医者在病情及药方的
认定上产生较大争执。对于这种情况,翁氏有时也会陷入犹豫不决
的境地,因此往往在众声喧哗过后,他也会根据自己的观察对不同医
者进行评断。如同治十年(1871)十二月十七日:"赵能见之于未吐之
先,是识力过人;周能转手于既吐之后,亦尚虚心,但药犹未试,未敢
臆论也。"②即是翁同龢作为病患家属对于赵曾向、周荇农的医术
评价。
　　有趣的是,由于最终裁夺权掌握在病患一方的手中,医生并非只
会进行无休止地争持辩论,有时则会积极向患者推介自己,以实现话
语权或诊治权的掌握。如《翁斌孙日记》中记到:

庚申(1920)
六月初九日　清妇昨夕得大解,似宿垢已下,而腹痛如故,
张介眉定为肝经有淤血,恐致成瘫,然方甚轻,不可解。既而索

---

①　《翁同龢日记》,第 333、894 页。
②　《翁同龢日记》,第 898 页。

尧生荐一胡医来，与吴定襄所见略同，皆反对张之说，因张药已进，吴约明早再看，并云一切伊负责任，决无危险也。

六月初十日　清妇昨服介眉方，仍彻夜痛，大约药不对病矣。吴君来，仍用清解宣通方，痛少止。晚志夫人见招，往谈一时许。归，吴君在客座，与谈良久，据云滞仍未净，仍用原方，看其言论极有把握也。

六月十一日　晚吴医来，仍主前方，颇有效也。①

清妇即翁斌孙第三子翁之憙的夫人，在她患疾中，翁家延请了张、吴、胡三医，吴、胡主一法而与张医相对，为了证明自己的医术能力，直言一切由自己担责，言辞之中坦露出不少自信，之后张方失效与吴方成功，吴医也确然掌握了接下来几日病人的诊治权。

在换医和会诊的过程中，病患一方虽然有时会陷入犹豫不决的境地，但是这种谨慎方式的目的是为确保患者治疗的成功和效率。涂丰恩在考察明清医案时也曾发现相似情况："当医疗场景转换到病人家中时，病人有更多的主导权。他们时常多方请医，无法立即见效时，便又不停换医，医者有时反而像是挥之即去的匆匆过客。这是一个众声喧哗的医疗空间，数名医者彼此对话、竞逐的场面，已是常态。"②

就以上诸例而论，一方面可见翁氏所掌握的较为丰富的医疗资源，另一方面也反映出翁氏作为病患或家属在治疗中积极的介入和参与。参与过程中体现的是病患一方具有较强的自主性和选择权，这种"自主性"虽在一定层面是以相对温和的方式进行传达，比如对医生的更换，或是会诊结果的采用，至少没有出现气氛较为紧张的场

①　《翁斌孙日记》，第 177—178 页。

②　涂丰恩：《择医与择病：明清医病间的权力、责任与信任》，《中国社会历史评论》2010 年第 11 卷，第 156 页。

面,但在特别情况下这种"自主性"却会转化为充满张力的"干预性"。

第四节　进退之间:患者与医者的角力

自主疗治、频繁换医的背后,实际上隐含的是病患与医者之间脆弱的信任关系,医者的医术水平如何? 药物所起的效用如何? 都会在患者及家属心中留下一个问号。当病情在医者的手下没有得到有效控制,甚至转向加重恶化的情势时,患者不会坐以待毙,而是会积极介入并中止治疗,或是对医者的治疗加以干预和反对,再次体现出患者一方拥有充分的主导权。

首先患者①对于医者的诊治方法,往往难以给予足够的信任。这种心理可以从翁氏日记中对医者记录的措辞揣测一二:

咸丰七年(1857)

七月十四日　五儿感冒风热,发烧颊肿。六儿妇服吴医之药,皆附桂等热药。虽无大效,亦不为害,姑仍服之。②(《翁心存日记》)

光绪五年(1879)

七月廿一日　安官昨日尚得卧,微带血,今日吴澜生来诊,云是蕴热痰湿,多服燥药所致,方用香附、阿胶等味,云一年可

---

① 翁氏日记中除日记执笔者以外,翁家其他成员诸如女性、侄孙等往往缺少"自己"的疾病记录,也较少在日记中发出"自己"的声音,诸多诊治策略一般会由家族男性成员代替拿捏。虽严格上应划分为患者、家属与医者三方角色,但如女性、侄孙等患者的声音往往是由家属即翁氏男性发出。为便于文章叙述,文中凡是涉及女性、侄孙这类翁家成员时,虽使用"患者"或"患者一方"等词,但一般均是将家属囊括进去,从而实现"患者"与"医者"角色的区别对立。

② 《翁心存日记》,第1251页。

愈,姑依法治之。

光绪二十三年(1897)

七月初二日　午后子备来,未后赵季笛来。吴仍参附,赵云育阴,余皆未见,然以赵论为是,姑试一剂……服赵方亦甚胀,夜起二次,不得眠。① (《翁同龢日记》)

同治十一年(1872)

正月十三日　芥凡来,携麟儿同至观音寺街真武庙中,请贺竹泉延龄,湖南人。诊治,云是脾虚肝旺,胸次积有虚痞,并非食滞,处方用温补疏通之药,姑试一剂。② (《翁曾翰日记》)

以上诸例中,皆可见"姑仍服之""姑试一剂"等审慎用语。"姑"的言辞书写传递出患者及家属对药方的不确定心理,与其说是延医诊治,不妨说是试探的意味更为浓厚。但现实往往是尝试结果失败多于成功,失败次数的积累反而更易加重患者对医者的不信任心理,其影响则是导致医患关系的恶性循环,即不断在"延医→尝试→失败→再(延医)尝试"的怪圈中难以走出。

这种脆弱的信任最直接的表现便是患者一方对药物的怀疑与谨慎,这些心理在翁氏日记中表现十分普遍。比如翁心存、翁同龢日记中如是记录:

咸丰二年(1852)

三月十九日　内子仍未愈,赵君药用党参、柴胡,不敢服也,另延朱君诊视。(《翁心存日记》)

---

① 《翁同龢日记》,第 1438、3020 页。
② 《翁曾翰日记》,第 182 页。

咸丰七年(1857)

七月廿八日　六儿妇服吴医药,亦时发时止,吴医所用药多附桂热剂,亦不觉燥热,不知有效否也。①(《翁心存日记》)

同治十年(1871)

十二月初六日　苻翁来诊,云脉两手皆均匀,右关稍大,疑余热未净,改用复脉加海参等。因疑人参太重,熟地太补,故终日默默,肺气不舒,小水仍赤,胃气仍困,颧仍红,两尺仍大,不得谓非下证尚在也。然除却润下,实不敢再试矣。苻翁今日却欲以黄龙汤攻下,则龢之所未喻者也。(《翁同龢日记》)

十二月初十日　晚苻翁来诊,云右关甚软,脾胃大虚,余脉却好,似无坏象,定一复脉汤加减,仍用甘凉法。加东参二钱。与松侄斟酌再四,未敢冒昧加参,以沙参三钱代之。(《翁同龢日记》)

光绪五年(1879)

闰三月初九日　安孙又吐血,请王君开方,用熟地,未敢服,然脉症不应,肝肾大亏,亦无法可治,如何,半夜不睡。②(《翁同龢日记》)

《翁心存日记》中记录两个家属病患的治疗情况:一是赵医为翁心存夫人所开之方,病患认为有不合适处,便停服换医;二是翁同龢夫人在诊治中服用吴药的情状,病情时好时坏、颇不稳定,"不知有效否"传达出翁氏的深深疑虑。《翁同龢日记》反复提及的"实不敢再试""斟酌再四""未敢冒昧加参""未敢服"则是对医者药方的谨慎。再如翁曾翰、翁斌孙二人日记:

①　《翁心存日记》,第869、1255页。
②　《翁同龢日记》,第895、896—897、1416页。

同治三年(1864)

六月十一日　汗出,头面尤多,姚君来视,无把握,却于前方加鹿角霜,断不敢服。

同治十三年(1874)

五月初二日　暮至天成取银,内子喉肿殊甚,饮食艰难,以甘桔汤漱之,不敢服他药也。

五月初五日　申初,王枳簶来诊,云病在少阳,用小柴胡汤主治,疑虑不敢服。① (《翁曾翰日记》)

光绪三十四年(1908)

四月十四日　耿君来诊,云脉息大好,可以无虑,然就表面观之,亦无起色也。

庚申(1920)

五月廿三日　看儿妇病热退,惟手心未净,面色尚好,但积滞未尽,下心火上炎,睡不安,微有恍惚语,吴君来诊,主昨方,晚来用菖蒲、黄连,不知果中病否。② (《翁斌孙日记》)

翁曾翰对姚医在药方中加“鹿角霜”的行为颇为不解,故而“断不敢服”;王医使用小柴胡,翁氏又颇为疑虑。而在其妻子在罹患喉疾时,因不算特别严重,仅采用自疗之法,显得颇为保守,“不敢服他药”折射出的正是患者内心对药物不信任的心理。翁斌孙的案例则颇有趣味,尽管医生告知患者家属平安无事,但患者一方在对病情观察之后仍然对医者所言的可信度表现出极大的怀疑。而吴医另外施用的一

---

① 《翁曾翰日记》,第53、286页。
② 《翁斌孙日记》,第18、174页。

则药方,翁氏仍对此怀有深重的疑虑。

医者在为病患诊治开方的过程中,患者及家属对药方内容均保持密切的关注。从如上诸例不难看出,翁氏成员各自提及药方中的"党参""柴胡""附桂""人参""东参""熟地""鹿角霜"等药材,患者方会根据病情予以斟酌判断,如不合适则及时中止或改换药方,体现出患者一方极大的干预性。

患者及家属的干预不仅表现为对药物的怀疑、谨慎乃至擅作主张将药方中止、更换,有时甚至会与医者展开对话与辩论,使双方关系显得颇为紧张。比如翁同龢曾记录道:

> 同治十年(1871)
>
> 十一月十六日　早晨元君来诊,与商辛温运脾法。元君不谓然也,仍处养阴方,用阿胶、猪苓、麻仁等。是日起坐时多,惟胃气仍未开,语言甚少,吃散子两个而已。晚即倦卧,微烦。龢意总须温以和之。
>
> 十二月初八日　晚荇翁来诊,云脉无坏象……宜照昨复脉方更进,东参不能去,辩论语甚多。停药一日。①

翁同龢在这场疾病中虽四处延请医者,但治疗过程仍多有不如意之处,表现最明显处即是对医方的怀疑。此种情势下,翁氏未再采取"沉默式"换方,而是直接与医者就药方问题展开对话,发出"患者"的声音。第一则记录中,翁同龢的提议被医者否决,以至于翁氏睡前仍有些心意难平;第二则针对"东参"究竟是否添加这一问题,患者与医者发生了激烈的争持辩论。尽管翁氏未在日记中明确记录"辩论语"的具体内容,但最后选择停药的方式显然是一种患者对医者的对抗。再举一则记录:

---

① 《翁同龢日记》,第891、896页。

光绪五年(1879)

九月廿七日　今日始请马医饭,到家已毕,因与细谈,并以三事驳诘,曰凉药治吐血百无一生何也;曰急则治标,今肝热如沸,奈何不用甘凉;曰治血必先止嗽,今嗽不止如何。曰先止血后止嗽,止嗽非中气足不办,若强镇压,或疏利,皆不得止;曰凉药恐妨胃,且虑止于一时,而春气动将大剧;曰妨胃必泄、必减食,今两皆无之,此时果止,交春不发矣,总之以扶土生金为归宿,特有次第,不可乱耳,今拟三方如右:……①

这段材料的背景是翁同龢为其侄孙翁安孙所请之医并与其商酌辩难。翁同龢作为病患家属显然对马医的治疗方法抱有意见,而此则记录最为精彩的是翁氏将他与马医的辩论内容详细地记录在日记中,并以大量笔墨将马方附于当天日记之后。一问一答之间也展现出翁同龢不俗的医学见地,这种对话颇有明清医案的风格,也是翁氏日记中少见的医患对话较为翔实的记录。不过这次辩论并没有完全将翁氏折服,两日后恭亲王恳请翁同龢留马医为其治病,翁同龢"真无谓之事"的口吻,可见患者一方的执着。翁同龢的这种执着有时会表现得更为强硬,也使医患双方关系更为紧张:

光绪二十三年(1897)

七月廿二日　吴公来,又为余处一方,力劝服药,以为药有验,然耶否耶?

七月廿六日　吴公来诊,余不欲服药,而伊强之,且开人参,未吃。

七月廿七日　吴公又诊,劝令服参术,语极切,允之。

七月廿八日　吴公来诊,云脉好,然人参余所不喜,觉头重

_____

① 《翁同龢日记》,第1449页。

筋胀,且牙疼也。

八月初二日　吴公来诊,余坚不服参,仍定丸方。①

这则记录中,翁同龢开始便对"药"的有效性提出质疑,且明确向吴医表达不愿服药的想法。但吴医不仅没有听从翁氏的想法,且略有"强迫"之意继续开方,并附加翁氏十分抵触的人参。人参是补药,但何种体质应补是关键,翁氏基于对自身体质的认识(有医学性)和服用体验(有受用和不受用之分,他是不受用,不耐补,上火导致牙疼),而有个人的"不喜",所以"坚不服参"。一个"坚"字,体现出患者强烈的自我意志,同时也可窥测他的医药知识水平。辩难无果下,拒绝服药是医患角力失败后病患所能采用的最后方法。

翁同龢之外,翁斌孙在其日记中也有类似记录:

庚申(1920)

五月廿四日　吴医诊清妇,谓邪在心包络,积滞未下,非攻之不可,商酌至再,仍用酒军,服后四小时果得大解,夜再诊,则病已去泰半,吴意滞未净,然不敢再攻,改用当归蒲延汤。

六月初六日　清妇腹痛甚,昨夕邀陈榘曾诊之,云是肝胃不和,服其方,今日仍痛。吴医来,云有微寒在阴分,晚间痛略如昨,较早为甚,吴医覆诊,云胃中有积滞未尽,用酒军一钱半下之,与之斟酌良久,彼谓非此不可,久留滞恐发热,只得听之。②

翁斌孙对吴医屡次采用酒军治疗翁之熹夫人的做法颇为不解,尽管"商酌至再""斟酌良久",但似乎并没有改变医生的意志。这个案例

---

① 《翁同龢日记》,第3026—3029页。
② 《翁斌孙日记》,第174、177页。

也提醒研究者,虽然患者及家属会试图就医疗方案尝试与医生展开对话或辩难,但两方往往各执己见,谁也难以真正说服对方。其结果或是患者不予采用药方,或是双方中必有一方妥协,很难确切得出患者与医者究竟哪方取得最后"胜利",这也是医疗史研究医患关系值得留意之处。

到此必须作一发问,为何患者及家属屡屡对医师和他的药方持以怀疑、谨慎的态度? 为何患者一方会抛弃平和之态与医者展开对话、辩难,以至于营造出颇为紧张的角力态势? 这再次回到了本章的一大核心问题,即患者及家属对医者的不信任究竟从何处产生? 回答这个问题,需从主、客观两方面分析。

其一,主观方面,即是患者自身对医疗知识的掌握和积累。这表现在对药材的辨识、药方的记录以及对医书的阅读和运用。

关于药材的辨识,这点其实在前文中已有提及,患者及家属会在每次诊治中主动分析药方中的各项药材,并依据自己的知识经验进行判断。此处再举几例:

> 咸丰二年(1852)
> 三月廿一日　出城回宅,问内子疾,昨服朱君药,热止(已七日矣),稍愈,然药中有川连、竹茹、淡芩,过凉,撤川连服之。酉初仍入城寓。

> 咸丰九年(1859)
> 七月十五日　夜间源孙旧疾复发,虽微轻而时数,甚为忧之,宋君之药未免太寒,如胆星等味不宜用也。①(《翁心存日记》)

---

① 《翁心存日记》,第 869、1447 页。

同治七年(1868)

五月初八日　慈亲服徐亚陶方,胸次觉闷,今日徐君来,改去洋参,仍用凉剂,似嫌太重,减黄芩、知母、郁金服之。

光绪二十三年(1897)

二月廿五日　余极言黄耆腻,补非宜,荐内阁朱文震诊脉。①(《翁同龢日记》)

翁氏父子显然对不少药材具备一定的认知了解,他们可以根据患者病情决定撤换或减量,从而在治疗中掌握较强的主动性。而就日记来看,医疗知识的获取来源主要依靠于对各类药方的积极记录以及对医书典籍知识的主动获取。

翁氏日记中常常不惮篇幅、花费大量笔墨记录一些应对疾病的药方,可视为对医疗知识的一种积累学习。如同治元年(1862)京城爆发一场大规模的霍乱,人心惶惶,李兰荪为翁家开一药方以应对时疫,翁心存、翁同龢均在日记中将这则药方详细记录下来。② 再如翁心存数日便闭不通、头晕目眩以至于睡前跌破额头,当日便记载倭仁传授一方,翁心存将其细心记录并"试之果效"。③ 还有如同治二年(1863)八月十六日这天,翁同龢从一位前辈口中听闻名医治疗羊角风、痢疾、隔气的几则药方,当日回去便立刻将其详细记录在日记之中:

　　和甫前辈云,有名医俞君传数方皆神效,治羊角风,用大蚌数枚置水缸中数日,以钱嵌蚌口,令滴出白水,净瓷碗盛之,约小半碗,对姜汁少许温服;但须细香,如有些黑子,即用夏布过去,防有马

---

① 《翁同龢日记》,第 613、2984 页。

② 《翁心存日记》,第 1752 页,《翁同龢日记》,第 213 页。

③ 《翁心存日记》,第 1779 页。

黄子。一方菊花叶、野芹菜、梨,均捣汁,对姜汁温服,皆柔筋法
也。治秋天痢疾方,用猪肉一二斤白水煮极烂,饮其汁即止。治
隔气方,用鲜果汁频服,甘蔗汁尤妙。又云曾见一小儿出痘黑
陷,诸医束手,俞君亦以肉汁灌之,一夕尽灌浆,得无恙。①

这则记录十分值得玩味。第一,此方不过是他人口传,而且属于信息
的二次传播,可信度多少,尚不可知。但翁氏在听闻之后,却十分有
心地将方法一五一十地记录下来,可见其对获取医疗知识的积极态
度。第二,如果细读,便会发现,此法并非传统意义上的药方,而是颇
有些"土方"的意味。需要特别关注的是,治隔气的方子中谈及鲜果
汁、甘蔗汁等"饮品",如果结合第一节来看,或许可以推测翁同龢之
所以能发出"吃梨汁、萝卜汁,似痛快,比药好"②的感慨,以及在自疗
时屡屡服用"饮品",似有其缘由所在。一方面或是来自其父翁心存
的家庭性影响,另一方面或许正是吸纳了这类"土方"的医疗观念。
同时,药方的相互传递也可见晚清士绅获取医疗知识的别样图景,这
点多为研究者所忽略。

　　药方的记录除来自他人授受、口耳相传之外,阅读日记还可发现
翁氏从古籍中进行摘录的案例。如翁斌孙在丙辰(1916)十一月初四
日这天的日记中,翁氏从周密的《齐东野语》中摘选出"治喉闭方""治
小儿痘疮""又治疮后余毒上攻,内障目不辨人"三则药方,并仔细将
其誊写于当天日记末尾处,③亦可视为对医疗知识的积累获取。

　　当然,《齐东野语》究竟只是笔记著作,严格上说仍不如医书等典
籍专业。日记中有多处翁氏主动阅读医书或是他人推荐相关医书的

---

①　《翁同龢日记》,第 289—290 页。

②　这句话记于 1893 年,而"土方"记录时间则为 1863 年,相隔三十年
之久。

③　《翁斌孙日记》,第 64 页。

记录,特别是在一定情况下,翁氏常以医书作为与医者角力的话语资源。比如他人劝读医书的事例:

> 咸丰十年(1860)
>
> 十月十三日　仍延春帆先生来,仍用温中之剂,言高年不宜发表,又言太补则风寒受束,两手关脉均有歇至,此旧病也,乃痰多气壅耳。姜公劝余读《张氏医通》。

> 同治二年(1863)
>
> 六月廿二日　饭后李佑澜瑞铭,原名惇五。来辞行,将偕心农赴楚也,此君颇精医理,劝余读医书,自言得真传于介休张柳桥培林者也,向晚去。①

姜春帆、李佑澜均是翁同龢身边知晓医理的人士,二人不约而同推荐翁氏阅读医书虽未明言缘由,但可见在当时掌握一定医疗知识的必要性。尔后,翁同龢对这种建议不仅予以积极回应,更将医书中的方案条例运用于现实疾病的诊治中,且以此作为与医者争持的话语支撑:

> 同治五年(1866)
>
> 十二月十三日　德官服三春柳,疹未出而热如旧,方镜湖云不宜用表,病恐入里,用石膏、犀角、羚羊等味。检《温病条辨》,始悟赵、顾两君之谬。

> 同治七年(1868)
>
> 正月廿六日　慈亲今日转比昨日不爽,未申间即卧,发热喘

---

① 《翁同龢日记》,第83、283页。

促,脉右寸关洪数,似外感未清,而顾君之药专治气分,未免过轻,照《李氏刊方》第一方服之,连翘等味。自十六日起胃口不开,并不吃烟。

三月三十日　源侄仍不语,虽得卧,病犹未减,余读黄元御书,以为当用姜附,而不敢独断也。

同治八年(1869)
六月初四日　读《居易金蔵》,极中余病。

同治十年(1871)
十一月十九日　看《张氏医通》,论内伤劳倦证,极合现在病情,大旨当以东垣补中益气为主,一切攻下表法皆谬也。

十一月廿一日　看《温病条辨》,极言热病后不可屡下,总宜保护阴液,参术姜桂皆在所禁。

十二月十四日　朗甫来,未诊,写长篇以为定是水饮,药用温通……伊熟于黄氏之书,故持论如此,若以从前治法而论,则如此等药皆每服所必用,而今日拘于《温病条辨》一书,则又畏之如虎。人子不知医,真无从措手耳。

光绪二十三年(1897)
六月二十日　鹿病未已,吴子备于丑初来诊脉,云是夹食伤暑,辨脉甚细,而处方与《温病条辨》迥异。余所迟疑者葛根也,吴萸也,麻黄根也,渠决意不改,只得试之。①

以上诸例涉及的医书有《温病条辨》《李氏刊方》、黄元御书、《居易

---

① 《翁同龢日记》,第507、586、599、699、891—892、892、897—898、3016页。

金蕴》《张氏医通》等，其中尤以《温病条辨》出现频率为最高。翁同
龢在自己或家族成员患病时，虽然会延请医生诊治，但是常常自己
私下翻阅医书，并以此作为依据判断医师的诊治方案是否可靠，且
多有纠谬设疑之处。而从所录日记的言辞来看，翁氏心中显然是
更为偏信医书而非医者，这也是患者及家属一方与医者进行对话
裁夺的重要理据。这类医疗知识的掌握给予翁氏较为充分的自信
心，使其能够对医者提出怀疑进而展开辩论，并做出主导性的诊治
方案结果。

此外，翁同龢还将医书知识实践于家族内部成员以外的患者，可
见其运用范围之大。如同治元年（1862）翁家仆人沾染霍乱，翁同龢
在医者已经开方救治的情况下，仍查看医书，按照己意对仆人另立一
方，表现出强烈的干预性：

> 六月廿九日　仆人王升染时气，今晨转筋极剧，而医者以木
> 瓜等及清暑之剂投之，了无效验，恶症均见，余既深知此病非姜
> 附不治，又昨日灯下检近人所刻《医圣心源》，中论霍乱转筋必用
> 附子，遂处一方，以附子、干姜、生姜治之，适有人持治时疫方用
> 姜附重剂者，遂决意照方更投一剂，虽略转，而神气甚败，且视其
> 命何如耳。数日内时症益多，药方亦甚乱，余意总以阳症宜清
> 解，阴症宜温中。①

翁家仆人服用医者之药后毫无效果，翁同龢对治疗此病却似乎胸有
成竹。"深知"的措辞传示出翁氏本人的医疗修养和自信，而让他坚
定信心的则是《医圣心源》中的药理说明。最终药方则是自己的认知
加上医书的指示调配而成，并直接运用于仆人的实际治疗。此处值
得留意的是，《医圣心源》是"近人所刻"之书，可以见得翁氏在书籍的

---

① 《翁同龢日记》，第215页。

购藏中对医书的留心。

翁同龢对医书运用的得意尚不止于此,同治九年(1870),倭仁患疾于家中,翁同龢前去倭家府邸探问友人,并对其治疗有所关注:

> 十一月廿二日　谒艮峰相国,晤其郎君,药石杂投,恐遂成疾,盖《医宗金鉴》中明言此是失荣证,而其家不知也。[①]

翁同龢在对倭仁病情询问了解之后,能立即联系《医宗金鉴》对应病症,再次表现出他对医书的熟悉和掌握。

尽管翁氏处处表现出与医者相对的自主性,但这并不能说明翁同龢的方案便一定正确有效。光绪十二年(1886),同样又是家仆患病,这次翁氏所施药方似乎没有收到预想的效果:

> 九月十二日　仆人任福患隔症,屡投凉剂。余查黄氏书,以为非宜,乃处姜桂苓夏方,初服尚好,继仍呕吐,今日尤重矣,恐不起也。[②]

显然翁同龢依旧对医书持有十足的信任,并据黄氏医书另外开出一方,但这次实践效果似不太理想。

不过,翁同龢的医疗实践结果究竟成败与否对于本章探讨并无太多关涉,重要的是,从中可以发现翁同龢医疗知识的来源途径有相当一部分正是医书典籍。对医书的阅读和熟悉使他在面对医者时可以获得自己的判断,进而在医患关系中掌握充分的主动权。此外,在借赠医书的往来互动中,亦可见翁氏与医书的关联:

---

① 《翁同龢日记》,第 820 页。
② 《翁同龢日记》,第 2049 页。

光绪二十五年（1899）

八月廿五日　屈荫堂患半身不遂已五十日，由皖归匝月，至是来借《医林改错方》，予之。

光绪二十六年（1900）

五月初五日　金兰升来诊羕脉，赠余所作山水扇，不俗，并《茧宝一得》，录伊论医之作。①

就以上材料所见，似乎可以发问，为何友人会专门向翁同龢借阅医书？又为何另有人向翁氏赠送医书？如果从翁同龢的角度而言，或是其知医并购藏医书的行为身边的友人皆有知晓；若从医书的角度而论，应可视为医书在当时是士绅之间十分常见的阅读书籍，赠阅往来以获取医疗知识，是再正常不过的习医途径。以上案例也为认识晚清士人与医书的互动关系提供了一个侧影。

值得一提的是，翁同龢虽留下众多书籍题跋，但为医书作序的情况却并不多见，此事可见于光绪三十年（1904）四月十六日："撰柳冠群医书序。柳，江阴人，尝于次公处识之，前年卒，其弟子柳宝庆、金兰升为刻医案四种，又溏痢释意，来求序。"②柳冠群是江南名医，其弟子求翁同龢为之作序或由于翁氏于晚清较高的政治声望，但反面而论也是对翁同龢知医的了解肯定。

以上从患者及家属的角度分析患者一方为何能与医者展开对话、辩论，其原因正在于前者自身对医疗知识的积极获取，有关其途径来源，一是于对他人药方的摘抄记录，体现的是一种口耳相传的传播路径；二是主动阅读各类医书，并于疾病现场应用实践，则是直接将纸面知识转化到现实之中。正因为这类知识的掌握，使患者及家

① 《翁同龢日记》，第 3227、3270 页。
② 《翁同龢日记》，第 3519 页。

属具有充分的自信心介入到医疗现场,并与医生商讨、辩驳,并在许多情况下主导疾病的诊治方案及结果,表现出强烈的干预性。

其二,客观方面,则是当时社会医疗功能的不健全以及医疗惨案的频频发生。这种现象使得患者一方难以对医者建立坚固的信任,并在内心始终不能消除猜疑顾虑。在翁氏日记中,这种情绪多表现为对庸医的斥责和愤怒。如翁心存记录到:

> 道光十七年(1837)
>
> 四月二日　闻吏部考功司主事王君卿霖号慈雨,沭阳人,丙戌进士。体素充,年甚壮,于三月中殁,为药所误也。其友人挽之云"麻黄一两,细辛一两,如此草菅人命,世间可杀是庸医",复殴其医大委顿,颇为击节称快。今年春史荔园侍郎亦顿服细辛数钱而卒,甚矣,京都猎食庸夫之可恶也,安得司刑者皆执律以治之乎,恐此辈来世堕落并不能如红线之现女子身矣。奉劝世人勿药为上策,慎毋以性命为儿戏也。①

这条日记是翁心存早年对他人治病但不幸去世的一则观察记录。王慈雨和史荔园虽身为朝廷官吏,却仍旧逃不过庸医的"毒害"。从翁氏言辞如殴打庸医并为之"击节称快""庸夫之可恶"以及其他语气强烈的用语中,不难看出翁心存对庸医的痛愤,同时也对服药治病明显抗拒的心理。这种心理在道光三十年(1850)正月十日的日记中亦颇为相似:"遣人入城,知六儿自初七日发热三日,今日始得汗而热解,殆因长途跋涉,积受风寒故也,都中医多孟浪,不服药亦良得。"②即使是京城,即使是官吏,庸医似乎无处不在,时隔十三年翁心存仍坚持这种评价,这显然不是翁氏的自我臆断之辞。而当庸医出现在自

---

① 《翁心存日记》,第 243 页。
② 《翁心存日记》,第 776 页。

己家族中,则无异于晴天霹雳:

> 咸丰三年(1853)
>
> 八月十八日 坐定良久,乃云昨得七月十九日家书,知曾文于七月十四日申时病卒,闻之痛绝。徐取云樵及曾纯书阅之,知于六月廿六日陡患伤寒症,为庸医所误,全用凉药,遂至不起,伤哉。是儿为先太夫人钟爱,敦厚笃实,无夭死法,能读书,近更探讨经史,用沉潜之功,未知有著作否,恐身后亦散失矣。家门凋敝,连遭四丧,今又丧我长孙,摧割何极。①

翁心存的长孙翁曾文不过只患寒症,但医生竟再以凉药投用,这种庸医行径让翁心存再也难以克制自己的情绪,感伤的话语在日记中肆意流露,庸医的阴影在翁氏的心中回旋笼罩。

事实上,倘若通览《翁心存日记》,便可察觉到翁心存患疾时在延请医生这方面具有明显的迟滞性。比如咸丰五年(1855)六月六日起,翁心存便断断续续有身体不适的情况,直到十六日"勉强起坐,头晕不止,鼻血时流时止,入喉吐血块数口,仍时时卧,食粥而已"。②在病情开始加重的情况下,才于第二日延请医生进行诊治。翁心存在记录家族成员疾病时,虽然多有为翁家其他成员延请医生,却很少提及为自己诊治。大多情况下,都是在自己默默忍受病痛,或是自主治疗,除非是病情十分严重的情况下,才能在其日记中看到延医开方的记录,尽管多数情况下翁氏仍然对药方抱有复杂的疑虑。

翁同龢在日记中,也有针对庸医的控诉,比如同治元年(1862)七月初二日:"打杂老郑昨日尚无恙,黄昏吐泄,至今日辰刻遂绝。余自

---

① 《翁心存日记》,第 1001 页。
② 《翁心存日记》,第 1038 页。

半夜即召医令诊处方,无效,庸医如是耳。"①但比起他的父亲,这类控诉的语气已经缓和许多。在《翁同龢日记》中,表现更为强烈的是对良医的渴慕:

> 同治十一年(1872)
>
> 　十月十五日　巳初二刻入诊,费君年七十二三,目光奕然,声音甚圆亮,诊源侄,曰……诊余,曰……诊寿官,曰……皆要言不烦,嗟乎,倘人海中有此医,则无误药之病矣,为之感恻。……土人云费君之父更精,名"费一帖"。此君亦善士,以治向军门得名,向酬以三品顶。其子亦能医,其孙入泮矣。费君号晋卿,行一,秀才而曾充地保。恽次山联,称为名士而名医。著诗文集甚多,又有《医醇》一书。②

之前所举翁同龢的多处日记案例都显现出翁氏与医者较为紧张的对话态势,而这段访医诊治的气氛则显得十分融洽,且在日记中也十分少见。显然费医对翁家三位成员的诊断正中翁同龢的下怀,翁同龢也对这位医者十分欣赏和感激,并在当日日记的末尾处将费医所开的三个药方详细记录。"倘人海中有此医,则无误药之病"的感叹可见当时社会医疗水平的落后以及良医的可贵。或者可以进一步说,翁氏以及当时的众多士人,并非是真正要排斥、抗拒医生,医患关系也不是从一开始就呈紧张之态势,他们对抗的是庸医,反感的是误诊,因为背后都牵系着一个个鲜活的生命和家庭。

翁同龢对良医的渴慕有相当一部分是来源于其父母治病的经历。如同治五年(1866)的冬天,翁同龢于家中回忆其父翁心存临终前的患病经历,满怀悔恨地写道:

---

　①　《翁同龢日记》,第 216 页。
　②　《翁同龢日记》,第 946—947 页。

　　十一月初一日　　坐小屋中,念先人于此日遘疾,当时但以为中寒,岂知实是中热,药饵妄投,奄至大祸。呜呼！百身难赎矣。

　　十一月初二日　　先人之疾亦如是而已,何不孝等之颠倒昏迷不悟耶。[1]

翁同龢一直认为父亲的疾病发展到后期之所以难以挽回,正是误服医者之药,而自己不知医实为不孝,言辞之中都是追悔之情。这种为药所误的心境几乎在父亲的每个忌日都会隐隐发作,成为挥之不去的痛:"同治十年(1871)十一月初七日　先公忌日,不能诣祠堂设奠,望空叩奠而已。回想先公病状,亦是热壅中焦,误用桂附,遂致不起。甚矣人子必当知医,而良工之不易遇也。"[2]冬天的冷意再如何凛冽,似都不及庸医、误药给患者及家属造成的伤痛更为沉重。这段灰暗的经历也成为激励翁同龢主动阅读医书,并屡屡对医生及其药方提出质疑的一大原因。

　　总而言之,作为患者及家属一方的翁氏家族,在遭遇疾病时常常处于进退两难的境地。他们既要承受病痛的折磨,又需不断与医生周旋,甚至直接干预医疗活动,并与医生展开对话与辩驳,呈现出颇为紧张的态势。造成这种现状的原因一方面是患者习医、知医、懂医的知识背景,另一方面则是大环境下庸医的误诊行为给患者及家属造成的惨痛阴影,使得患者与医者之间难以建立稳定的信任关系,这也正是晚清医疗史图景的一个缩影。

---

①　《翁同龢日记》,第 498—499 页。

②　《翁同龢日记》,第 889 页。

第五节　"我"的视角：疾病体验
与感伤化的叙述

余新忠曾言："个体生命，其存在的意义和价值绝不应只是可以体现时代文化及其变迁或佐证社会发展趋向或规律的道具，生命本身作为一种自在的存在，其价值与意义也自有其相对的自主性和独立性，人性的光辉、生命的尊严、苦难的应对与拯救等日常生活中的主题，对于社会的宏观大势来说，或许无关宏旨，但却是生命本身的价值与意义之所在。"①诚然，在现代人文学科中，为便于学术图景的构建，虽然会关注到"人"，但有时候所关注的这个"人"是干瘪的，是缺乏生命以及灵魂的。已逝的古人不应简单成为营造宏观世界的学术工具，而理应得到尊重，以及作为人的尊严。张瑞在研究晚清日记医疗史时，跳出医学病理学的知识框架，转而分析"疾病在个人、家庭和社会活动三重情境中的意义和影响"，②这个思路给笔者很大的启发。鉴于此，本节拟复归至病患的视角，对他们患病过程的体验叙述作一考察。

诚然，疾病是苦痛的，当它投射在患者的身体上时，最直接的表现便是情绪和心理上的波动。这种以"我"的视角而作出感性的记录很难在医话、医案中看到，但是在日记中却有最直观的反映。除非是身体难以支撑、病情不可控制的情况，翁心存并不是一位很喜欢延医看病的人，甚至在日记随处可见对庸医的斥责。在他每年的日记中，母亲的、儿孙的以及其他家族成员的患病过程都占据了相当多的篇幅笔墨，当然，其中也不乏自己的患疾感受。而这种疾病投射出的感

---

① 余新忠：《序言：在对生命的关注中彰显历史的意义》，《新史学》2018 年第 9 卷，第 9 页。

② 张瑞：《疾病的文化意义——晚清日记中的病痛叙事》，第 98 页。

受更多是夹杂着丰富的感伤心绪,让人读来颇感悲切:

道光二十六年(1846)

正月廿八日 便闭又数日矣,今日始得通,气血渐衰,近来
屡屡患此,殆将如吾母之疾矣,不胜泫然。

咸丰六年(1856)

六月六日 体殊不适,自诊右手脉屡屡歇至,何也,岂衰朽
将死耶,委顿甚。

咸丰七年(1857)

正月八日 予于上年岁杪患痰嗽,新正连日嗽甚,每夜必咳
痰一盂,兼患气喘,腰足无力,殆将不支矣,内子亦患胃气。

二月七日 予久嗽伤肺,肝火上冲,左耳聋甚,筋骨皆痛,殆
不可支,是日未入署,小憩一日。

七月廿七日 是日天气阴凉,景物凄淡,绝似九秋。前日昨
夜忽患心痛,夜不能寐,又时时便闭或泻泄,殆将不支矣。①

翁心存在记录自己的患疾感受时,所用频率最高的句式便是“殆
将……”,传达出的更多是一种凄切悲观的心境。特别是从咸丰七年
(1857)开始,这类情绪化的记录开始更为频繁,因此这一年的除夕
节,缺少了节日的喜庆,更多的却是一种难以言说的寂寥:“昨夜痰中
带血,予素无此病也,今日心中发空,精神亦觉委顿,予衰老矣,一镫
荧然,独处无侣,俯仰身世,怅触万端。”②患疾以及伴随而来的衰老
心境,在之后的几年中持续蔓延。咸丰九年(1859)九月四日,一次受

① 《翁心存日记》,第604、1131、1192、1201、1254—1255页。
② 《翁心存日记》,第1290页。

寒而导致的腹泄让他颇为受挫："近日受寒,体中不适,腹泄污及中衣,老态龙钟,深用自恨,惫甚,引被而卧。"①之后,在翁心存人生路程的最后两年,疾病对他情绪和心理的影响越发加重:

咸丰十年(1860)
十二月十三日　耳聋目瞆,动辄气喘,老景毕臻,死期不远矣。

咸丰十一年(1861)
正月廿六日　连日交节气,肝疾大发,耳鸣如万窍怒号,殆将病矣。
五月八日　庭前新种千叶白桃为虫蚀,叶皆脱,蔓延及去年所种千叶绯桃,亦渐脱,殆将槁矣。因忆先大夫殁时海州学社手植桃皆烂漫花,花后尽枯,然则此兆不祥,予殆将死矣乎。
十一月二日　演跪仍不能起,左手右拇指、食指皆麻木,心跳不能自持,殆将病矣。

同治元年(1862)
正月六日　昨痰嗽竟夜,今早脑痛欲裂,殆将大病矣。
八月十八日　诸疾少痊,头眩转剧,且气逆愈甚,恐将不久于人世矣。②

翁心存晚年疾病缠身,且衰老之势愈发明显,这种情绪记录已不再是简单的"殆将病矣"的重复,而是会观景生情,并不自觉开始思考死亡的事情,言辞之间更显消极感伤。相比翁心存而言,翁同龢记录自己

---

① 《翁心存日记》,第1458页。
② 《翁心存日记》,第1575、1587、1615、1667、1694、1782页。

的患疾感受时,伤感化的情绪则相对稍淡一些。日记中较为特别的
是他晚年治病时所作的一篇《痢疫记》,颇像一则叙事短文:

> 光绪二十八年(1902)
> 十月十六日　晴。晨乘舟入山,初登舟即流涕,到山腰痛暴
> 下,饭后亟回棹,步归而病作。
> 《痢疫记》
> 是日并夜六七次,即邀金门来诊,云木克土兼袭风。脱袜忽
> 寒战,中夜冷汗几脱。次日十七。复邀金门,方用车前、磁石,服
> 之夜得小水,而金门不能独任,遂延蒋君,方亦如之,未服,一日
> 夜二十次。又明十八日。邀王士翘同金门诊,闻处一方轻香泻
> 浊,然一日犹七八次,入夜始得睡。此两昼夜未合眼,未进勺饮。
> 是夜三次,似宿垢尽下矣。又明日十九。仍两君诊,犹五七次,
> 倦甚,入夜一次,似已止,而小水不行,胀坠不能堪。此数日昏昏
> 如梦,老年颓惫如此,殆疏于此。又明日此为二十日,不过二次,
> 小水不能通,两君来诊,微利之。夜得解,又次日泻止,两君仍
> 来。王医脉理细,读书勤,金门谨慎,深赖之,且六日来陪医审药
> 金甥一人也,记之。其中曾用焦三仙浓汁加红白糖饮之,不为无
> 功,此高阳李公所传也,不可不记。①

这篇记文是附在十六日日记的末尾处,之后阙十七、十八两日日记,
但从记文来看,翁同龢记录了十六至二十日共五天的看病记录,专门
为此小文赋一题目,可见其是有意撰成此文。虽然说在内容上似乎
与其他相关日记差别不是很大,但是记文内容中还是可以明显看出
有序的时间线,以及较为规整的文章理路。记文以叙事为主,但其中
也不乏自己的心理描写与情绪感受。而其中出现的"记之""不可不

---

① 《翁同龢日记》,第3411页。

记"等词语,以及在十九日之后已有正常化日记记录的情况下,仍特意撰成此文,可见其有意布置文章之意。将患疾和诊治情况撰成一篇短文,并冠以《痢疫记》的题目,这在翁氏日记中是甚为少见的。

上述所举两例是以"我"的视角来观察自己患疾的身体感受,"我"既是病患,同时也是日记的记录者。但如果两者角色分离,即"我"是观察者,而"病患"为他者时,则又是另一种记录体验与视角。这种对他者的记录首先最直观的便是家族中的亲属成员,特别是当二者之间牵系着血缘的纽带,这种痛楚更有共情的强大力量。

翁曾翰曾有一段痛失爱女的经历,虽遍请良医,最后仍是未能挽回其性命。在翁女去世后,他在日记中将这种难以抑制的痛楚详细地记录下来:

> 同治十一年(1872)
> 五月廿一日 麟儿终日展侧不安,午后项舌强,大便泄不止,完谷不化。以参、附灌两匙不应,申刻连催进食,忽作寒噤,目直神离,呼之能应而不能语,眼有泪痕,奄奄至戌正一刻,竟尔化去,余不禁抚尸长恸! 六七年爱惜深情,今日休之一哭。沉疴原不可起,犹冀挽回于万一,呜呼已矣! 惨痛可知矣。棺木、十八两。衣服等已先为备办,更许肢体遂寒,小殓。
> 廿二日 卯刻木厂送棺木来,即于对门空屋中成殓,额色如平时,口目俱不闭。噫,真死于肝病耶。抑亦恋恋于父母耶。辰初掩棺,我心如割,不禁又为之一恸! 遂舁送观音院,停北院东房,一间每月六千。略供茶果而已。嗟嗟何药不投而竟无效,终至不起,伤哉! 伤哉! 此女聪俊异常,频年藉以解忧,一旦失却,能无增痛! 暮,雷雨大作,念吾麟儿寂寞,寺中孤雏可闵,延僧放焰口一坛,聊为超荐之意。①

---

① 《翁曾翰日记》,第 197—198 页。

从这一年的正月起始，翁曾翰便携领其女四处拜访求医，这种记录几乎在连续几天甚至每个月都能看到，直至最后救治无效。或许很难想象，身为父亲的翁曾翰是怀着怎样的心情，将这段丧失爱女的痛苦，一五一十地泣诉于笔端。甚至是对于其女的死因究竟为何都拿捏不定，翁曾翰的这种绝望应是当时的一个常态，也可见晚清医疗水平的有限。而这样的经历也在翁斌孙的身上重复上演：

> 光绪三十四年（1908）
>
> 四月廿三日　韩医来诊，仍昨方加减，谓脉不如昨，病者终日呻吟，闻之心碎。
>
> 四月廿四日　韩医亦谓虚象可危，予以参汤，夜间即令睡西屋，此女为予所爱怜，一病至此，天邪人邪。
>
> 五月初一日　归，伯垣在坐，云小桃病不可为，其情形则痰声如锯，不得吐，舌干，语不得出，甚觉可怜。申刻仍出祷雨。归，看病者，似不至即有变兆，呼之尚模糊答应，问以认得否，犹点首，忽侧身向内，痰静无声，视之已去矣，伤哉！此女予所钟爱，医药不慎，遂至于此，予之过也。[①]

翁斌孙痛失爱女的心情在日记中流露得无比感伤，思及女儿去世的原因，翁斌孙虽是归结于自己之过错，但"医药不慎，遂至于此"的哀叹则似有控诉庸医的意味。

除家族亲属以外，这种视角也会关注到身边的友朋近邻，对于他们的病逝，翁氏同样十分感伤：

> 咸丰六年（1856）
>
> 十一月十六日　巳刻文处来报，孔翁已于昨日巳刻仙逝矣。

---

① 《翁斌孙日记》，第18—20页。

当天下艰难之日，又少一正人，奈何，非特同谱之不幸也，鞠躬尽瘁，神力已疲，偶感寒疾，又投以羚角、石膏峻剂，遂致不起，伤哉。

同治元年(1862)

正月十四日　戌刻张诗翁仙逝，病两月矣，竟不起，予中街南邻也，闻其家哭声甚悲，殊有山阳邻笛之伤。诗翁以正月十四日生，亦以是日卒，时刻不差，殆有夙根欤。①

同治四年(1865)

七月廿四日　凌晨起先问子白疾，云呕逆如故，乃往视之。连、陆与钮各主一说，乃用连方。午后脉益微，乃延万藕舲、李若农同诊，知其不可为矣。酉刻犹手书斟酌用药数语，亥初二刻遂逝，伤哉！②

同治二年(1863)

七月十二日　又云张良哉到通州，五月十五日伤寒病故！阅之嗟悼涕洟。余与良哉相交十年，谊如昆弟，不图小别竟作长辞。阅其家信，云伊初八由沪渡海，初九到通州，匆匆数语，倦卧而疾作矣，越日，神识不清，时狂时倦，十五日精神虽略爽，想如平日饮食，而舌照常，惟默无一语，至戌刻竟下世，惨极，惨极！盖其由海舶南去时，辛苦过甚，而心境抑郁，易于感疾，不及诊治，而已入膏肓矣，呜呼！伊一身担荷匪轻，为全家所依赖，死亦安能瞑目乎。③

---

① 《翁心存日记》，第 1177、1696 页。
② 《翁同龢日记》，第 415 页。
③ 《翁曾翰日记》，第 20—21 页。

不过,疾病虽然痛苦,情绪也难免感伤,但日记中并非一味地弥漫着这种消极的情绪,其间亦有温暖的人情往来。这常表现于他人对患者疾病的慰问,或是主动前来赠送药物,皆可见人心风俗之厚。如道光十五年(1835)正月,翁心存患疮并流脓血,友人得知之后便前来探问:"程子廉舍人来视疾,盘桓竟日,爱我如骨肉,可感也。"①翁心存晚年患疾多由万青藜诊治,虽然翁心存常痛骂庸医,且翁同龢也对其父误服药物导致去世一事一直满怀遗憾,但在光绪九年(1883)二月廿六日万青藜去世后,翁同龢终稍有释然:"闻万藕舫冢宰竟于昨日酉刻化去矣,感叹不已。先公病,服其药不效,然尝言其意可感,小子能无动于中耶。"②医者与患者的紧张关系似乎在人情的温暖下得以缓和。除探问疾病以外,另有赠送药物:

　　咸丰五年(1855)
　　八月廿六日　代理涞水令戴君泽远号筱亭,行八,河南光山人,由军功议叙县丞,升知县。来问疾诊脉,馈药馈食物,情意殷勤,甚可感也。

　　咸丰七年(1857)
　　四月五日　得王雁汀书,寄大乌十二枚,知我以肝气耳聋,劝我节劳自摄,情谊肫肫,深可感也。③

以上仅举代表性记录。当然这种人情互动并非是单线条,友朋患疾时翁氏也会主动前去探问,体现的正是双向的情意往来。如咸丰八

①　《翁心存日记》,第121页。
②　《翁同龢日记》,第1726页。
③　《翁心存日记》,第1058、1218页。

年(1858)六月廿日:"闻张宝卿患脚麻痹,出城往视之。"①再如同治元年(1862)九月八日:"遂访寿阳相国,至其榻前,值其头晕,良久乃能语言,气息微弱不可辨,属其安心静养,切勿焦急。"②均可见友朋与病患之间的款款情意。从某种程度而言,这种互动也为患者的身心带去诸多慰藉,疾病的叙述也因此不再是清一色的冰冷。

结　语

一直以来,传统的医疗史研究多利用医书、医话、医案等材料,对日记的利用稍显不足。而日记也常常被视为考古历史的边角材料,并多以辅助、佐证的身份出现,地位常被边缘化。本章正是将日记放于中心位置,以此作为探究晚清医疗史的主要材料,在综合借鉴前人研究方法的基础上,希望在此方面有所开拓。另外,地域、家族是晚清文化的一大特征,而家族同记日记的现象目前则以常熟翁氏最为典型。是故,以翁氏家族日记来探究其疾病叙述与家族医疗史正为十分合适的案例。通过研读翁氏日记,本章得出以下结论:

其一,在传统的"药物"治疗方式之外,关注到翁氏家族在患疾时常常会主动进行病因分析,并服用西瓜汁、茶、酒等"饮品"来对抗不同属性的疾病。同时亦选择充满"迷信"色彩的如祀神、乩仙、符水以及割肉疗亲等治疗策略,其背后是来自民间传统的"知识"信仰。

其二,自疗终非治病的主要通道,多数情况下患者仍会延请医生参与诊治。医生来源的渠道主要包括自荐与他荐,医者的身份包括儒医、僧医以及西医,其中儒医有不少均是身边的友朋,体现出的是"儒而知医"的特征。

其三,医者虽被邀请而来,但是患者往往对治疗有十分不确定的

① 《翁心存日记》,第1332页。
② 《翁心存日记》,第1807页。

心理。其间若诊治效果不佳,病患及家属会及时换请医生,或是在一定情况下,出现多方会诊的情况。患者一方对诸位医生的方案进行拿捏评估,并掌握有相当高的自主性。

其四,患者及家属与医者的关系并不稳定,在治疗过程中,前者对医师的方案常持怀疑谨慎的态度,并在一定情况下与医生展开对话和辩论,从而干预医疗的方案结果。这种情况出现的原因,主观上来源于患者对医疗知识的积极获取和掌握,其中医书是重要来源,客观上则是当时社会医疗机制的不健全以及医疗事故的频频发生,体现的是患者对庸医的斥责。

其五,疾病会对患者及家属的身体和心理造成极大的负面影响,最直接的表现便是日记中感伤化的叙述。而人情之间的往来互动则在一定程度上稀释了这种冷意。

上述特征为翁氏家族医疗史的主要内容,但同时也是晚清医疗图景的一部分。清代日记卷帙繁多,如何将日记从传统边缘的位置转换于中心地位,应是文献研究当有的一项反思之处,同时也是医疗史研究可再作突破的重要一环。

结　论

　　清代日记数量宏富,而日记作为一种特殊的文体,也作为一种重要的文献记录,于清代正式步入一段较为成熟的发展期。日记既是个人的生活记录,稀松平常,但有时也会记录时局要事,可佐正史。对日记的利用及研究,既可从单纯的历史文献角度进行挖掘,同时也可从文献文化史的角度予以辨察。因此,有关日记的研究存在多种可能。

　　以《翁心存日记》《翁同龢日记》为代表的常熟翁氏日记,作为清代众多日记文献的代表,在具备日记“逐日记事”的普遍性特征的同时,也包含其自身的特殊性,即其文化属性及家族属性。《翁同龢日记》出版已久,其中所记史实对研究晚清政治变局固然具有较高的历史价值,也因此被置于“晚清四大日记”之一的位置。但事实上,《翁同龢日记》中丰富的书籍信息对研究晚清的“书籍世界”同样具有不可忽视的价值,而这一讨论对于《翁心存日记》研究角度的丰富与拓展也提供了借鉴参考,这是其文化属性。此外,《翁心存日记》《翁同龢日记》又一同被纳入翁氏家族的群体统系中,而翁氏家族又并非简单地以血缘作为家族的联结纽带,在其家族之中有一条清晰的“耕读传家”的文化命脉统摄于家族传承之中,也因此使其成为令人瞩目的江南科举大家和著姓望族。有关家族的研究有多种方法可以借鉴,而以日记文献为主,其他文献为辅,却不失为家族研究方法上的一种突破。

　　以上是由翁氏父子日记的文化属性与家族属性所引发的拓展,而回归其日记的本质属性,又可进一步掘发日记的文献特质。对读作为探讨文献价值的研究方法有其不可替代的意义,而翁氏父子日记的三年交叉也为日记之间的对读提供了可能。此外,日记中亦记录有丰富的医疗信息,以此为基础,并将《翁曾翰日记》《翁斌孙日记》纳入其中,可进一步探测翁氏家族的医疗史面貌。本书也正是立足于此,以翁心存、翁同龢日记作为文献中心,以翁曾翰、翁斌孙日记为辅,从以上几方面研究探讨,并得出如下结论:

其一,从日记的本质属性出发,以文献对读作为方法,翁氏父子日记在书写法则、措辞语气、内容编排上有诸多雷同巧合,结合《杨度日记》与《湘绮楼日记》的重叠叙述,推测清代家族及家族以外的日记具有私密性较弱的特征。这种特征不仅表现于身后的出版传播,在日记的生产过程中也有所展现。此外,《翁同龢日记》历来被赋予的较高地位在与《翁心存日记》的对读中受到挑战,其表现为《翁同龢日记》部分记录展现出较强的个人性、随意性及模糊性特征,而这也仅限于短短的三年比勘中,至于之后数量更多、时间更长的《翁同龢日记》内容究竟是否可靠则或许再难以确凿肯定,而与此同时也显现出《翁心存日记》本身所蕴涵的丰富价值。

其二,从日记的文化属性出发,以书籍史为视角,从“购书”“赠书”“献书”三个角度考察晚清上层书籍世界的规模面貌,可见其主体是以士大夫群体为代表的精英阶层,群体的购书与喜好对晚清学术风气具有一定影响。此外书籍也在其中担当媒介作用,其既可作为礼物于群体中赠送流转,从而促进人员之间的情感互通,同时也被作为普通士子实现经世致用或探测天听的“进御”对象。书籍在攀爬的过程中将众多社会角色联结起来,进一步丰富了书籍世界的形貌,而政治权力的归属也成为上层书籍世界形成的根本因素。

其三,从日记的家族属性出发,以“诗书传家”作为皈依,与家族流衍相伴的翁氏藏书也自有其渊源,其中不乏从其他藏书家如陈揆、刘喜海、彭元瑞等处流转而购藏,展现出“家族”与“藏书”共同兴衰的局面。而翁氏藏书历经五代保存完好,也进一步揭示出翁氏家族长盛不衰的深刻原因。藏书以外,读书也成为家族的一种特殊的生活方式,其表现为几代人共聚一首、同处一地的读书、校书,也表现为跨越时间、地域于藏书中共同留下家族成员的翰墨手迹,其背后体现的则是家族传承的文化印记。此外,在家族内部的读书中还展现出翁氏成员雅好桐城文章的现象,其中尤以翁同龢为典型,翁同书次之,而这一现象也可作为桐城派以外人士学习桐城文章的典型案例。

其四,从日记的医疗属性出发,将翁心存、翁同龢、翁曾翰、翁斌孙等人日记综而观之,可以见得晚清传统士大夫家族在应对疾病时所采用的方法和策略。患者对医者夹杂有复杂而矛盾的态度,因此在疾病发生初期往往选择自我疗治,诸如祀神、符水、割肉等方式展现出传统民间的“知识”信仰。而延请医者之后,患者与医者之间呈现出争持与辩难的场景,其背后展现出的是“庸医”频频导致的医疗惨案。因此患者往往会主动通过阅读医书获取知识,并在医治过程中以此为据与医者辩论,展现出较强的主动性和干预性,成为古代家族医疗史的图景之一。

当然,问题也并未就此完全了结,许多问题仍可做进一步深入探讨。比如,有关“清代日记私密性较弱”的特征,是否在其他清人日记中同样有所展现,其范围大小、私密性程度的临界值又大概处于什么样的位置。这一问题的解决,既需立足于丰富的清人日记文献的研读,同时也要选取合适的可供对读的日记文献,《杨度日记》与《湘绮楼日记》,《翁心存日记》与《翁同龢日记》虽只是目前暂时找到的两个案例,但两个案例的结论推测却可以作为进一步推开清人日记研究大门的“钥匙”,也为今后的类似研究提供了一个导向。

此外,翁氏与桐城文派之间的关联也仅仅是一个开启,桐城派于晚清的发展究竟是一个什么样的面貌,翁氏成员作为桐城派以外的人士去主动学习桐城文章,虽可以笼统理解为桐城派势力的波及影响,但其中是否又有其他尚未触及的原因,又是否还有更多的诸如翁氏成员这样的“桐城派以外人士”的不同群体加入“阅读桐城文献”的队伍,而桐城派内部人士与桐城派以外人士在共同学习"桐城文章"时又有什么不同。如果二者之间仅仅是微弱之差,所谓的"桐城派"界限又当划至何处。而如翁同龢、翁同书这类或有私淑"桐城派"之意的人士,又为何没有被刘声木选录到标准十分宽泛的《桐城文学渊源撰述考》之中,这些或许还需建立在更为丰富的清人日记文献阅读的基础之上。

　　另外,对常熟翁氏一族的研究还有十分广阔的空间可供拓展,比如国家图书馆、上海图书馆、南京图书馆等地藏有数量繁多的翁氏家族成员的批跋本,其中题跋文字的整理与研究可进一步深化对翁氏一族的文化认知。而南京图书馆藏有《翁之缮日记》稿本,将其纳入翁氏家族日记的统系中或又可拓展对常熟翁氏一族的了解。

　　最后归结于日记文体本身,作为一种相对成熟但相比其他文体还十分年轻的文体类型,其文体究竟如何发展演变直至最后定型,作为发展最为成熟的清代又呈现为一种什么样的面貌特征,这一领域的研究多被忽视,而对其纵深把握则显得十分必要。当然,更重要的是,应该有范围更广、数量更多的日记文献稿本、抄本、刻本被学界重视整理,日记的研究才有向前踏一大步的可能。

附录一　上海图书馆藏翁氏家族题跋整理①

第二册

1.《孟子》二卷,题宋苏洵批点,明万历四十五年闵氏刻三色套印本,清翁同龢跋并过录刘大櫆评点。(第381—382页)

评点皆帖括语,古人不如是也。近世刘海峰以古文名,所见大率类此。乃用黄色笔临于册中,亦犹闵公刻书之意云尔。

戊辰五月,翁同龢记。

第三册

2.《汗简》七卷,宋郭忠恕撰,清康熙四十二年汪立名一隅草堂刻本,清翁同龢跋。(第208—210页)

冯己苍《默庵遗稿》有《汗简》跋,略云:"《汗简》上中下各二卷,末卷为略例目录,共七卷。李建中序为郭忠恕撰,崇祯十四年借之山西张孟恭氏。乙酉避兵于莫城之洋荡村,偶携此本,发兴书之,廿日而毕。此书向无刻本,张本亦非晓字学者所书,遗失讹谬,未可意革。李公序云:'赵字、旧字下俱有臣忠恕字。'今赵字下尚存,旧下则亡之矣。既无善本可资是正,而所引七十一家,余所有者仅始一终亥本《说文》、《古老子》及《碧落碑》而已,何从其讹谬哉。此书亦有不可余意处。如沔字、汸字、泯字、涸字,皆从水,今沔从丏、汸从方、泯从民、

---

① 整理自上海图书馆编:《上海图书馆善本题跋真迹》,上海辞书出版社,2013年。

涸从卤,䐭从月而入脊部,却从邑而入谷部,驶从马而入史部,朽从木而入亐部,大氏因古文字少,未免援文就部,以足其数。又目录八纸应在第七卷,而此置卷首,非是。按冯先生钞本大略与此本同。第所云李建中序,则此无之,惟篇首所记李建中题字而已。目录八纸误置在前,此装书者所为。汪序固云:'朱氏潜采堂旧钞六卷,后有序目一卷也。'"

松禅记。

3.《碑版异文录》一卷,清梁同书撰,手稿本,清翁同龢跋。(第252—254页)

邑耆旧苏园公先生,孤清峻直,海内知名,与钱塘梁山舟学士交最深。山舟之书,苏氏所得最夥。此《碑版异文录》二卷,山舟集碑帖楷字,仿娄氏《汉隶字原》之例,标其所出,凡点画小异者皆著焉。乌呼! 何其勤且博也。凡人之学,囿于所习,书道亦然。习虞则虞,习欧则欧,未肯少越,以为规矩体势当尔也。山舟论书谓止有看帖无临帖意,其专尚性灵矣,而纂辑之功乃如此,此其所以陶冶众体而成一家也。昔颜黄门讥流俗放失,有"揖下无耳""鼓外设皮"等语,其实随手变体,汉世已然。六朝三唐,尤趋笔势,乌得据六书为绳削,山舟盖观其大意而已。苏君保成系园公先生后裔,宝藏此迹于兵燹之后,可谓识真。吾尝求园公遗集未获,今亦于保成处得读旧家世泽,元气斯在,保成其勉之哉。(苏君字保臣,今讹书成字,愧悚愧悚)

光绪二十六年八月,后学翁同龢观弃记。

4.《说文谐声谱》不分卷,清张惠言撰,手稿本,清翁同龢跋。(第255—258页)

张先生皋文《说文谐声谱》四册,《谐声纪韵》一册,皆手稿,恽子居叙而未刻者也。武进赵氏世藏,君阆二兄属为题记。古音分廿部,辨析极秋豪。进退顾江段,衡从诗易骚。良书今魏晋,精篆古泉刀。

梨枣非余事,流传待俊髦。

　　光绪壬寅正月,后学翁同龢题。

　　《谐声纪韵》一卷,张皋文先生手稿,后学翁同龢观。

　　5.《古文说》不分卷,清龚橙撰,手稿本,清翁同龢题记。(第275—277页)

　　此猿叟书,作于同治乙丑四月由沪赴杭时,其年三月,叟在沪上,与秦澹如、龚孝拱陪贾芸樵于法华镇看牡丹,见《东洲诗集》。松禅记。

　　咸丰庚申秋,英舶犯津门,时孝拱为英人幕客,在舶中指麾,故士论绝之。

　　6.《广韵》五卷,宋陈彭年撰,宋刻明修本(卷三配清抄本),清翁同龢校并跋。(第289—290页)

　　此亭林、竹垞未见之本,癸酉九月廿又五日,从宝生尚书借观,因题记。翁同龢。

第四册

　　7.《史记》一百三十卷,汉司马迁撰,刘宋裴骃集解,唐司马贞索隐,唐张守节正义。明嘉靖四年至六年王廷喆刻本,清翁叔元临明归有光评语,清翁心存跋。(第21—22页)

　　咸丰戊午,得此书于京师厂肆,予五世族祖司寇铁庵公故物也。公手临震川跋、评阅语,惜仅半部。自"封禅书"以下阙焉,予老矣,它日儿孙辈尚续成之。噫!揽秀堂图籍,零落都尽,独此书幸得为楚弓之归,吾子孙其宝诸。

　　心存谨记。

　　8.《南史》八十卷,唐李延寿撰,元大德十年刻明嘉靖十年

重修本[卷一第二页抄配]，清翁同龢跋。（第 45—49 页）

此吾邑陈原习先生藏本，后三百八十余年，常熟后学翁同龢得于京师，谨题记。

陈先生去官后以言事斥为民，敝衣粝食，澹然终老。余以狂谬著罪籍，万不能与前贤絜短长，惟戢迹墓庐，饭疏饮水，庶几先生之风耳。

光绪庚子二月，同龢记。

光绪辛卯夏得此本于书贾谭姓，每册有印记曰："苏州常熟虞山精舍至乐楼主人河南道御史陈察原习之记。"盖吾邑先民都宪陈公旧藏也。公在谏垣，尝劾刘瑾矣，又尝与邪党争矣，归而再起，又尝发郭勋奸利矣。呜呼！以公风节之劲如此，故出按川滇、巡抚南赣，所至皆称为清官，此后进闻风者，当景行而自奋者也。重公旧物乃匮而奉之，距公在台时计三百八九十年矣。

壬辰十月八日，重装毕，邑后学翁同龢记。

9.《汉书》一百卷，汉班固撰，唐颜师古注，宋绍兴江南东路转运司刻，宋元明初递修本[存七十七卷，三至五、八至十九、二十一至二十五、二十七至三十六、四十五至四十七、四十九至六十四、六十六至九十、九十四、九十八至九十九，卷六十八至七十四、八十七至八十八配清抄本]，明毛晋校，清翁同龢跋。（第76—79 页）

右《汉书》宋刊大字本，先公所宝重·得于同邑某氏，汲古阁旧藏也。卷首有毛斧季小像，今佚。道光己酉，先公入都，轻装不能赍，拟付粮艘运致。未几，粤寇起，运路断，此书遂留南中。咸丰庚申，吾邑被兵，图籍毁尽。同治戊辰，同龢假归营葬，忽于灶觚拾得残本，悲喜并集，然止五十七册矣。今年夏，蒙恩放还，乃得排比甲乙，椟而藏之。

光绪二十四年戊戌十月，同龢谨记。

10.《吴越备史》四卷,题宋范坰、林禹撰,清抄本,清翁心存、翁同书跋。(第353—359页)

咸丰七年丁巳秋,儿子同书从邗上以此本寄予,予旧有精钞本一册,亦从述古堂传录者,与此本大略相同,间有出入。爰将两本雠勘一过,命次孙曾源以诸跋度于彼本上,而以此本付曾源藏之。

戊午秋八月寒露节,遂庵翁心存志。

《吴越备史》,以述古旧钞为善本,此帙乃扬州江节父从述古本传录,有吴枚庵三跋,节父及秦敦甫皆有手书一跋,案《四库》所收及钱辛楣所见,皆钱德洪刊本。可知此本流传甚鲜,足称秘笈,爰属幕府书记袁江李镇安写《四库提要》于卷端,而属山阴田大年写《养新录》一条于简末,庶俾读者参检众说,益知此本之可贵云尔。

咸丰七年正月,翁同书跋于军中。

11.《窃愤录》一卷续录一卷,清抄本,清翁同龢跋。(第385—386页)

此《窃愤录》与《南烬纪闻》及《宣和遗事》,均载徽、钦北狩,辱其身并及后妃。三书如出一喙,盖皆诞妄者所为,以他书证之,其道里、时日无一合者,其作伪无疑也。其详在李清跋中,见《南烬》册尾。

瓶生。

12.《劫灰录》二卷附录二卷,题清珠江寓舫撰,清抄本,清翁同龢跋。(第471—472页)

册首范公名印,三十年前得之,今送直隶先哲祠宝藏。适阅此书,因钤诸首页,非本有也。

辛巳三月九日,同龢记。

第五册

13.《松筠列传》一卷,清何绍基撰,手稿本,清翁同龢跋。（第 162—167 页）

猿叟书自入蜀而一变,盖得力于二篆,又日课隶书数百字,而以横平竖直为根矩。此册纯是欧法,力到豪末。吉南世讲得之妇翁黄济川处,暇日出观,相与赞叹不置。

光绪辛丑月,松禅龢记。

14.《蓼野年谱》一卷,清翁长庸撰,清道光十五年翁同书抄本,清翁心存跋。（第 195—197 页）

大参公年谱,吾家旧藏钞本一帙,仅至康熙丁未止,书颇陋劣。殆公解组时纂成,命小史缮录者。又有公手稿一通,作小行楷,起自丁未春,迄于辛酉,先叔父耕梅公合钞成帙。然公六十以后,目眵手战,字迹又细如蝇头,多模糊不可辨,故脱误处尚多。今年秋,心存奉母就医郡城,寓斋无事,爰据公手书,重加校勘,正其讹阙凡三十余事,于是差为完备。谨按,公卒于康熙癸亥六月十六日,年六十有八。谱既断乎辛酉,此后两年遗事尚阙,玩末"卒为饥驱"一语,则又糊口于四方矣。而公墓志已佚,行状亦残损不全,无从考证,惟公绘有坐立二像册,一时巨公题咏甚夥,中如曹秋岳溶、邓元昭旭,题款皆署辛酉春日。又岭南陈元孝恭尹、梁药亭佩兰,以下题者凡八人。东莞梁宪叙称"辛酉秋,先生入粤,因得展观",语尤明确。考是时秋岳已归隐林泉,元昭亦自濠卜居金陵,窃意公于辛酉之春,或取道越中,或溯江西上,故得与两公聚晤。其秋,遂重游炎徼,与陈梁诸公相倡酬,卒岁乃归。归逾年而遂卒,其踪迹可追想而知也。公历任征榷,处脂不润,拂衣归里,宦囊萧然。晚年饔飧不继,复时时作万里之游,弗获稍享田园之乐,后之人眷怀祖德,尚其廉隅,自饬无愧为清白吏子孙哉。

道光辛丑冬十一月朔,六世孙心存谨识于胥台旅寓。

邓元昭先生为公丙戌、丁亥乡会试同年生,由翰林官至洮岷道,家本凤阳,而踪迹多在吴越。谱中记其阻公上疏一事,当在词垣假归时,其题小像诗则解组以后所作矣。两姓移赠本格于成例不可行,微先生与孙孝则先生力阻,则疏再上,必获严谴,爱人以德,洵道义之交也。公之五世孙为嶰筠制府廷桢(按,嶰筠即廷桢号)、制府公子子久、编修尔恒与儿子同书同举壬辰顺天乡试,又同为癸卯广东乡试考官,累世通家,殆有前定与?

甲辰五月朔,心存又识。

15.《南征纪略》一卷(清顺治八年),清孙廷铨撰,清抄本,清翁同龢跋。(第225—226页)

戊子四月初,直西苑骑马入西阙门,避日下马,循西廊下行,过都察院朝房,有老兵拥破书及败铜铁,问之,曰:"有人欲易钱者也。"乃捡得数册以归,此其一也。就灯下读一过,峭洁如郦注,可喜也。

瓶生记。

16.《知止斋日记》不分卷(清道光三十年),清翁心存撰,手稿本,清翁同龢跋。(第254—256页)

右先文端公庚戌年日记一卷,是年成庙升遐,上命定郡王载铨等恭理丧仪,先公亦与其役,大行遗诏,有无庸配享郊庙之谕。载铨等议,以为先帝谦德,非臣子所敢言,欲匿其事不下。先公流涕力争,乃集廷臣议,既而军机大臣陈孚恩面折载铨于上前,载铨退疏异议者于册,欲中以法,先公以危辞切责之,乃止,此事外人莫知也。左藏不给,始议开捐,先公执不可,有司持稿往复不已。又同官中有主其事者,勉强画诺,掷笔而叹曰:"先帝诏罢,而计臣议行,如国体何?"怏怏者累日。龢时尚少,不知先公言之悲也。呜呼!日月奄忽,先公捐背已十有一年,而吾母又永弃诸孤矣,惨痛中收捡遗墨,褾而藏之,以示后之人。

同治十一年,岁在壬申,四月五日,不孝男同龢敬记。

17.《猿翁日记》不分卷（清道光十五年），清何绍基撰，手稿本，清翁同龢跋。（第257—259页）

猿叟乙未归湘日记一本，余以数十钱得于打鼓担上。猿叟知之，索观甚急，后仍还余。余谓"叟王氏琼箫同行"一语，何遽涂去耶？叟亦大笑。

松禅记。

第六册

18.《明史断略》一卷，题清钱谦益撰，清抄本，清翁同龢跋。（第23—26页）

道光壬寅，石门蔡锡恭刻《醉经阁分书汇刻》六卷，中有蒙叟文，漫录之。铭其子墓，而云"父好酒荒蓿畬"可乎？顾云美世系此可考见。

光绪壬寅五月，瓶居士。

《明史断略》一卷，自洪武迄嘉靖，邑中相传以为蒙叟稿本，令姚升钞之。

壬寅五月，瓶居士记。

19.《海虞别乘》不分卷，清陈三恪辑，清常熟赵氏旧山楼抄本，清翁同龢跋。（第82—84页）

光绪乙丑秋，余南归省墓。次公邀余宿旧山楼下，案有此册，因假得之，仓猝北来，收入行箧，绝不记忆。次公书来索，乃令钞胥录一本，俟便寄还，庚寅除日退朝记。

翁同龢。

20.《海虞别乘》不分卷，清陈三恪辑，清抄本，清翁同龢校并跋。（第85—86页）

光绪十六年十月廿三日校毕。是时闻次孙凶耗，累夕不寐，谒告五日，颓唐中取以破闷，乃忽竟此卷，因叹若得归田，尚希炳烛，今乃汲汲顾景无展卷时也。悲夫！

是书假自赵次公，本多讹舛，而传写又加甚焉。吾家太常公之名德，而无一字诠次，最可怪叹。或非足本耶？

第七册

21.《钦定四库全书简明目录》二十卷，清纪昀等撰，清抄本，清王颂蔚、翁炯孙批并跋。（第3—5页）

旧岁冬将阑矣，从蒿隐丈假得此册，以校坊贾所抄位西先生批《简明目录》，半月而迄，此册钞写甚精，校雠亦细，间有一二误处，炯随笔用朱字抹出，卷中录管抄朱修伯批，皆有沿其讹谬处。盖管所据滂喜斋本，即出自钞胥辗转传写，误脱滋甚，炯悉据象叔祖昔岁手钞修伯评本校正，疑者盖阙，字迹恶劣，污染宝笈，不胜悚偲。

辛卯新正十三日，灯右古虞师汉氏记。

是书既邵批，而卷内每据管临朱修伯本加"邵曰""位西丈云"，似于体例尚欠斟酌。是书若重加厘订，分出正文、邵附录、各家校定文字、疑者附注异文一字，削去校勘之语，则眉目清楚矣。

炯孙又记。

22.《钦定四库全书简明目录》二十卷，清纪昀等撰，清抄本，清翁炯孙跋。（第6—7页）

王蒿隐农部藏邵位西先生批《简明目录》，厂肆有传钞本，叔祖见之，属书贾录副购归，而脱落错误卷率百数处。炯回向蒿隐假得原本，用朱笔校勘，冬杪春初，讫十余日而读之，皆起其原本误者，则□以志之，而疑者盖阙。炯孙校语则加炯案焉，卷中上下方题识及字旁，皆后人校正增补之笔，如鸿绶、绍基、诒让或称中皆多引《东湖丛记》。献及蒿隐所记，余多不可究别，格内则皆位西原本，间有一二条，如十六卷末，有引《东湖丛记》云云，则注诒让。其简端称周曰者，蒿隐附记周季觇语嵩隐有记见卷末。写□未□见□皆□载,炯始从而补录也。炯本拟重为厘正体例,校订异文,手写一部,合以朱修伯先生批,余则删其繁复,附录于后,眉目清楚。不使淆杂,乃今岁秋试,又在转瞬。迫于帖括,恨不得暇校此册,亦匆匆校过,无一端楷,但求文字无讹耳。

辛卯正月十一日,翁炯孙校毕记。

23.《金石录》三十卷,宋赵明诚撰,清顺治七年谢世箕刻本,清翁同龢跋。(第204—206页)

自卢雅雨刻《金石录》,而诸家评校,采摭略尽,秘阁所收即卢本也。此本顺治年刊,讹字颇多,既临何校,又以卢本逐条校订,用力甚勤。惜前后无印记,其称廉按云云者,不知其人,惟第十六卷冯绲碑有一条,廉按下又称醇按,疑出扬州董恂酝卿手,君本名醇,后改今名。此书购自厂肆,董君殁后所藏多散落也。

昔吾友潘伯寅得也是园宋刊残本,诧为奇宝,刻"金石录十卷人家"小印,置酒邀人赋诗,滂喜云亡,风流歇绝,可胜叹哉!

瓶生记。

24.《金石图》不分卷,清褚峻摹,清牛运震说,清乾隆八至十年刻本,清翁同龢题记并过录清赵绍祖、刘喜海跋。(第260—262页)

刘燕庭跋云:"汉陈德残碑见褚十峰《金石经眼录》,此本碑额为装手所误,君字少□,琴士即右之石纹,误为郡字,不思'汉故陈郡之碑',尚成何文义耶?"

咸丰中见刘燕庭丈藏本,录其评跋于右,碑字肥浊,碑阴则疏朗。或云亲见人伪作,殆先获碑阴,从而伪刻正面耳,识真者当能辨之。

瓶生记。

25.《集古印谱》不分卷,明顾从德辑,明隆庆六年钤印本,

清翁同龢跋。（第 381—384 页）

予自有闻见以来,讲金石而收藏最富者,惟山左陈氏寿卿。寿卿蓄古印数千,所编《十钟山房印举》八十册,价重难致。支朋中潘氏郑龛、吴氏愙斋皆博收而精鉴,而宗室盛伯羲王氏莲生所藏亦夥,然其谱则未见也。此十二册前明上海顾氏手印廿本之一,楮墨精好,俨如复斋钟鼎款识,次公得之,珍护备至,暇日出以示予,予仅有绿玉印一枚,螭纽而土蚀,文曰"食邑万三千户",古岂封邑如此其侈者哉? 然篆势奇古,因附印册尾,以质次公,怀一脔而慕函牛之鼎,可乎? "岂"下脱"有"字。

光绪二十有六年,岁在庚子,正月十二日,松禅记。

第八册

26.《画禅室随笔》四卷,明董其昌撰,清大魁堂刻本,清翁斌孙批并题识。（第 317—318 页）

己丑九月二十日,六叔祖抵津,盖省墓事毕,航海而北也。次日余赴通州敬俟,小住旅邸,灯下阅此遣寂,因记。笏居士。

丙戌小除夕重读一过。弢夫。

是日张雨生、曾君静两丈宿于吾家,明日去。

丁亥三月清明前二日又阅,未能竟也。

甲午三月七日闱中阅一过,笏记。

27.《庚子销夏记》八卷附《闲者轩帖考》一卷,清孙承泽撰,清乾隆二十五年至二十六年鲍廷博、郑竺刻本,清翁同龢跋并过录清何焯、余集、江德量、桂馥、朱筠、翁方纲批注。（第 319—320 页）

临何义门评本,原本是丁小疋属程瑶田过录,有余秋室、江秋史、桂未谷、朱筜河、家覃溪翁题记,又有故宋书画目附第七卷后。

28.《灌园漫笔》七卷,清王初桐撰,清光绪间赵氏旧山楼抄本,清翁同龢题诗。（第 423—433 页）

光绪庚子二月,从次公假此精钞本漫题:"花农真合住花田,借得奇书手自编。不数世间凡草木,知君心事在梅颠。梅颠阁,君熏修处也。""冷笑庐陵作记人,洛花名号几番新。荷锄抱瓮非吾事,付与东风浩荡春。"

松禅居士。

第九册

29.《重雕足本鉴诫录》十卷,后蜀何光远撰,宋刻本,清翁同龢题诗。（第 329—338 页）

标题截字真成陋,计叶论钱亦太酸。传与后生增一笑,海涛声里几回看。

光绪戊戌五月十七日,同龢记于成山洋。

30.《重雕足本鉴诫录》十卷,后蜀何光远撰,清曹寅影宋抄本,清翁同龢题诗。（第 339—343 页）

扬州诗局传钞遍,池北书堂校勘严。难得王家天壤阁,殷勤为护栋亭签。

首帙金笺三字,栋亭手题。辛卯仲春,门人王莲生以此见赠,漫赋一诗。

瓶生。

31.《夷坚丁志》三卷,宋洪迈撰,明祝允明抄本,清翁同龢跋。（第 449—457 页）

昔先公得祝希哲书《佛图澄传》,行楷数千言,纸墨艳发,体势在褚、米间,谨严秀逸。龢儿时所珍玩,迨伯兄赴西域,携以自随,兄殁,则归箧中,无之矣。光绪庚寅正月,乃购此《夷坚志》三卷,虽草草钞写,亦有趣致,宜僧弥、退谷诸先生之叹赏也。今日有以青莲华经来售者,三卷具足,颇奇逸,别是一格,因记之。

戊戌二月十三日,冗迫中偶书,翁同龢。

第十册

32.《均藻》四卷,明杨慎撰,清抄本,清翁同龢跋。(第42—44页)

杨升庵此编专取僻典,颇便寻检,四库未著录。按,此书四库入存目,谓是韵府群玉之流,而驳其均字,以为粉饰太甚。盖全书不用古字,独于书名用一古字也。升庵尚有《谢华启秀》及《哲匠金桴》等书,皆辞章家对偶新丽之句,不足重也。并见《四库存目》。

松禅记。

四库开时,四方献书者经采录后,以原书发还其家,其发而未领者,皆储于翰林院。院有瀛洲亭五楹,列架比栉。余于咸丰己未,院长命与清秘堂诸公同检书,时插架尚十得六七。后于厂肆,往往见散出之本,盖管钥不慎,为隶人所窃也。迨光绪中再至,则一空如洗,可胜叹哉!

松禅记。

33.《大佛顶如来密因修证了义诸菩萨万行首楞严经》十卷,唐释般剌密帝、弥伽释伽译,唐房融笔受,宋刻本,清翁同龢跋。(第141—143页)

宋刊《首楞严经》十卷,中峰所诵,松雪所藏,香光所赏,其流传的的可搜,人间瑰宝也。香光谓松雪题签,今不可见,仅卷尾一印耳。其神貌乃与世传之本迥异,而字体峻拔,与北宋蜀本大字经体无二,其为北宋精椠无疑。十年前得于京师,携来江南,供奉于瓶隐庐,一段墨缘,洵非偶然,珍重记之。

光绪二十八年九月,瓶居士危病初起书。

34.《南华发覆》八卷,明释性通撰,明末刻本,清翁同龢题记。(第 270—271 页)

此本余十二岁时得之书估,其红笔批点绝可爱。癸亥六月,因阅姚姬传先生点定本,用墨笔临校一过,循发自视,但觉日月之速而已。

同龢记。

第十一册

35.《李翰林全集》四十二卷目录四卷,唐李白撰,明刘世教辑,《年谱》一卷,宋薛仲邕撰,明万历四十年刻合刻分体李杜全集本,清翁同龢跋。(第 95—97 页)

赵景之先生立朝侃侃,其攻杨嗣昌夺情,乃一端耳。此书赖有"东田旧史"一印,知为先生手迹。得者宝之。

光绪二十七年三月,邑后学翁同龢记。

36.《杜诗通》四十卷,明胡震亨撰,清顺治七年朱茂时刻李杜诗通本,清翁同龢跋。(第 137—139 页)

庚寅夏得此本于西苑朝房,谛审知为青主先生评点,纸既浥脆,乃付潢匠背之。壬辰秋日,排比旧籍,以畀斌孙一笏,斋中何减霜红龛里耶。

瓶叟记。

37.《读杜心解》六卷首一卷,清浦起龙撰,清雍正二年至三年浦氏宁我斋刻本,清翁同龢题记。(第 153—154 页)

朱墨二笔评点,墨笔录新城二王语,出西樵者,则著"西樵曰"三字别之,余皆阮亭语也。朱笔未详何人,俟更考之。

同龢记。

38.《丁卯集》二卷,唐许浑撰,宋刻本,清翁心存、翁同龢

跋。(第 232—237 页)

稽瑞楼藏书,大半已化为云烟。此《丁卯集》及元刻《丽则遗音》,皆子准当日以善价得诸吴门黄氏者,幸未售去。余借观经年,弥深人琴之感,今将入都,聊题数语而归之。贤子孙幸善弆藏,勿遗失也。

道光己酉二月初吉,翁心存识。

《丁卯集》二卷,宋刊精本,黄荛翁旧藏,后归子准陈丈,陈丈藏书,所谓稽瑞楼者也。当是时,吾邑张海鹏、月霄两先生竞以重资购宋元善本。丈家素封与二张埒,一日到吴门,荛翁以此册诧之,时丈新纳姬人,荛翁善谑,力劝以百金携归。盖是姬以丁卯生也,丈亡后书皆散失。先公不忍是书流落入俗子手,遂以原价收得之。辛巳闰七月夜,二鼓捡遗箧,俯仰流涕,搴眼谨记。

翁同龢。

庚寅十二月得见士礼居宋本《鉴诫录》,亦嘉庆庚午年收,欲购不能,因检此册题记。明年三月,遂以三百金易《鉴诫录》于吴门旧家,与此书并藏均斋。

同龢记。

第十二册

39.《注东坡先生诗》四十二卷,宋苏轼撰,宋施元之、顾禧、施宿注,宋嘉定六年刻景定三年修补本,清翁同龢跋。(第105—108 页)

曩尝于叶润臣家得见嘉泰本《施顾注苏诗》,叹为瑰宝。一日坐殿庐中,桂侍郎以怡邸残书见视,忽睹此本,以二十金购之,前后缺八卷。此虽景定补本,然字画清劲,粲若明珠,恐人间无复数本矣。

同治十年,伏日早退,题于东华门酒家。常熟翁同龢。

40.《山谷外集诗注》十七卷,宋黄庭坚撰,宋史容注,明弘治九年陈沛刻本,清翁同龢跋。(第 156—157 页)

光绪元年七月，从伯寅假此苏斋点本，略翻一过。是日大热，伯寅退直，住东华门黄酒铺，与余居相望也。

翁同龢挥汗题记。

41.《黄太史精华录》八卷，宋黄庭坚撰，宋任渊辑，清初抄本，清翁同书、翁曾源跋。（第172—176页）

宋蜀人任渊，字子渊，以文艺类试有司，为四川第一，尝注山谷诗，别选其尤者为《精华录》，二书并行。渔洋山人《精华录》，即仿渊之例，渊所注山谷诗宋椠本，藏书家犹有其书，《精华录》则亡来已久。明宏治中，朱承爵得旧刻目录，缘目寻辞，复锓诸版，顾传本亦绝稀。偶得朱笥河先生椒花吟舫所藏旧钞本，曾经苏斋老人校勘，书中有青岩氏手跋，观其评语，称吾虞二冯先生，盖谓冯舒己仓、冯班定远，则青岩吾邑人也。是选掇豫章之合作，信所谓"丛桂崇兰奇玉特珠"者，不欲秘诸箧笥，拟重刊以广其传，庶不负苏斋校勘之苦心，且以续青岩氏月夜点勘之墨缘焉。

道光丙午冬日，常熟翁同书识。

按，《四库全书提要》：国朝朱璘，字青岩，常熟人，官至南昌知府，曾编《诸葛丞相集》四卷，则青岩氏者即是人也。爰附识于此。

咸丰丁巳阳月，海虞翁曾源。

42.《黄太史精华录》八卷，宋黄庭坚撰，宋任渊辑，清翁氏借一瓻馆抄本，清翁曾源跋。（第177—179页）

是书旧钞原本，首有青岩氏跋，末题七绝一首，上方并载评语数条。案，国朝朱璘，字青岩，吾邑人，官至南昌郡守，曾编《诸葛丞相集》四卷，载入《四库全书》者。兹册楚弓楚得，洵有墨缘，惟别风淮雨，舛谬甚多，覃溪先生校正百廿二签，考据极为精当。壬子岁，家君在黔使廨，依苏斋所签改，手抄五卷，未毕，自受代北还治军南省，忽忽八载,遂无暇及铅椠矣。今夏,余偶翻读,因续钞成之,重加校勘,他日付诸手民,复子渊操选之旧观,彰贤父重编之雅意,亦词林佳话也。

时咸丰十年嘉平朔,海虞翁曾源呵冻识于京邸。

43.《斜川诗集》十卷,题宋苏过撰,清活字印本,清翁心存跋。(第235—237页)

苏叔党《斜川集》,著录于《宋史·艺文志》者,为十卷。陈氏《书录解题》、马氏《通考》卷数皆同,然南宋以后,流传已寡。本朝康熙间有诏,索之未得,世所传赝本大率因谢幼盘、刘改之二人名与叔党相类,窜其集以欺世。东南士大夫家置一编而不觉,蜀中刊本亦龙洲道人作也。乾隆癸巳,朝廷开馆纂修《四库全书》,山左周编修永年从《永乐大全》中录出诗文若干首,以全书提要将外省所进《斜川集》赝本驳去,乃亦留笥不办。仁和吴长元钞得副本,厘为六卷,寄其友人鲍氏廷博,刻于《知不足斋丛书》中,然后叔党先生之真面目沉埋六百数十年而始见。此本亦是刘龙洲诗,吴君所谓锦题细帙,列之文房玩好间,以供清赏者也。

心存。

44.《周益文忠公集》二百卷,宋周必大撰,宋刻本[存二卷书稿中、下],清翁同龢跋。(第324—325页)

右《周益公集》残本,书稿二卷,同龢年十四得于昆山书肆,先公所最矜赏者。后三十年,辛巳除夕,剪灯题记,发尽白矣。

常熟翁同龢。

45.《攻愧先生文集》一百二十卷目录三卷,宋楼钥撰,清抄本(四库进呈本)[原缺卷七十七至七十九],清翁心存跋。(第331—333页)

《攻愧集》足本一百二十卷,乾隆年间四库馆开,经两淮盐政采进,中阙七十七、七十八、七十九三卷,又阙《文苑英华》等跋三篇,馆臣删并卷帙,并去青词朱表等文一百六十七篇,重编为一百十二卷,用聚珍板印行,今阁本是也。此本卷数及阙卷阙篇与提要所载一一符合,首册钤翰林院印,其为即两淮盐使采进本无疑,当时漏未发还,遂流传人间也。书中上方黏签,殆是馆臣校勘时手笔,用力亦颇勤,然如第十二卷,贺瑞庆节表愿献语溪之颂,"语溪"自是"浯溪"之讹,而签称未详。又第十七卷乞御书锦照二字札子楚国公签谓前札云齐国,此又云楚国,未知孰是。按攻愧祖异累赠太师齐国公,集中屡见,毋庸致误,此类均未免疏漏云。

咸丰戊午清明日,常熟翁心存识。

46.《石湖居士文集》三十四卷,宋范成大撰,明抄本[存十三卷],清翁同书跋。(第336—338页)

《石湖集》百三十卷,此旧钞本仅三十四卷,为明李太仆应祯所藏,盖即秀野堂本所自出,彭芸楣先生以顾本对勘,并以朱笔标点。余在皖中曾得国初刘公勇体仁家钞本,尝恨其多鱼豕,今遍检箧中不得,未知视此何如也。此本为吾弟叔平所弆,属予加墨,以供吟玩,乃为浏览一周。窃谓石湖诗刻意锤炼,胜于陆务观之软熟,其得力当在于入蜀,惜归田后惟以烂熳写其颓唐,不复能苦思耳。举以吾弟,以为何如。

同书。

第十三册

47.《巴西邓先生文集》一卷,元邓文元撰,清抄本,清翁同龢校并题识。(第38—39页)

咸丰辛酉七月,以东武刘氏嘉荫簃钞本校。

同龢志。

48.《揭文安公诗钞》不分卷,元揭傒斯撰,清初抄本,清彭元瑞校并跋,清翁同龢题记。(第56—58页)

光绪庚辰年五月十有八日,读一过。

同龢题记。

49.《圭斋文集》十六卷,元欧阳玄撰,清彭氏知圣道斋抄本,清翁同龢校并跋。(第72—73页)

咸丰辛酉中秋,以家兄祖康所得旧钞本校此本,讹者改,阙者补,不下数十处,为之一快。

常熟翁同龢识。

50.《孙本芝先生诗稿》不分卷,明孙朝让撰,稿本,清翁同龢跋。(第427—431页)

孙氏之先其著者曰:"刑部员外纪,纪之子艾,创大石山房,所谓西川先生者也。"子曰:"舟曰耒耒之子七政,七政二子,其季林也。"林之子伯曰朝肃,仲曰朝让,皆进士,皆仕至布政使。朝让字光甫,号本芝,由部郎典郡在福建最久,有惠政,历跻江西左布政,不赴,时当明季,在乡里四十余年。康熙癸亥卒,年九十矣,预克死期,趺坐而逝。诗文散佚,存者不过十之一二耳。孙氏世以文章行谊著,而本芝品尤高,虽尝通显,而出入闾里,侪于细民。今观其诗,或庄或谐,绝不修饰,隐寓傲睨一世之意,盖所值之时然也。诗凡数十首,大半手稿,已断烂,缀而辑之,以志景仰。

光绪二十七年三月,邑后学翁同龢记。

同龢之外祖母孙氏许,秋涛公之配,孙西川先生苗裔也。吾母幼时,屡至大石山房拜西川先生像,云孙氏居阎王巷,有耕吾者,长身伉爽,尝游京师,余呼之曰舅公,贫病以卒。子二昌不肖无后。

第十四册

51.《弃瓢集》不分卷,清许山撰,清抄本,清翁同龢题识。
(第80—87页)

光绪廿有四年二月廿二日,俞甥调卿寄赠。

瓶生记。

52.《蚕尾续集》二卷,清王士祯撰,稿本,清翁同龢跋并题
诗,附清翁同龢手札。(第136—150页)

曩在京师,于门人王祭酒懿荣处,见渔洋先生手写诗稿数十番,
不记其何集也,既又得祝京兆细楷《见闻续录》,有先生长跋,字之大
小,与此仿佛,盖七十后书矣。此《续蚕尾集》二册,多与吾邑王石谷、
硕揆和尚、汪东山诸老往还之作,尤惓惓于红豆山庄之一叟,渊源提
奖,感不能忘者。如此展诵数过,清澈心骨,爱书数语,以识向往。

光绪己亥正月十一日,后学翁同龢题记。

此册还后,越两月,宽斋从估人得之,借观累日,辄题小诗,用渔
洋题边华泉集诗韵。华泉为先生乡里前哲,故惓惓如此。宽斋原籍
山东,于先生尤有桑梓之敬也。

当年池北库,海内早知名。旧稿珍臣里,评诗忆帝京。渔洋评边
集时在京师慈仁寺。我怀秋柳句,君得斫轮程。底事沂蒙路,犁鞬忽弄
兵。近日事。

上巳后七日雨中,松禅居士同龢。

益都孙文定公云:"荀悦、袁宏《两汉纪》,如钟司徒书,时具意外
十二种笔意,渔洋先生之诗之书何独不然。"此《蚕尾续集》,乃先生手
写,去冬流转里门,叔祖见而叹赏。姊婿叶眉士亦欲得之,主人居奇,
未能致也。今年夏,眉士季弟谨儒收之于常卖家,将以寄眉士于浙
右。予获假观,因识数语。

光绪庚子六月五日,翁斌孙谨识。

昨与高君谈甚惬,今问景子,如不发热,可请高君至学前敝居下

榻也。渔洋手稿两册奉还,漫题小诗,以发一笑,不敢书于册内者,以尚未交割也。余面谈宽斋左右。

松禅□十二日。

53.《冬心先生续集自序》一卷,清金农撰,清乾隆刻本,清翁同龢跋。(第233—236页)

昔家覃溪先生深不满于此序,为文以辨之,略言所引陈幼安学士诋查翰林语,谓学士康熙丁未庶吉士,而初白于康熙癸未入翰林,故目之为后进。学士者,泽州相国午亭公之子也。初白集中与午亭唱和,无一字及学士,则学士之所诣可知矣。初白之诗,根柢甚深,乃近日一作家,岂可蔑视。而金寿门辄引学士偶及之言,以为标榜,又曰:"吾于过去诸佛,未尝瓣香。"盖不肯屈就前贤若此,然文章千古之事,岂论先后久近哉?考初白之诗,终于雍正五年,是时寿门年四十一,而厉樊榭亦三十六岁,同在杭湖,家园不远,何以集中无一唱酬耶?学问之道,以平心得师为善,无取于各树一帜、党同伐异,不特丁敬身为洗刷赵宫赞邻鸡之喁而已也,此事关乎风气人心,可不慎哉!夫覃溪先生固深于考订者也,考订则必辩驳,辩驳则其辞必繁。然于前贤失处,不敢直为攻讦,论学则加慎焉,说经则尤加慎焉。余尝得先生诗稿数卷,涂乙殆遍,皆取朋侪语以为去取,其虚怀乐善如此。

翁同龢记。

第十六册

54.《文选》六十卷,梁萧统辑,唐李善注,明末毛氏汲古阁刻清康熙二十五年钱士谧重修本[卷一有抄配],清翁同龢跋。(第57—58页)

此家藏旧本,先公留贻以授小子者也。小子以庸陋入词馆,尝被敕写《文选》数卷,复两充教习庶吉士,以辞赋为职,而于荀、宋、贾、马之制,盖憷然焉。谚云:"《文选》熟,秀才足。"今之学士与古之秀才何如哉?

庚寅二月既望,翁同龢谨记。

55.《玉台新咏》十卷,陈徐陵辑,清纪昀校正,清光绪十三年常熟翁氏抄本,清翁同龢跋。(第93—94页)

嘉定本《玉台新咏》,向在汲古阁,吾虞多传钞者,此亦从嘉定本出。纪河间作考异,并加评语于眉端,颇可观览。丁亥正月,假阁相国藏本,命胥录一通,讹谬处宜再校正。

瓶生记。

56.《乐府诗集》一百卷目录二卷,宋郭茂倩辑,明末汲古阁毛晋刻清初毛扆重修公文纸印本,清翁曾文、翁同龢跋。(第105—106页)

此书乃汲古主人所刻,纸用残册,岂取其坚洁耶?然此为初印本无疑,内有朱笔评点,共六十四处,其改正□约廿处。系冯简园先生手笔。惟简略不多,为可惜耳。书共十六册,册首有虞山冯武图章,每册卷尾书一红字,为"阳云腾致,雨露结为霜,金生丽水,玉出昆"十六字,末册尾有"岗"字,书而后抹去,亡不知何谓,岂汲古阁诸书罗列而共以千字文押之耶?否则何以起阳而至昆耶?书此以志疑。

道光庚戌四月十五日,桐花主人得于玉峰书肆并记。

桐花主人其自号也。

兄子曾文,清才早逝,有识痛悼,藏书数百卷,乱后悉成灰烬。独此数册尚完好,吾子孙其珍弄之。

壬申七月望夜,漏下二十刻,同龢。

57.《才调集笺注》十卷,蜀韦縠辑,清吴兆宜笺注,清吴惠叔抄本,清翁同书跋。(第183—184页)

此《才调集笺注》十卷,康熙中诸生吴江、吴兆宜撰,河间纪氏《阅微草堂》藏本。兆宜尝注庾开府、徐孝穆集《玉台新咏》,《才调集》、《韩偓诗集》,惟徐、庾二集刊板行世,余止有传钞之本。黄侍郎宗汉偶得《玉台新咏》吴注钞本,有纪文达手批,其行款、钞手及卷首印记,皆与此无异。文达跋称为显令曾孙惠叔钞赠,然则此本亦惠叔所钞也。

同治二年二月,翁同书识。

58.《重广分门三苏先生文粹》一百卷,宋苏洵、苏轼、苏辙撰宋刻本〔存六卷、四十五至四十八、八十三、八十七,又配三苏先生文粹宋婺州吴宅桂堂刻本卷十三至十五、五十,宋刻本卷五十至五十一〕,清翁同龢跋。(第332—337页)

宋椠小字本《三苏文粹》,卷第多剜改处,稽瑞楼旧物也。先公购得之本非完书,庚申之变,仅获三册于泥秽中,龢既涤而藏之矣。顷又得此册于陈馨山秀才,秀才稽瑞楼主人之文孙也,摩挲手泽,不胜感恻。

同治十二年岁在癸酉五月廿又六日,翁同龢灯下记。

第十七册

59.《风雅遗音》二卷,宋林正大撰,清抄本,清翁同书校并跋。(第66—68页)

恭读《钦定四库全书提要》,是书载"词曲类"存目,谓仿苏轼归去来词之例,然语意塞拙,殊无可采,又云字画讹阙,盖又从徐铉本传写,则此书之讹舛不可谈,由来久矣。翁同书识。此册内校正之字(蓝笔)似对□主人陈皋手笔。

《风雅遗音》一册,虽系南宋人旧物,而括古人之言以成文,随人作计,丛阁饱蚨,甚无谓也。以世人所不经见,姑收行笈,以广储藏家,异闻云尔。

咸丰七年二月初五日，雨窗，翁同书志。

60.《宋四家词选》，清周济辑，清咸丰二年，翁曾翰手抄本，清翁曾翰、翁同龢跋。（第159—162页）

咸丰壬子，从潘伯寅太史借得此本，手钞一过，乃以索之甚亟。有临评点于他本者，故较原本少若干首。后张莼甫内弟借出，携入行箧。逮癸亥，莼甫疾殁通州，书帙散佚，殆不可闻。庚午秋，词甫应京兆试，□携之来，余于案头见之，乃以《清绮轩词选》一函，易之而归，珠还剑合，殊可喜也。

海珊记。

《宋四家词选》常州周止庵所辑，当时未有传本，余友潘伯寅矜为秘笈，故曾翰假得亟录之。方壬子、癸丑间，余与伯寅、吕莘田、庞宝生习射于常昭会馆，伯寅之师朱君者，长身而短视，笃喜填词，谈次辄举古人词句。时来会射，挟矢一发，不知东西，余曰："此于古人云何？"曰："所谓惊残好梦无寻处也。"相与大笑。此本盖朱君手钞，曾翰录，此时年十六。其册尾题字在庚午，则三十四岁，距其亡时才九年耳。今见遗迹，怆然而悲，曾孙之廉，知重手泽，横襟收藏，呜呼！汝亦知而祖之聪敏精警，读《明史》无一事遗忘耶！其手写细字本累累者，尚不止此耶！传家学而兴吾宗，将于汝乎是赖。

光绪己亥八月八日，山中晓起，松禅老人记。

61.《新刻原本王状元荆钗记》二卷，明朱权撰，明姑苏叶氏刻本，清翁同龢跋。（第242—249页）

道光壬寅海上有警，吾邑福山始设镇台，孙公云鸿来居是职，公三世将门，而风雅特甚。龢尝识之。

光绪戊戌，同龢被旨放归田里，方治装，一二友人有以书画赠行者，自非昵好，皆不受也。此书及元刻《琵琶记》为午桥观察端方所贻，观察为桂莲舫侍郎之犹子，收金石最富，八旗中雅人也。

是年五月十日同穌记。

午桥之友曰盛君伯羲、王君莲生,盖无日不相见者,二君亦余至好也。余出京后,伯羲病殁,迨庚子七月,莲生殉洋兵之难,独午桥以劝善歌被殊遇,由京卿陟监司,今开府鄂中矣。二君赠行诗画,具在篋中,因观此册,不胜怅触。

壬寅六月十二日,瓶居士。

附录二 翁氏批跋古籍善本目录^①

经 部

第一册

1.《易传》八卷,宋程颐撰。清同治五年金陵书局刻本,清翁同龢录瞿式耜批注并跋,国家图书馆藏。(第 11 页)

2.《周易》二十四卷,宋程颐、朱熹传义。明崇祯四年汪应魁贻经堂刻本,明瞿式耜批注,清瞿昌文、翁同龢跋。九行十八字小字双行同白口四周双边,国家图书馆藏。(第 12 页)

3.《周易要义》十卷,宋魏了翁传。清震无咎斋抄本,清翁心存校并跋,国家图书馆藏。(第 14 页)

4.《周易参义》十二卷,元梁寅撰。清康熙成德刻《通志堂经解》本,翁同书批注并跋,国家图书馆藏。(第 16 页)

5.《诗集传》不分卷,宋朱熹撰。明芝兰室抄本,清翁同龢跋(存大雅·小雅),国家图书馆藏。(第 48 页)

6.《毛诗要义》二十卷,《谱序要义》一卷,宋魏了翁撰。清道光二十九年翁心存家钞本,清翁心存校并跋,翁同龢、翁曾文校,国家图书馆藏。(第 50 页)

7.《虞东学诗》十二卷首一卷,清顾镇撰。清乾隆三十三年诵芬堂刻道光重修本,清翁心存圈点,翁同龢题款,南京图书馆藏。(第

55 页）

8.《左氏传续说》十二卷,《纲领》一卷,宋吕祖谦撰。清抄本,清翁同龢校,国家图书馆藏。（第 96 页）

9.《详注东莱先生左氏博议》二十五卷,宋吕祖谦撰。明刻本,清翁同龢钞补,十行二十字细黑口四周双边,国家图书馆藏。（第 96 页）

10.《中庸合注定本》一卷,清卧月楼抄本,清翁同书、莫友芝跋,国家图书馆藏。（第 126 页）

11.《疑辨录》三卷,明周洪谟撰。清吴氏绣谷亭抄本,清翁同书题识,国家图书馆藏。（第 143 页）

12.《说文解字注》三十卷,《六书音均表》二卷,清段玉裁撰。清乾隆嘉庆间经韵楼刻本,清翁同书批校并跋,南京图书馆藏。（第 162 页）

13.《段氏说文注订》八卷,《说文新附考》六卷,《说文续考》一卷,清钮树玉撰。清嘉庆、道光间钮氏非石居刻本,翁同书批,南京图书馆藏。（第 164 页）

14.《说文字原》一卷,元周伯琦撰。清影元抄本,清翁同龢题识,天津市人民图书馆藏。（第 170 页）

15.《碑版异文录》一卷,清梁同书撰。手稿本,清翁同龢跋,上海图书馆藏。（第 174 页）

16.《虞山方音辨讹》一卷,清薛福谦撰。稿本,清翁同龢、钱国庆跋,上海图书馆藏。（第 190 页）

史　部
第二册

17.《史记》一百三十卷,汉司马迁撰,刘宋裴骃集解。明崇祯十四年毛氏汲古阁刻本,佚名录清严虞惇跋并录明归有光圈点,清翁同龢校跋并录明归有光圈点。例意一卷,明归有光撰。清抄本,国家图书馆藏。（第 206 页）

18.《史记》一百三十卷,汉司马迁撰,刘宋裴骃集解。明崇祯十四年毛氏汲古阁刻本,清邵恩多录,清何焯批校,翁斌孙校,国家图书馆藏。(第206页)

19.《史记》一百三十卷,汉司马迁撰,刘宋裴骃集解,唐司马贞索隐,张守节正义。明嘉靖四年至六年王延喆刻本,清翁叔元录明归有光评语,清翁心存跋,十行大十八字小二十三字白口左右双边单鱼尾有刻工,上海图书馆藏。(第209页)

20.《汉书》一百卷,汉班固撰,唐颜师古注。明崇祯十五年毛氏汲古阁刻本,清翁同龢录何焯、张惠言批注,国家图书馆藏。(第216页)

21.《汉书》一百卷,汉班固撰,唐颜师古注。明崇祯十五年毛氏汲古阁刻本,清翁同龢跋,华东师范大学图书馆藏。(第216页)

22.《后汉书》九十卷,刘宋范晔撰,唐李贤注。志三十卷,晋司马彪撰,梁刘昭注。清初影宋抄本,清朱锡庚、翁同书跋,李盛铎跋,存十卷(一至十),国家图书馆藏。(第219页)

23.《三国志》六十五卷,晋陈寿撰,刘宋裴松之注。明崇祯十七年毛氏汲古阁刻本,清翁心存录何焯批校,翁同龢跋,国家图书馆藏。(第224页)

24.《三国志》六十五卷,晋陈寿撰,刘宋裴松之注。明崇祯十七年毛氏汲古阁刻本,清翁心存录何焯批校,南京图书馆藏。(第224页)

25.《三国志》六十五卷,晋陈寿撰,刘宋裴松之注。明崇祯十七年毛氏汲古阁刻本,佚名录何焯批校,清翁同书校注并跋,庞钟璐跋,国家图书馆藏。(第224页)

26.《三国志》六十五卷,晋陈寿撰,刘宋裴松之注。明陈仁锡评,明刻本,清翁同书跋并过录清何焯、姚范、汪全泰、汪全临批校,存二十六卷(一至二十六),国家图书馆藏。(第224页)

27.《蜀鉴》十卷,宋郭允蹈撰。明嘉靖三十四年刻本,清翁同书

跋,国家图书馆藏。(第298页)

28.《皇朝通鉴长编纪事本末》一百五十卷,宋杨仲良撰。清抄本,清翁同书跋,国家图书馆藏。(第298页)

29.《国语》二十一卷,吴韦昭注,宋宋庠补音。明刻本,清惠栋批校并跋,周星诒、翁斌孙跋,九行二十字小字双行同白口四周双边,国家图书馆藏。(第304页)

30.《五国故事》二卷,清光绪翁斌孙抄本,翁斌孙录清鲍廷博校翁同龢跋,国家图书馆藏。(第309页)

31.《吴越备史》四卷,题宋范坰、林禹撰。清抄本,清吴卓信、翁心存校并跋,国家图书馆藏。(第310页)

32.《吴越备史》四卷,题宋范坰、林禹撰。清抄本,清江藩、秦恩复、翁同书跋,上海图书馆藏。(第310页)

33.《窃愤录》一卷,《续录》一卷,题宋辛弃疾撰。清抄本,清翁同龢跋,上海图书馆藏。(第312页)

34.《元朝秘史》十五卷,清抄本,翁同书跋,国家图书馆藏。(第315页)

35.《朝鲜纪事》一卷,明倪谦撰。清翁同龢抄本,清翁同龢校,国家图书馆藏。(第318页)

36.《崇祯疏抄》不分卷,明抄本,清翁同龢跋,国家图书馆藏。(第353页)

37.《今史》不分卷,明崇祯抄本,清翁同龢跋,南京图书馆藏。(第354页)

38.《帝鉴图说》六卷,明张居正等撰。清嘉庆二十四年张亦缙等纯忠堂刻本,清翁同龢批注并抄补,国家图书馆藏。(第376页)

39.《颜鲁公年谱》一卷,宋留元刚撰。明嘉靖锡山安国安氏馆铜活字印颜鲁公文集本,清翁同龢跋,十三行十六字白口左右双边,国家图书馆藏。(第407页)

40.《蓼野年谱》一卷,清翁长庸撰。清翁同书抄本,清翁心存

跋,上海图书馆藏。(第 410 页)

41.《南征纪略》一卷,清孙廷铨撰。清抄本,清翁同龢跋,上海图书馆藏。(第 413 页)

42.《知止斋日记》不分卷(道光三十年),翁心存撰。翁同龢跋,稿本,上海图书馆藏。(第 416 页)

43.《新编梦粱录》二十卷,宋吴自牧撰。清抄本,清翁同书校并跋,国家图书馆藏。(第 504 页)

44.《山川纪异录》□卷,明刻本,清翁斌孙题识,国家图书馆藏。(第 504 页)

45.《水经注摘抄》不分卷,北魏郦道元撰。清马曰璐辑,清雍正八年马曰璐抄本,清翁同书跋,国家图书馆藏。(第 524 页)

46.《今水经》一卷,清黄宗羲撰。清咸丰七年翁同书家抄本,清严同书批注并跋,国家图书馆藏。(第 525 页)

47.《今水经》一卷,清黄宗羲撰。清咸丰十一年翁曾源抄本,清翁同书跋,翁曾源校并跋,常熟市图书馆藏。(第 525 页)

48.《营造法式》三十四卷,《看详》一卷,宋李诚撰。清抄本,清翁同龢跋,国家图书馆藏。(第 699 页)

49.《也是园藏书目》十卷,清钱曾藏并撰。清乾隆二十八年许我抄本,清许我校并跋,清心存题识,上海图书馆藏。(第 719 页)

50.《也是园藏书目》十卷,清钱曾藏并撰。清道光二十八年翁氏陔华吟馆抄本,清翁心存校并跋,国家图书馆藏。(第 719 页)

51.《椒花吟舫书目》不分卷,清朱筠、朱锡庚藏,清抄本,清翁心存跋,国家图书馆藏。(第 721 页)

52.《读书敏求记》四卷,清钱曾撰。清道光五年阮福小琅嬛仙馆刻本,清翁心存校并跋,国家图书馆藏。(第 725 页)

53.《读书敏求记》四卷,清钱曾撰。清道光五年阮福小琅嬛仙馆刻本,清翁同龢校并跋,国家图书馆藏。(第 725 页)

54.《读书敏求记》四卷,清钱曾撰。清翁汝明抄本,清翁心存

校,国家图书馆藏。(第 726 页)

55.《隶释》二十七卷,宋洪适撰。明抄本,清吴焯、吴城、翁同书校并跋,翁同龢跋,国家图书馆藏。(第 736 页)

56.《两汉金石记》二十二卷,清翁方纲撰。清乾隆五十四年翁氏刻本,清翁同龢批校,浙江图书馆藏。(第 738 页)

57.《历代钟鼎彝器款识法帖》二十卷,宋薛尚功撰。清张弨抄本,清潘祖荫、周斯盛、翁同龢、杨濠叟题识,天津市人民图书馆。(第 744 页)

58.《两汉石续》六卷,清温忠翰撰。清光绪二十四年翁同龢抄本,清翁同龢跋,国家图书馆藏。(第 751 页)

59.《汉石存目》二卷,清王懿荣撰。清抄本,清翁同龢补订并跋,国家图书馆藏。(第 751 页)

子 部
第三册

60.《荀子》二十卷,唐杨倞注。宋刻本,清李芝绶、杨沂孙、翁同龢跋,九行十七字黑口左右双边,国家图书馆藏。(第 786 页)

61.《荀子》二十卷,唐杨倞注。明嘉靖十二年顾春世德堂刻六子书本,清翁同书批校并跋,上海图书馆藏。(第 786 页)

62.《新书》十卷,汉贾谊撰。明正德十年吉府刻本,清翁安孙跋,国家图书馆藏。(第 787 页)

63.《扬子法言》十三卷音义一卷,清嘉庆二十三年秦氏石研斋影宋刻本,清翁同龢录何焯批校题识,国家图书馆藏。(第 790 页)

64.《帝学》八卷,宋范祖禹撰。清抄本,清翁曾源校并跋,南京图书馆藏。(第 793 页)

65.《孙子》一卷,清咸丰十年翁同书家钞本,清翁同书批并跋,南京图书馆藏。(第 819 页)

66.《素书》一卷,明慎懋赏解。明万历刻本,清林报曾、翁斌孙

跋,九行十六字白口左右双边,国家图书馆藏。(第 820 页)

67.《火龙神器阵法》一卷,题明焦玉撰。清道光二十年陔华吟馆翁心存钞本,清翁同龢跋,国家图书馆藏。(第 824 页)

68.《韩非子》二十卷,明万历十年赵用贤刻管韩合刻本,清翁同书校并跋,国家图书馆藏。(第 830 页)

69.《圣济经解义》十卷,宋吴褆撰。清抄本,清翁同书跋,国家图书馆藏。(第 850 页)

70.《刘涓子遗方》五卷,齐龚庆宣撰。清抄本,清翁同书跋,国家图书馆藏。(第 860 页)

71.《大宋宝祐四年丙辰岁会天万年具注历》一卷,宋荆执礼撰。清咸丰六年翁同书家钞本,清翁同书跋并题诗,国家图书馆藏。(第 878 页)

72.《大宋宝祐四年丙辰岁会天万年具注历》一卷,宋荆执礼撰。清咸丰六年翁同书家钞本,清翁同书跋并题诗,翁同龢跋,国家图书馆藏。(第 878 页)

73.《新刊图解玉灵聚义占卜龟经》四卷,题宋王洙撰。元陆森编,明刻本,清翁心存跋,十行十六字黑口四周双边,国家图书馆藏。(第 909 页)

74.《书禅室随笔》四卷,明董其昌撰。清大魁堂刻本,清翁同龢圈点批注,国家图书馆藏。(第 923 页)

75.《衍极》五卷,元郑拘撰,刘有定释。清抄本,清翁同龢跋,北京大学图书馆。(第 928 页)

76.《书决》一卷,明丰坊撰。明抄本,清翁同龢跋,国家图书馆藏。(第 929 页)

77.《绛帖平》六卷,宋姜夔撰。清抄本,翁同龢跋并题诗,国家图书馆藏。(第 931 页)

78.《淳化秘阁法帖考正》十卷附二卷,清王澍撰。《淳化阁帖释文》二卷,清沈宗骞校定,清乾隆三十三年兰言斋刻本,翁同龢录姚鼐

批注,国家图书馆藏。(第 931 页)

79.《南村考》不分卷,清程文荣撰。清道光刻本,清徐康补目并跋,翁同龢跋,国家图书馆藏。(第 931 页)

80.《画鉴》一卷,元汤垕撰。清道光二十五年翁同书抄本,清翁同书跋,南京图书馆藏。(第 932 页)

81.《打马图》一卷,清翁同龢钞本,国家图书馆藏。(第 941 页)

82.《谱双》五卷附录一卷,清翁同龢钞本,国家图书馆藏。(第 941 页)

83.《灌园漫笔》七卷,清王初桐撰。清赵氏旧山楼钞本,清赵宗建批,翁同龢题诗,上海图书馆藏。(第 955 页)

84.《吕氏春秋》二十六卷,高诱注。明宋邦乂等刻本,清翁同龢跋,上海图书馆藏。(第 963 页)

85.《吕氏春秋》二十六卷,汉高诱注、清毕沅校。《附考》一卷,清毕沅辑录。清乾隆五十三年毕氏灵岩山馆刻经训堂丛书本,清翁同书跋并录梁玉绳校补,国家图书馆藏。(第 963 页)

86.《续墨客挥犀》十卷,宋彭乘撰。明抄本,清翁同龢跋,国家图书馆藏。(第 969 页)

87.《梦溪笔谈》二十六卷,宋沈括撰。明刻本,清翁同龢跋,十二行十八字黑口左右双边,国家图书馆藏。(第 969 页)

88.《清波杂志》二卷,宋周辉撰。清抄本,清鲍廷博校、翁同龢跋,国家图书馆藏。(第 972 页)

89.《耆旧续闻》二卷,宋陈鹄撰。清抄本,清翁同书校并跋,国家图书馆藏。(第 975 页)

90.《宾退录》十卷,赵兴时撰。清抄本,清翁同书跋,国家图书馆藏。(第 975 页)

91.《张荃翁贵耳集》三卷,宋张端义撰。明姚咨钞本,清陈徵芝校并跋,周星诒、翁斌孙跋,国家图书馆藏。(第 976 页)

92.《南村辍耕录》三十卷,明陶宗仪撰。明玉兰草堂刻本,清李

鼎元批点并跋,张穆、翁心存、翁同书、朱学勤跋,国家图书馆藏。(第977 页)

93.《燕泉何先生余冬序录》六十五卷,明何孟春撰。清抄本,清翁同龢跋,国家图书馆藏。(第979 页)

94.《待访录》一卷,清黄宗羲撰。清抄本,清翁心存校并跋,国家图书馆藏。(第984 页)

95.《鸥陂渔话》六卷,清叶廷琯撰。清同治八年刻本,清翁同龢批注,国家图书馆藏。(第988 页)

96.《困学纪闻》二十卷,宋王应麟撰。明刻本,清翁同龢校,国家图书馆藏。(第1003 页)

97.《都公谭纂》二卷,明都穆撰。陆采辑,明抄本,清翁同龢跋,国家图书馆藏。(第1014 页)

98.《伊江笔录》二卷葑溪补录一卷续录一卷重入春明杂录一卷,清吴熊光撰。稿本,清翁同龢、蒋士骥跋,南京图书馆藏。(第1017 页)

99.《啸亭杂录》八卷续录二卷,清昭梿撰。清光绪六年耀年潘骏德刻本,清翁同龢圈点批注,国家图书馆藏。(第1018 页)

100.《愧林漫录》不分卷,明瞿式耜辑。清光绪十六年江苏书局刻本,清翁同龢圈点并跋,南京图书馆藏。(第1027 页)

101.《宋稗类钞》八卷,清潘永因辑。康熙刻本,清翁同龢圈点批注,国家图书馆藏。(第1028 页)

102.《穆天子传》六卷,晋郭璞注。清光绪翁斌孙抄本,翁斌孙录卢文弨校跋,国家图书馆藏。(第1043 页)

103.《夷坚丁志》三卷,宋洪迈撰。明祝允明抄本,清翁同龢跋,上海图书馆藏。(第1046 页)

104.《新编古今姓氏遥华韵》甲集十卷乙集丙集十一卷丁集十卷戊集十一卷己集八卷庚集十卷辛集十卷壬集八卷癸集十卷,元洪景修辑。清抄本,清翁同书跋,国家图书馆藏。(第1066 页)

105.《玉海兵捷类俪语》一卷,清翁同书辑。清咸丰十年翁同书家钞本,清翁同书批并跋,南京图书馆藏。(第 1080 页)

106.《老子章义》二卷,清姚鼐撰。清同治九年刻本,清翁同龢校并跋,南京图书馆藏。(第 1137 页)

107.《南华真经》十卷,晋郭象注,唐陆德明音义。明嘉靖十二年顾春世德堂刻六子书本,清翁同书评点,潘景郑跋,上海图书馆藏。(第 1137 页)

108.《庄子南华真经》十卷,晋郭象注,唐陆德明音义。清光绪十一年传忠书局刻本,清翁同龢批,南京图书馆藏。(第 1137 页)

109.《南华经解》三十三卷,清宣颖撰。清同治五年吴坤皖城藩署刻本,清翁同龢跋并录佚名批注,国家图书馆藏。(第 1140 页)

110.《金丹心法口诀》不分卷,清翁同龢钞本。清翁同龢跋,国家图书馆藏。(第 1152 页)

集　部
第四册

111.《宗玄先生文集》三卷,唐吴筠撰。清抄本,清翁同龢跋,十行二十字、无格,国家图书馆藏。(第 1182 页)

112.《李翰林合集》四十二卷,《目录》四卷,唐李白撰。《年谱》一卷,宋薛仲邕撰。明万历四十年刻合刻分体李杜全集本,明赵士春批,清翁同龢跋,九行十八字白口左右双边,上海图书馆藏。(第 1185 页)

113.《杜诗通》四十卷,明胡震亨撰。清顺治七年朱茂时刻李杜诗通本,清傅山批点、翁同龢跋,九行十九字细黑口左右双边,上海图书馆藏。(第 1191 页)

114.《杜诗执鞭录》十七卷,《附录》二卷,明徐澍丕辑,《杜工部年谱》一卷。稿本,明姜垓,清翁同龢、翁之缮跋,南京图书馆藏。(第 1191 页)

115.《李元宾文集》五卷附一卷，唐李观撰。清抄本，清翁心存校，翁同书跋，十行二十字无格，国家图书馆藏。（第1197页）

116.《昌黎先生文集》四十卷，唐韩愈撰。宋刻本（卷十至十六配其他两宋本），清翁同书、刘庠、汪鸣銮跋，十行十六字，卷十为十一行二十字、卷十一至十六为十行十八字，国家图书馆藏。（第1198页）

117.《朱文公校昌黎先生文集》四十卷，《外集》十卷，《遗文》一卷，唐韩愈撰，宋朱熹考异，王伯大音释，传一卷。明万历朱崇沐刻本，清翁同龢跋，新疆大学图书馆。（第1200页）

118.《韩昌黎诗集编年笺注》十二卷，清方世举撰。清乾隆二十三年卢见曾雅雨堂刻本，清翁同龢跋并录清严虞惇、沈德潜等批注，国家图书馆藏。（第1203页）

119.《增广注释音辨唐柳先生集》四十三卷，《别集》二卷，《外集》二卷，唐柳宗元撰，宋童宗说注释，张敦颐音辨，潘纬音义。明初刻本，佚名录清何焯批校，翁同龢跋并题诗，国家图书馆藏。（第1206页）

120.《增广注释音辨唐柳先生集》四十三卷，《别集》二卷，《外集》二卷，唐柳宗元撰，宋童宗说注释，张敦颐音辨，潘纬音义，《附录》一卷。明正统十三年善敬堂刻递修本，清翁同龢跋并录何焯批校，国家图书馆藏。（第1206页）

121.《刘宾客外集》十卷，唐刘禹锡撰。清抄本，清翁同龢跋，十二行二十二字红格白口四周双边，存八卷（一至八），国家图书馆藏。（第1207页）

122.《唐李群玉诗集》五卷，唐李群玉撰。明抄本，明钱龙惕校，翁之缮跋，十三行二十字白口四周双边，北京大学图书馆。（第1216页）

123.《唐刘蜕集》六卷，唐刘蜕撰。明天启四年吴馡问青堂刻本，翁之缮跋，上海图书馆藏。（第1217页）

124.《王黄州小畜集》三十卷，宋王禹偁撰。清康熙五十九年蒋继轼家抄本，清蒋继轼抄补并校、跋，翁同书校并跋，国家图书馆藏。

（第 1238 页）

　　125.《河南尹先生文集》二十七卷，宋尹洙撰。清抄本，清李保泰跋，翁同书批校并跋，十二行二十五字无格，存二十五卷（一至二十五），国家图书馆藏。（第 1242 页）

　　126.《欧阳文忠公书简》不分卷，《苏文忠公尺牍》不分卷，《黄文节公书简》不分卷，清石竹居士辑。清依北书屋抄本，清翁同龢批点，上海图书馆藏。（第 1251 页）

　　127.《嘉祐集》十五卷，宋苏洵撰。清抄本，清翁同龢校并跋又录何焯批校，十五行三十字无格，国家图书馆藏。（第 1252 页）

　　128.《王荆文公诗》五十卷，《补遗》一卷，宋王安石撰，李壁笺注。清乾隆六年张宗松清绮斋刻本，清翁同龢跋［卷四十九、五十、补遗配翁同龢抄本］，天津市人民图书馆藏。（第 1253 页）

　　129.《广陵先先生集》二十二卷，首一卷末一卷，宋王令撰。清尚友垒抄本，清翁同龢题记，九行二十一字，中国社会科学院文学研究所藏。（第 1254 页）

　　130.《东坡集》四十卷，《后集》二十卷，《奏议》十五卷，《内制集》十卷，《乐语》一卷，《外制集》三卷，《应诏集》十卷，《续集》十二卷，宋苏轼撰，《东坡先生年谱》一卷，宋王宗稷撰。明成化四年程宗刻本，清翁同龢校并跋，十行二十一字黑口四周双边，国家图书馆藏。（第 1254 页）

　　131.《重校宋苏文忠公寓惠录》四卷，宋苏轼撰。明嘉靖五年顾遂刻蓝印本，清翁方纲、翁同龢跋，十行十八字白口四周双边，国家图书馆藏。（第 1256 页）

　　132.《施注苏诗》四十二卷，《总目》二卷，宋苏轼撰，施元之、顾禧注，清邵长蘅、顾嗣立、宋至删补。《续补遗》二卷，清冯景补注。清康熙三十八年宋荦刻本，清翁同书批注。国家图书馆藏。（第 1258 页）

　　133.《苏诗补注》八卷，宋苏轼撰，清翁方纲补注。《志道集》一卷，宋顾禧撰。清乾隆四十七年翁方纲刻苏斋丛书本，清翁同龢校并

跋。十二行二十四字黑口左右双边。南京图书馆藏。（第 1259 页）

　　134.《苏文忠公诗编注集成》四十六卷,《集成总案》四十五卷,《诸家杂缀酌存》一卷,《苏海识余》四卷,《笺诗图》一卷,宋苏轼撰,清王文诰辑。清嘉庆二十四年王氏韵山堂刻本,清翁同龢批校并跋,江苏师范大学图书馆。（第 1259 页）

　　135.《山谷外集诗注》十七卷,宋黄庭坚撰,史容注。明初刻本,清翁方纲校并补录,史季温跋,翁同龢记,上海图书馆藏。（第 1261 页）

　　136.《黄诗内篇》十四卷,宋黄庭坚撰。明嘉靖十二年蒋芝刻本,清翁同龢圈点批注并跋,国家图书馆藏。（第 1261 页）

　　137.《黄太史精华录》八卷,宋黄庭坚撰。任渊选,清初抄本,清朱筠、翁方纲校,翁同书、翁曾源、朱璘跋,上海图书馆藏。（第 1262 页）

　　138.《黄太史精华录》八卷,宋黄庭坚撰。任渊选,清翁氏借一瓻馆抄本,清翁同书、翁曾源跋,上海图书馆藏。（第 1262 页）

　　139.《张右史文集》六十五卷,宋张耒撰。明万历赵琦美抄本,明赵琦美校并跋,清翁心存校、翁同书跋,十行二十一字无格。存五十六卷（一至二十、二十五至三十二、三十四至四十九、五十四至六十五）,国家图书馆藏。（第 1262 页）

　　140.《张右史文集》六十五卷,宋张耒撰。明钞本,清翁心存校并跋,国家图书馆藏。（第 1262 页）

　　141.《庆湖遗老诗集》九卷,《拾遗》一卷,《后集补遗》一卷,宋贺铸撰。清抄本,翁斌孙校并跋,八行一八字、二十字,白口四周单边。国家图书馆藏。（第 1267 页）

　　142.《刘左史文集》四卷,宋刘安节撰。清抄本,清翁同书跋,十一行二十二字无格,国家图书馆藏。（第 1267 页）

　　143.《屏山集》二十卷,宋刘子翚撰。明末抄本,清叶万校、翁同书跋,国家图书馆藏。（第 1273 页）

　　144.《汪文定公集》十三卷,宋汪庆辰撰。附录一卷。清抄本,清翁心存校并跋,国家图书馆藏。（第 1276 页）

145.《周益文忠公集》二百卷,宋周必大撰。宋刻本,清翁同龢、潘祖荫题识,上海图书馆藏。(第1280页)

146.《雪山集》十二卷,宋王质撰。清嘉庆十三年秦氏石研斋抄本,清秦恩复、翁同书跋,国家图书馆藏。(第1280页)

147.《攻愧先生文集》一百二十卷,《目录》三卷,宋楼钥撰。清抄本,清翁心存跋(原缺卷七十七至七十九),上海图书馆藏。(第1283页)

148.《盘洲文集》八十卷,宋洪适撰。清抄本,清翁心存跋,国家图书馆藏。(第1285页)

149.《石湖居士文集》三十四卷,宋范成大撰。明抄本,清彭元瑞校,翁同书批并跋,国家图书馆藏。(第1285页)

150.《诚斋集》一百三十三卷,宋杨万里撰。明末毛氏汲古阁抄本,清翁同龢跋,八行十七字细黑口四周双边,国家图书馆藏。(第1285页)

151.《平庵悔稿》不分卷,《丙辰悔稿》一卷,《悔稿后编》不分卷,《补遗》一卷,宋项安世撰。清抄本,清翁心存、翁同书跋,十行二十一字无格,国家图书馆藏。(第1287页)

152.《西岩集》一卷,宋翁卷撰。清道光十八年翁同爵抄本,翁心存跋,十行二十一字白口四周双边,国家图书馆藏。(第1289页)

153.《龙洲先生集》一卷,宋刘过撰。《附录》一卷。清抄本,清翁同书跋,十行二十一字无格,国家图书馆藏。(第1290页)

154.《岁寒三友除授集》一卷,《无肠公子除授集》一卷,宋吴必大撰。《杂录》不分卷。宋郑楷等撰,明抄本,清冯知十、翁同龢跋,十一行二十字白口左右双边,国家图书馆藏。(第1292页)

155.《后村居士集》五十卷,《目录》二卷,宋刘克庄撰。清抄本,清沈警校并跋,翁同龢跋,国家图书馆藏。(第1294页)

156.《后村先生大全集》一百九十六卷,宋刘克庄撰。清抄本,佚名校,清翁同书校注,国家图书馆藏。(第1294页)

157.《秋崖先生诗集》三十八卷,宋方岳撰。清抄本,清翁同书批校并跋,十一行十九字无格,国家图书馆藏。(第1296页)

158.《揭文安公诗钞》不分卷,元揭傒斯撰。清抄本,清翁心存跋,翁同龢临彭元瑞校跋,十一行二十四字小字双行同无格,国家图书馆藏。(第1338页)

159.《说学斋稿》不分卷,明危素撰。清咸丰七年翁同书家抄本,清翁同书跋,八行十六字无格,国家图书馆藏。(第1367页)

160.《震川先生集》三十卷,《别集》十卷,明归有光撰。《附录》一卷。清康熙十年至十四年归庄归珍等刻本,佚名录清董说批注,清庞钟璐、翁同龢跋,国家图书馆藏。(第1429页)

161.《震川先生集》三十卷,《别集》十卷,明归有光撰。清康熙十年至十四年归庄归珍等刻本,清翁同龢过录钱良择、董说评点,中国社会科学院文学研究所。(第1429页)

162.《震川先生集》三十卷,《别集》十卷,明归有光撰。《附录》一卷,清康熙十年至十四年归庄归珍等刻本,清翁心存录佚名圈批,国家图书馆藏。(第1429页)

163.《悫书》□卷,明蒋德璟撰。清息耕堂抄本,清翁同龢跋,九行二十二字白口四周单边,国家图书馆藏。(第1473页)

164.《苏子后集》七卷,明苏先撰。稿本,清翁同龢跋,十二行二十四字白口四周单边,国家图书馆藏。(第1477页)

165.《孙本芝先生诗稿》不分卷,明孙朝让撰。稿本,清邵渊耀、翁同龢跋,七行十一字无格,国家图书馆藏。(第1478页)

第五册

166.《亭林诗集》五卷,清顾炎武撰。清田玉泉等抄本,清翁同龢校注,十行二十字绿格,国家图书馆藏。(第1508页)

167.《年年集》一卷,《鲛珠集》一卷,《从军集》一卷,《梦曙斋集》一卷,清褚道潜撰。清抄本,清翁同龢等跋并题诗,九行十八字无格,

中国社会科学院文学研究所。(第 1509 页)

168.《黄摄六诗选》二卷,清黄翼圣撰。钱谦益选,清光绪二十六年僧明章抄本,清翁同龢跋并题款,八行十七字无格,中国社会科学院文学研究所。(第 1511 页)

169.《范忠贞公画壁集》不分卷,清范承谟撰。清翁同龢抄本,国家图书馆藏。(第 1519 页)

170.《南崖集》四卷,清陶元淳撰。清诒清堂刻本,清翁同龢、杨沂孙跋,常熟市图书馆。(第 1534 页)

171.《许红桥先生文集》一卷,清许朝撰。清光绪二十七年翁同龢家抄本,清翁同龢补目并跋,十行行字不等绿格左右双边,国家图书馆藏。(第 1588 页)

172.《苏门诗录》九卷,清张馨撰。清抄本,清阮文题款,翁同书跋,九行十五字黑口左右双边,国家图书馆藏。(第 1589 页)

173.《鹤影山人诗稿》一卷,《词稿》一卷,清范春林撰。清抄本,清翁同龢、陆懋宗跋,南京图书馆藏。(第 1603 页)

174.《潜虚文钞》四卷,清翁咸封撰。清道光二十七年翁心存刻本,清翁同龢跋,南京图书馆藏。(第 1606 页)

175.《潜虚制义钞》不分卷,清翁咸丰撰。清翁心存抄本,清翁心存跋,九行二十五字无格,国家图书馆藏。(第 1606 页)

176.《程侍郎遗集初编》十卷,清程恩泽撰。清道光二十五年辥喜斋刻本,清翁同龢批点,十行二十一字白口左右双边,国家图书馆藏。(第 1609 页)

177.《稽瑞楼文草》一卷,清陈揆撰。清光绪十年翁同龢刻本,清翁同龢批注并跋,国家图书馆藏。(第 1614 页)

178.《定庵文集》三卷,《续集》四卷,清龚自珍撰。清同治七年吴煦刻本,清翁同龢批,南京图书馆藏。(第 1616 页)

179.《东洲草堂诗钞》二十七卷,《诗余》一卷,清何绍基撰。清同治六年无园刻本,清翁同龢批并跋,南京博物院藏。(第 1616 页)

180.《陶谢诗集》十三卷,清姚培谦编。清乾隆二十九年姚培谦刻本,六行十四字白口左右双边。《陶彭泽诗》四卷,晋陶潜撰。清翁同龢批注并跋。《谢康乐诗》三卷,刘宋谢灵运撰。清翁同龢批注。《谢法曹诗》二卷,刘宋谢惠连撰。《谢宣城诗》四卷,南齐谢朓撰。清翁同龢跋并临何焯校,国家图书馆藏。(第1679页)

181.《前唐十二家诗》二十四卷,明许自昌编。明万历三十一年霏玉轩刻本,清翁同龢跋,国家图书馆藏。(第1684页)

182.《玉台新咏》十卷,陈徐陵辑。清嘉庆十六年翁心存影抄冯知十影宋抄本,清翁心存跋,十五行三十字无格,国家图书馆藏。(第1721页)

183.《玉台新咏》十卷,陈徐陵辑。清影明抄本,清翁心存跋,十五行三十字无格,国家图书馆藏。(第1721页)

184.《玉台新咏》十卷,陈徐陵辑。明崇祯二年冯班抄本,清冯班、何士龙校并跋,清叶裕、钱孙艾、赵瑾、翁同书跋,九行十九字黑口左右双边,国家图书馆藏。(第1721页)

185.《乐府诗集》一百卷,《目录》二卷,宋郭茂倩辑。明毛氏汲古阁刻公文纸印本,清翁同龢、翁曾文跋,十一行二十一字白口左右双边,上海图书馆藏。(第1721页)

186.《瀛奎律髓》四十九卷,元方回辑。清康熙五十一年吴宝芝黄叶村庄刻本,清沈廷瑛录前人批,清翁同龢跋,上海图书馆藏。(第1724页)

187.《骈体探珠》不分卷,清张燮抄本,清翁同书、翁同龢跋,十行三十二字无格,国家图书馆藏。(第1729页)

188.《骈体文钞》三十一卷,清李兆洛辑。清合河康氏家塾刻本,清翁同龢录翁同书批点,国家图书馆藏。(第1729页)

189.《词致录选》六卷,明李天麟辑。清抄本,清翁同书批点并跋,南京博物院藏。(第1735页)

190.《古文辞类纂》七十四卷,清姚鼐辑。清道光合河康氏家塾

刻本,清翁同书批识并录梅曾亮批点,清翁同龢跋,国家图书馆藏。(第1740页)

191.《唐诗五律读本选注》一卷,清翁同龢辑并注,稿本,十二行行字不等红格红口左右双边,国家图书馆藏。(第1767页)

192.《宋四六选》二十四卷,清彭元瑞、曹振镛辑。清乾隆四十一年曹振镛刻本,清翁同龢录翁同书批点,国家图书馆藏。(第1770页)

193.《草雅堂集》十三卷,元顾瑛辑。清抄本,清翁同龢摹金粟道人小像并跋,孙衣言跋,八行二十四字无格,国家图书馆藏。(第1772页)

194.《至治之音》三卷,明朱燧抄本,清翁同书跋,上海图书馆藏。(第1773页)

195.《研樵山房倡和诗存》二卷,清董文焕、翁同龢等撰。稿本,山西省图书馆藏。(第1791页)

第六册

196.《诗学禁脔》一卷,元范梈撰。明野竹家刻本,清翁同龢跋,八行十六字白口左右双边,上海图书馆藏。(第1813页)

197.《宋诗纪事摘录》一百卷,清翁同书辑。清光绪二年翁氏抄本,九行二十四字、小字双行同、绿格,复旦大学图书馆藏。(第1818页)

198.《萧闲老人明秀集》六卷,金蔡松年撰,魏道明注。清道光四年张蓉镜、翁同龢跋,十二行二十三字,国家图书馆藏。(第1856页)

199.《水心镜》六卷,清咸丰十一年翁曾源抄本,清翁曾源跋,十行二十三字无格,国家图书馆藏。(第1903页)

参考文献

说　明

一、按责任者姓氏首字拼音排序;首字相同者,以第二字拼音为序。余类推。

二、责任者相同者,以文献名首字拼音排序;首字相同者,以第二字拼音为序。余类推。

A

(美)艾尔曼著,赵刚译:《从理学到朴学——中华帝国晚期思想与社会变化面面观》,南京:江苏人民出版社,1997年版。

B

卞孝萱、武黎嵩:《解读翁同龢——〈海虞翁氏族谱〉资料的发掘利用》,《古典文献研究》2009年第12期。

C

曹虹:《清代常州书院与骈文流衍》,《南京大学学报(哲学·人文科学·社会科学)》2009年第5期。

曹虹:《清代文坛上的六朝风》,《安徽大学学报(哲学社会科学版)》2017年第1期。

曹虹:《清嘉道以来不拘骈散论的文学史意义》,《文学评论》1997年第3期。

曹培根著:《常熟翁氏文化世家》,扬州:广陵书社,2009年版。

曹培根:《翁氏家族及其创作》,《常熟理工学院学报》2006年第1期。

常熟市地方志编纂委员会办公室标校:《重修常昭合志》,上海:上海社会科学院出版社,2002年版。

(清)陈康祺著,晋石点校:《郎潜纪闻初笔　二笔　三笔》,北京:中华书局,1984年版。

陈艳飞:《翁同龢家族的日常生活史——以健康维护与疾病治疗为例的探讨》,华中师范大学硕士学位论文,2014年。

陈左高编著:《中国日记史略》,上海:上海翻译出版公司,1990年版。

D

戴逸:《戊戌变法时翁同龢罢官原由辨析》,《故宫博物院院刊》1995年第1期。

邓建:《从日历到日记——对一种非典型文章的文体学考察》,《中山大学学报(社会科学版)》2014年第3期。

F

范凤书著:《中国著名藏书家与藏书楼》,郑州:大象出版社,2013年版。

费杰、胡化凯、张志辉、周杰:《1860—1898年北京沙尘天气研究——基于〈翁同龢日记〉》,《灾害学》2009年第3期。

冯坤:《翁同书的军中校书日记》,《读书》2017年第1期。

傅增湘撰:《藏园群书题记》,上海:上海古籍出版社,1989年版。

G

高阳著:《翁同龢传》,合肥:黄山书社,2008 年版。

古农主编:《日记漫谈》,北京:人民日报出版社,2012 年版。

(清)顾广圻著,王欣夫辑:《顾千里集》,北京:中华书局,2007年版。

顾廷龙主编:《清代朱卷集成》,台北:成文出版社,1992 年版。

(清)桂清杨等奉敕撰:《清代起居注册·同治朝》,台北:台北联经出版事业公司,1983 年版。

H

贺葆真著,徐雁平整理:《贺葆真彐记》,凤凰出版社,2014 年版。

(明)胡应麟:《少室山房笔丛》,上海:上海书店出版社,2001年版。

黄卉:《同治光绪年间清宫演戏宫外观众考——以〈翁同龢日记〉为线索》,《北京大学学报(哲学社会科学版)》2013 年第 4 期。

黄永辉:《翁同龢诗歌研究》,暨南大学硕士学位论文,2008 年。

J

蒋竹山:《非参不治,服必万全——清代江南的人参药用与补药文化初探》,《中国社会历史评论》2007 年第 8 卷。

蒋竹山:《晚明江南祁彪佳家族的日常生活史——以医病关系为例的探讨》,《都市文化研究》2006 年第 2 辑。

K

康路、王默之、刘千瑜:《翁氏六代的传承和守望——翁万戈先生访谈》,《收藏》2011 年第 7 期。

孔祥吉著:《清人日记研究》,广州:广东人民出版社,2008 年版。

L

李红英著:《翁同龢书札系年考》,合肥:黄山书社,2014 年版。

(清)李桓辑:《国朝耆献类征》,扬州:广陵书社,2007 年版。

林子惠:《清末藏书家刘喜海》,《山东行政学院学报》2014 年第8 期。

刘声木撰,徐天祥点校:《桐城文学渊源撰述考》,合肥:黄山书社,2012 年版。

刘师培著:《刘申叔遗书》,南京:凤凰出版社,1997 年版。

刘希洋、余新忠:《新文化史视野下家族的病因认识、疾病应对与病患叙事——以福建螺江陈氏家族为例》,《安徽史学》2014 年第3 期。

刘雅萌:《〈杨度日记〉与〈湘绮楼日记〉对读研究》,见曹虹、蒋寅、张宏生主编:《清代文学研究集刊》第 6 辑,北京:人民文学出版社,2013 年版。

柳向春著:《陈奂交游研究》,上海:华东师范大学出版社,2010 年版。

鲁迅著:《鲁迅全集》,北京:人民文学出版社,1982 年版。

罗勇来:《翁同龢碑帖兼融的书法艺术》,《书画艺术》2004 年第6 期。

M

(清)缪荃孙著,张廷银、朱玉麟主编:《缪荃孙全集》,南京:凤凰出版社,2014 年版。

(法)莫里斯·古德利尔著,王毅译:《礼物之谜》,上海:上海人民出版社,2007 年版。

P

潘光旦著:《明清两代嘉兴的望族》,上海:上海书店,1991 年版。

潘景郑著:《著砚楼读书记》,沈阳:辽宁教育出版社,2002 年版。

(法)皮埃尔·布尔迪厄著,包亚明译:《文化资本与社会炼金术——布尔迪厄访谈录》,上海:上海人民出版社,1997 年版。

Q

戚学民:《翁同龢的学术宗主与交游兼论其对晚清学术的影响》,《近代史学刊》2013 年第 10 辑。

齐思和编:《第二次鸦片战争 4》,《中国近代史资料丛刊》,上海:上海人民出版社,1978 年版。

邱仲麟:《人药与血气——"割股"疗亲现象中的医疗观念》,《新史学》1999 年第 4 期。

瞿兑之著,虞云国、罗玙校订:《铢庵文存》,沈阳:辽宁教育出版社,2001 年版。

S

上海图书馆编:《上海图书馆藏翁同龢未刊手稿》,上海:上海科学技术文献出版社,2010 年版。

上海图书馆编:《上海图书馆善本题跋真迹》,上海:上海辞书出版社,2013 年版。

沈津主编:《美国哈佛大学哈佛燕京图书馆藏中文善本书志》,桂林:广西师范大学出版社,2011 年版。

沈潜:《常熟翁氏家族源流及文化传承》,《苏州科技学院学报(社会科学版)》2012 年第 6 期。

沈潜:《江南文化的精神坐标:以常熟翁氏家族为例》,《东吴学术》2012 年第 6 期。

沈潜:《试论翁同龢的江南区域交往空间——以 1872—1874 年在籍丁忧为视界》,见唐力行主编:《江南社会历史评论》第 6 期,北京:商务印书馆,2014 年。

沈渭滨:《从〈翁同龢日记〉看同治帝病情及死因》,《探索与争鸣》2006 年第 1 期。

(清)沈兆霖奉敕撰:《清代起居注册·咸丰朝》,台北:台北联经出版事业公司,1983 年版。

孙殿起著:《琉璃厂小志》,上海:上海书店出版社,2011 年版。

T

涂丰恩:《择医与择病:明清医病间的权力、责任与信任》,《中国社会历史评论》2010 年第 11 卷。

W

王气中:《桐城派文风探源——兼论它流行长远的原因》,《江淮论坛》1995 年第 6 期。

王倩:《翁同龢诗歌研究》,吉林大学硕士学位论文,2012 年。

王欣夫撰,鲍正鹄、徐鹏整理:《蛾术轩箧存善本书录》,上海:上海古籍出版社,2002 年版。

王冶秋著:《琉璃厂史话》,北京:生活·读书·新知三联书店,1979 年版。

王忠良主编:《翁同龢研究 2014》,上海:文汇出版社,2015 版。

王忠良、沈潜著:《江苏历代名人传记丛书:翁同龢》,南京:江苏人民出版社,2012 年版。

魏博方:《〈诗毛氏传疏〉版本源流考》,《文教资料》2016 年第 21 期。

(清)翁斌孙著,张剑整理:《翁斌孙日记》,南京:凤凰出版社,2015 年版。

翁连溪编校:《中国古籍善本总目》,北京:线装书局,2005 年版。

(清)翁同龢著,陈义杰整理:《翁同龢日记》,北京:中华书局,1989 年版。

(清)翁同龢著,(清)翁斌孙辑,翁之熹、翁万戈、翁以钧、翁同龢纪念馆编:《翁同龢瓶庐丛稿》,上海:上海远东出版社,2014 年版。

(清)翁同龢著,谢俊美编:《翁同龢集》,北京:中华书局,2005 年版。

翁同龢纪念馆编:《二十世纪翁同龢研究》,苏州:苏州大学出版社,2004 年。

翁同爵著,李红英辑考:《翁同爵家书系年考》,南京:凤凰出版社,2015 年版。

(清)翁心存编,(清)翁同龢辑补:《海虞翁氏族谱》,南京图书馆藏刻本。

(清)翁心存著,张剑整理:《翁心存日记》,北京:中华书局,2011 年版。

(清)翁心存著,张剑辑校:《翁心存诗文集》,南京:凤凰出版社,2013 年版。

(清)翁曾翰著,张方整理:《翁曾翰日记》,南京:凤凰出版社,2014 年版。

翁之熹著,翁万戈、翁以钧、翁以思整理:《入蒙与旅欧》,上海:中西书局,2013 年版。

吴承学、刘湘兰:《杂记类文体》,《古典文学知识》2010 年第 2 期。

吴建华:《常熟翁氏藏书的源流与文化典籍的保藏》,《苏州大学学报(哲学社会科学版)》2003 年第 3 期。

X

谢冬荣编著:《文津识小录》,北京:国家图书馆出版社,2016 年版。

谢贵安：《〈翁心存日记〉所见〈清宣宗实录〉版本考》，《文献》2013年第6期。

谢俊美著：《常熟翁氏：状元门第 帝师世家》，北京：中国人民大学出版社，1999年版。

谢俊美著：《大家精要·翁同龢》，昆明：云南教育出版社，2009年版。

谢俊美著：《翁同龢评传》，南京：南京大学出版社，2011年版。

谢俊美著：《翁同龢人际交往与晚清政局》，上海：上海书店出版社，2018年版。

谢俊美著：《翁同书传》，上海：华东师范大学出版社，1998年版。

徐珂编纂：《清稗类钞》，上海：商务印书馆，1917年版。

徐雁平：《从翁心存、翁同龢日记的对读探究日记文献的特质》，《南京大学学报（哲学·人文科学·社会科学）》2013年第3期。

徐雁平：《〈管庭芬日记〉与道咸两朝江南书籍社会》，《文献》2014年第6期。

徐雁平：《批点本的内部流通与桐城派的发展》，《文学遗产》2012年第1期。

徐雁平著：《清代东南书院与学术及文学》，合肥：安徽教育出版社，2007年版。

徐雁平编著：《清代文学世家姻亲谱系》，南京：凤凰出版社，2010年版。

徐雁平：《日记细读与晚期桐城文派研究——以〈贺葆真日记〉为例》，见曹虹、蒋寅、张宏生主编：《清代文学研究集刊》2013年第6辑。

徐雁平：《书估与清帝国的书籍流转》，《古典文献研究》2013年第16辑。

徐雁平：《〈翁心存日记〉价值之初估》，《中华读书报》，2011年10月19日。

徐雁平：《用书籍编织世界——〈黄金台日记〉研究》，《学术研究》2015 年第 12 期。

（清）薛福成著，安宇寄校点：《出使四国日记》，长沙：湖南人民出版社，1981 年版。

Y

杨念群著：《再造"病人"——中西医冲突下的空间政治（1832—1985）》，北京：中国人民大学出版社，2013 年版。

杨煜达、成赛男、满志敏：《19 世纪中叶北京高分辨率沙尘天气记录：〈翁心存日记〉初步研究》，《古地理学报》2013 年第 4 期。

（清）叶昌炽撰，王锷、伏亚鹏点校：《藏书纪事诗》，北京：北京燕山出版社，2008 年版。

（清）叶德辉撰，张晶萍校点：《叶德辉诗文集》，长沙：岳麓书社，2010 年版。

余新忠：《"良医良相"说源流考论：兼论宋至清医生的社会地位》，《天津社会科学》2011 年第 4 期。

余新忠：《清代江南医疗中的"迷信"行为考察》，见《"国家、地方、民众的互动与社会变迁"国际学术研讨会暨第九届中国社会史年会论文集》，北京：商务印书馆，2002 年版。

余新忠著：《清代江南的瘟疫与社会：一项医疗社会史的研究》，北京：中国人民大学出版社，2003 年版。

余新忠：《序言：在对生命的关注中彰显历史的意义》，《新史学》2018 年第 9 卷。

余新忠、陈思言：《医学与社会文化之间——百年来清代医疗史研究述评》，《华中师范大学学报（人文社会科学版）》2017 年第 3 期。

Z

《中医大辞典》编辑委员会编：《中医大辞典》，北京：人民卫生出版社,1981年版。

曾凡安:《论〈翁同龢日记〉的戏曲史料价值》,《戏曲艺术》2010年第2期。

曾光光著:《桐城派与晚清文化》,合肥:黄山书社,2011年版。

张剑:《翁心存日记及其历史文化价值》,《中国典籍与文化》2011年第2期。

张剑:《翁心存日记中的名人佚闻》,《文史知识》2011年第5期。

张瑞:《疾病、治疗与疾痛叙事——晚清日记中的医疗文化史》,南开大学博士学位论文,2014年。

张瑞:《疾病的文化意义——晚清日记中的病痛叙事》,《新史学》2018年第9卷。

张瑞:《晚清日记中的病患体验与医患互动——以病患为中心的研究》,《历史教学(上半月刊)》2012年第11期。

张笑川:《〈慎宜轩日记〉所见清末民初士人的心性修养与健康维护》,《历史教学》2012年第11期。

张学珍、方修琦、齐晓波:《〈翁同龢日记〉中的冷暖感知记录及其对气候冷暖变化的指示意义》,《古地理学报》2007年第4期。

张学珍、方修琦、田青、王丽岩:《〈翁同龢日记〉记录的19世纪后半叶北京的沙尘天气》,《古地理学报》2006年第1期。

张学珍、方修琦、郑景云、郝志新:《基于〈翁同龢日记〉天气记录重建的北京1860—1897年的降水量》,《气候与环境研究》2011年第3期。

张岩岩:《论两朝帝师翁同龢的教育思想》,《理论界》2010年第8期。

张燕婴:《浅谈日记资料的有效性问题——以俞樾函札整理为中心》,《华南师范大学学报(社会科学版)》2019年第1期。

张昭军著:《清代理学史》,广州:广东教育出版社,2007年版。

赵平笺释:《翁同龢书信笺释》,上海:中西书局,2014年版。

赵士第、罗冬阳：《清代民间僧医的医疗活动、社交与地方社会——以释心禅〈一得集〉为中心的考察》，《原生态民族文化学刊》2019 年第 1 期。

赵宪章著：《文体与图像》，北京：人民文学出版社，2014 年版。

赵益：《从文献史、书籍史到文献文化史》，《南京大学学报（哲学·人文科学·社会科学）》2013 年第 3 期。

中国嘉德国际拍卖有限公司编：《常熟翁氏藏书图录》，上海：上海科学技术文献出版社，2000 年版。

中华书局影印：《清实录》，北京：中华书局，2008 年版。

周兵：《西方新文化史的兴起与走向》，《河北学刊》2004 年第 6 期。

周立人：《翁同龢晚年思想述论》，《历史教学问题》2008 年第 1 期。

周绍明著，何朝晖译：《书籍的社会史——中华帝国晚期的书籍与士人文化》，北京：北京大学出版社，2009 年版。

朱金甫：《也论翁同龢在甲午战争中的作用与责任》，《清史研究》1994 年第 4 期。

后　记

　　书稿修改至最后阶段，偶然得知翁同龢五世孙翁万戈先生逝世的消息。虽然我与这位翁氏后人素未谋面，但心底深处究竟泛起一层难以言说的况味。

　　记忆将我拉回五年前，依稀记得当时初次阅读翁氏日记时的懵然之感，并非文字奥衍晦涩，而是太过琐碎凌杂、不成体系。而有关翁氏日记研究的所见之处，多是将其作为考古历史的边角材料，政治风云、真假对错、人物评价云云，这些问题于我这个读中文系的人而言并不是很感兴趣。再后来，有机会阅读张剑、徐雁平老师等学者的文章，似乎找到了一点研究的门径，比如文献对读的方法，书籍史、文化史、阅读史的视角，这些范式也恰恰是我较为感兴趣的。因此，书稿的部分写作模式可能带有一些模仿前辈的痕迹，而这或许也是一个初涉学术殿堂的新手，可以较快进入研究的方法之一。书稿的前三章陆续写于 2016—2017 年，现在回头再看，文字笔法都显得稚气十足。

　　在此之后，我大概度过了人生中最为灰暗的一段经历，因此当重新再读翁氏日记时，却掺入一些不一样的理解和感受。相比于名声更噪的翁同龢，我却对他的父亲翁心存关注更多。在我看来，衡量一部日记的价值高低不应仅仅是这部日记能够为学术界提供多少"有用的"研究信息，而是这部日记背后的文字究竟能呈现出一个什么样的撰述者，这个撰述者的文字又到底具有什么样的能量与寄托。如果以此作为标准，我以为翁心存的日记读起来似乎更具特殊的意味。《翁心存日记》的翔实不仅在于他对宏观世界的描述，更在于对家人记录的周全详密。不论是其母亲、儿女还是夫人生病时,翁心存担忧挂念的心绪均流露于日记之中,而他对自己的病痛却常常默默忍耐。除此之外,日记中尚有多处折射出翁心存饱满、丰富、有温度的内心世界。诸如此类的阅读感受促使我在 2019 年的后半年完成了医疗史的一章,而随后不久蔓延世界的新冠疫情,又使我不得不重新思考我们的学术文字在言之有理、持之有故的同时,又应该具备什么样的力量、承载什么样的意义。

本书的撰写曾得到徐雁平老师的耐心指导,部分章节也曾收到曹虹、张宗友、冯乾老师的宝贵建议,在此均谨致谢忱。此外,感谢常熟翁同龢纪念馆在文献材料上对我的无私帮助;感谢好友马聪、侯承相、潘登、张何斌在书稿的撰写中数次的分享与讨论;感谢章旻、张海英夫妇曾给予我的帮助和支持。最后,谨以这本小书献给我平凡可敬的父亲,他曾发出的光与热,将继续燃烧于我心。

庚子年冬月于金陵

[又记,小书在校对中承蒙凤凰出版社编辑部及责任编辑徐珊珊老师细心审正,不胜感荷!]